L'AFFAIRE VERRÈS

le goût des idées

collection dirigée
par
Jean-Claude Zylberstein

Parus

JEAN-PAUL ARON
Le Mangeur du XIXe siècle

RAYMOND ARON
Dimensions de la conscience historique

ISAIAH BERLIN
Le Sens des réalités

LUCIANO CANFORA
La Nature du pouvoir

GEORGES CHARBONNIER
Entretiens avec Claude Lévi-Strauss

GILBERT KEITH CHESTERTON
L'Homme à la clé d'or. Autobiographie

CYRIL CONNOLLY
Ce qu'il faut faire
pour ne plus être écrivain

JEAN DANIEL
Comment peut-on être français ?

ARTHUR C. DANTO
Andy Warhol

ROBERT DARNTON
Le Grand Massacre des chats

HANS MAGNUS ENZENSBERGER
Culture ou mise en condition ?

FRANCIS SCOTT FITZGERALD
Un livre à soi

GLENN GOULD
Entretiens avec Jonathan Cott

JEAN GUICHARD-MEILI
L'Art de Matisse

PIERRE HADOT
Discours et mode de vie philosophique

HANNS-ERICH KAMINSKI
Michel Bakounine

ABRAM KARDINER
Mon analyse avec Freud

JOSEPH KESSEL
Tous n'étaient pas des anges

ARTHUR KOESTLER
– Les Somnambules
– Le Cri d'Archimède
– Le Cheval dans la locomotive

SIEGFRIED KRACAUER
Les employés

NORMAN MAILER
L'Amérique

CURZIO MALAPARTE
– Ces chers Italiens
– Ces sacrés Toscans *suivi de*
Deux chapeaux de paille d'Italie

SOMERSET MAUGHAM
L'Humeur passagère

FRANÇOIS MITTERRAND
Le Coup d'État permanent

JEAN-MICHEL PALMIER
Walter Benjamin

KOSTAS PAPAIOANNOU
Hegel

HÉLÈNE PARMELIN
Picasso dit…
suivi de Picasso sur la place

KARL POPPER
À la recherche d'un monde meilleur

BERTRAND RUSSELL
– Essais sceptiques
– Le Mariage et la morale
suivi de Pourquoi je ne suis pas chrétien
Histoire de la Philosophie
occidentale (2 vol.)

ALEXANDRE SOLJÉNITSYNE
Le Déclin du courage

GEORGE STEINER
Langage et silence

ALBERT THIBAUDET
Physiologie de la critique

ALEXANDRE VIALATTE
Mon Kafka

MAX WEBER
La Ville

TOM WOLFE
Il court, il court le Bauhaus

STEFAN ZWEIG
Le Monde d'hier

Série Odyssées

ARTHUR KOESTLER
– La Corde raide
– Hiéroglyphes

CURZIO MALAPARTE
En Russie et en Chine

WALTER MEHRING
La Bibliothèque perdue.
Autobiographie d'une culture

JESSICA MITFORD
Rebelles honorables

BERTRAND RUSSELL
Autobiographie (1872-1967) (2 vol.)

CICÉRON

L'Affaire Verrès

Contre Caecilius.
Première Action contre Verrès.
Les Œuvres d'art.
Les Supplices.

Traduit du latin et présenté par Germaine Roussel

Paris
Les Belles Lettres
2015

www.lesbelleslettres.com

Retrouvez Les Belles Lettres sur Facebook et Twitter.

© 2015, pour la présente édition
Société d'édition Les Belles Lettres
95 bd Raspail 75006 Paris.

ISBN : 978-2-251-20049-1
ISSN : 2111-5524

INTRODUCTION

L'affaire Verrès est très complexe, en raison de ses incidences politiques, de la personnalité curieuse de l'accusé et des motifs de l'accusation ; son retentissement jusqu'à nos jours, où elle soulève encore des polémiques[1], est évidemment dû au talent de Cicéron qui ne lui a pas consacré moins de sept discours, dont deux seulement ont été réellement prononcés, le : *contre Caecilius* et la *Première Action contre Verrès*. L'exil spontané du prévenu ayant interrompu les débats, Cicéron publia ensuite la *Seconde Action contre Verrès* qui comprend cinq discours ou livres. Dans le premier (sur la préture urbaine), il est question des honteux trafics de Verrès, préteur à Rome ; dans le second (sur la façon dont Verrès rendit la justice en Sicile), des iniquités qu'il a commises dans les affaires judiciaires, pendant sa propréture ; dans le troisième, de ses malversations dans la perception des impôts et les approvisionnements en blé.

Le quatrième : *les Œuvres d'Art*, montre Verrès collectionnant les richesses artistiques aux dépens de ses administrés. Le cinquième : *des Supplices*, flétrit en Verrès le mauvais général usant de façon inique et cruelle de son droit de supplices.

Ces deux derniers discours sont les plus justement célèbres de l'ensemble des Verrines.

---

1. Jérôme Carcopino : *Rencontres de l'histoire et de la littérature romaine. Un Cicéron trop habile*. (FLAMMARION, 1963).

LA POLITIQUE ET LE PROCÈS DE VERRÈS

De quoi s'agissait-il au départ ? Le 1er janvier 70 avait vu expirer les fonctions de Verrès, propréteur en Sicile depuis trois ans. Aussitôt, ses anciens administrés, c'est-à-dire toutes les villes de sa province, à l'exception de Messine et de Syracuse qu'il avait favorisées, déposèrent contre lui une plainte en concussion, comme les y autorisait la loi Cornelia, et demandèrent à Cicéron, alors âgé de trente-six ans, de se charger de leurs intérêts : ils avaient gardé, en effet, le meilleur souvenir de son honnête questure à Lilybée, cinq ans auparavant. Bien que la charge d'accusateur fût d'ordinaire affaire de débutant, Cicéron accepta de l'assumer.

Ce procès était en soi chose banale. Le gouverneur romain, dans sa province, était un vrai monarque : administrateur, général, juge, chargé de la levée des impôts, des réquisitions, des levées de troupes, des travaux publics, entouré d'une véritable cour de questeurs, légats, garde militaire, jeunes nobles venus se former aux affaires, scribes, interprètes, licteurs, médecins, haruspices, son autorité n'était limitée que par la charte octroyée aux provinces et son propre édit d'entrée en fonctions. Aussi, la plupart des proconsuls-propréteurs ne se privaient-ils pas de moissonner largement dans le champ du public, pour réparer les pertes de patrimoine subies au cours de leurs onéreuses campagnes électorales. Ainsi, l'élection de Verrès à la préture urbaine lui aurait-elle coûté 300 000 sesterces.

Mais, la composition du tribunal appelé à connaître de cette plainte était encore régie par la constitution aristocratique de Sylla, bien que Pompée, le vainqueur de Sertorius et des bandes de Spartacus, consul cette même année 70, eût choisi de s'appuyer désormais sur le parti des chevaliers et sur le peuple. En vertu donc de la loi Cornelia, le tribunal qui jugerait le prévenu serait composé de ses pairs, enclins à l'indulgence, par solidarité de caste.

Pour sauver Verrès, le parti aristocratique entreprit quelques manœuvres de grand style. Hortensius, qui passait alors pour le meilleur orateur de Rome, se chargea de la défense de l'accusé. Quant à l'accusateur, il n'était pas nécessairement le mandataire des plaignants : il était choisi par les juges. On trouva, pour remplir cet office, un homme médiocre, Q. Caecilius Niger, ancien questeur de Verrès, dont l'accusation devait tourner à la gloire du prévenu. Il y avait donc deux compétiteurs. Cicéron, pour éliminer cette dangereuse candidature, prononça le premier discours des Verrines, le Divinatio in Caecilium, qui faisait rentrer dans son néant le malheureux champion de l'aristocratie. Il fallut bien alors se résigner à garder Cicéron comme seul accusateur.

On réussit à retarder le procès de trois mois. Cicéron avait demandé 110 jours pour faire son enquête ; on fit passer, avant l'affaire Verrès, un obscur procès analogue dont l'accusateur se contentait de 108 jours. En réalité, Cicéron, parti pour la Sicile, n'en eut besoin que de cinquante pour rassembler une masse impressionnante de témoignages et de preuves et mener à bien son enquête, en dépit des efforts du successeur de Verrès, L. Metellus, pour la paralyser.

De retour à Rome, il exigea et obtint la constitution immédiate du tribunal présidé par l'honnête préteur Manius Glabrion. Bien que Verrès eût là des amis notoires : P. Scipion Nasica, Sisenna, P. Sulpicius et Q. Catulus, ceux-ci se trouvaient contraints à la réserve par la force de l'opinion publique. Entre temps, les élections avaient porté Cicéron à l'*édilité* pour l'année 69, en même temps qu'elles désignaient pour *consuls* de cette même année Hortensius, défenseur de l'accusé et Q. Metellus son ami.

Les débats s'ouvrirent le 5 août 70. Le grand jeu consista désormais à les faire traîner jusqu'en 69, où les amis de Verrès seraient au pouvoir. La chose paraissait inévitable. À partir du 15, commençait une série de jeux qui se succéderaient jusqu'à la fin de l'année et interrompraient le procès.

Pour abréger les débats, Cicéron se borna, le premier jour, à un rapide exposé de l'affaire. C'est la *Première Action contre Verrès*, la seconde en date des Verrines. Les jours suivants, il se contenta de faire défiler les témoins. Les dépositions furent si accablantes qu'Hortensius renonça à plaider et que Verrès, sans plus attendre, prit la route de l'exil. Le tribunal le condamna à une amende de quarante millions de sesterces.

Ces neuf jours de débats ne formaient que la première partie du procès qui aurait dû en comprendre une seconde, destinée à mieux éclairer la religion des juges. C'est pour achever d'accabler Verrès et confirmer son succès que Cicéron se décida à publier les cinq pamphlets de la *Seconde Action* où les incidents d'audience sont purement fictifs et littéraires.

Le scandale de l'affaire aboutit à une victoire pour le parti démocratique : le préteur L. Aurelius Cotta proposa une loi qui modifiait la composition des jurys appelés à connaître des affaires de concussion. Ils ne comprendraient plus désormais qu'un tiers de sénateurs contre deux tiers de chevaliers et de tribuns du trésor. C'était là un résultat presque aussi important que le rétablissement récent, par Pompée, de la puissance tribunitienne.

Cependant, le lecteur moderne est généralement moins sensible à ces fluctuations de la politique intérieure romaine qu'aux éléments humains et universels de l'affaire : la personne de l'accusé et ce cadre extraordinaire de la Sicile, au 1er siècle avant notre ère, avec ses richesses d'art, ses bouillonnements d'esclaves en révolte, ses raids d'élégants pirates que le talent de Cicéron a immortalisés dans les deux volets des Œuvres d'Art et des Supplices.

L'ACCUSÉ

C. Cornelius Verrès, au moment de son procès, approchait de la cinquantaine. Épais, « il semblait plutôt fait pour porter des statues que pour les emporter ». Son nom de famille, Verrès, qui signifie le porc, prêtait à des plaisanteries faciles dont Cicéron ne s'est pas abstenu. L'homme appartenait cependant à la noblesse sénatoriale.

En 82, questeur d'un partisan de Marius, Carbon, il le trahit au profit de Sylla, non sans négliger d'emporter la caisse militaire. C'est en Asie, où il fut *proquesteur* en 80-79, qu'il commença d'enrichir ses collections d'art. À Samos, il s'empara d'une Junon, à Délos, d'un Apollon. C'est de là qu'il ramena « ses limiers », deux artistes, deux frères, un modeleur et un peintre dont il utiliserait la compétence dans sa quête des œuvres d'art.

Sa carrière faillit tourner court dans une petite ville de l'Hellespont, Lampsaque. Comme il avait tenté de faire violence à la fille de son hôte Philodamus, la population indignée entreprit de mettre le feu à la maison qu'il occupait : il fut sauvé de justesse, grâce à l'intervention des citoyens de la colonie romaine. Il se vengea d'ailleurs en faisant périr Philodamus et son fils.

De retour à Rome, préteur urbain en 75, chargé des travaux publics, il procure à ses créatures de fructueuses adjudications. Pour la modeste somme de 560.000 sesterces, on démonte et remonte les colonnes du temple de Castor et Pollux qui étaient en parfait état.

En 73, il est nommé *propréteur en Sicile* et sa charge lui sera renouvelée pendant trois ans.

À l'expiration de cette charge, il lui faudra un énorme vaisseau de transport, gracieusement fourni par les habitants de Messine, pour transporter son butin en Italie.

Si l'on examine la cargaison de ce navire, on y trouve une collection de statues de toutes les grandes époques de l'art grec. La période archaïque est représentée par la Diane de Ségeste, en bronze « d'un travail original et d'un art achevé », par le très beau Mercure de Tyndaris et par deux statues de Cérès fort anciennes, celle de Catane et celle d'Henna ; l'art du Ve siècle, par l'Hercule et l'Apollon en bronze de Myron, par les Canéphores de Polyclète, en bronze également, toutes dérobées au sanctuaire particulier d'Heius de Messine. Chez le même Heius, Verrès a trouvé un Cupidon du IVe siècle, de Praxitèle.

Ce ne sont là que les œuvres majeures d'une collection impressionnante de statues. « Quand Cicéron, dit G. Rabaud, est venu porter dans cette maison (de Verrès) l'acte d'accusation,… il les a vues, se détachant sur la verdure claire des bosquets, sur les tentures pourpres de l'atrium… dans un cadre harmonieux où les luisants du bronze alternaient avec la pâleur du marbre. » Mais, revenons à l'inventaire de notre navire. Voici les tableaux pris au temple de Minerve à Syracuse, les statuettes d'ivoire enlevées en bloc dans l'île de Malte ou arrachées de la main d'une statue trop lourde à emporter.

Les pièces d'argenterie ciselée forment un ensemble artistique inimaginable, pièces uniques par leur beauté, enlevées aux Siciliens, comme cette aiguière de Pamphyle ciselée par Boethos, ces vases de Corinthe, au mélange rare de métaux précieux, ces vases au bout ciselé en tête de cheval ou en nacelle et ces encensoirs, ces plats ciselés si nombreux et si beaux dans toute la Sicile. Et, c'est la vaisselle d'or, celle qu'il fit exécuter par des orfèvres et des ciseleurs, sous sa direction, à Syracuse, pendant six mois ; celle qu'il avait enlevée au roi Antiochus, avec cette cuiller à vin creusée dans une gemme unique, avec un manche d'or. Et ce candélabre d'or et de pierres précieuses destiné au Capitole par le même Antiochus, d'une hauteur proportionnée à l'édifice…

Ici, ce sont les tapis de pourpre et les étoffes de luxe. Toutes les maisons opulentes de Sicile avaient, par ordre de Verrès, créé des ateliers de tissage qui travaillèrent pour lui pendant trois ans.

Pour son cabinet de joaillerie, il rapporte une masse de cachets précieux et d'anneaux d'or arrachés au doigt des riches Siciliens...

L'homme était-il un simple forban ? Un maniaque ? Sa passion le jette dans un véritable délire quand le hasard ou la ruse du propriétaire le prive du butin escompté.

Sur le point d'être condamné, à Rome, reçu chez Sisenna, il ne peut s'empêcher de manier l'argenterie de son hôte, sous la surveillance inquiète des esclaves.

Quand, après un exil de vingt-quatre ans, Antoine lui demandera quelques-uns de ses vases de Corinthe, Verrès lui opposera un refus, refus qu'il paiera de sa proscription et de sa mort en 43, l'année où fut assassiné, par le même Antoine, son accusateur Cicéron.

Le caractère vrai de l'homme et de son banditisme, l'orateur se refuse, dès le début des « Œuvres d'Art » à le définir. Il se repose, pour cela, sur les conclusions que tirera le lecteur de ses narrations successives et infiniment variées. Voici Heius, envoyé par Messine pour faire l'éloge du prévenu, mais qui doit convenir que celui-ci l'a dépouillé de tout l'héritage artistique de ses ancêtres : contradiction éloquente entre l'homme privé et le personnage officiel. Une caricature maintenant : les « limiers de Verrès » qui mettent leur flair au service de leur maître, suivie de la scène de comédie, tout en dialogue, où les deux chasseurs, moyennant une honnête commission, laissent à Pamphyle ses deux belles coupes et déclarent au préteur qu'elles sont d'un « sale travail ». Autre scène de comédie avec Diodore de Malte qui réussit à se jouer de lui et à sauver son argenterie.

L'histoire d'Antiochus offre un scénario tout construit avec son jeune prince oriental et les fabuleuses richesses qu'il traîne en voyage, la fastueuse réception chez Verrès, celle du préteur par Antiochus avec étalage de vaisselle d'or et la présence à l'arrière-plan de l'incomparable présent, le candélabre de Jupiter, bien enveloppé ; le transfert de ces merveilles au palais du gouverneur qui veut les admirer de plus près, qui ne les rend pas, qui supplie qu'on les lui donne, qui fait expulser, sous prétexte de piraterie, cet allié si précieux pour Rome en Orient ; la scène scandaleuse du jeune prince pleurant, sur la place publique de Syracuse, la perte de son ex-voto.

Un autre jour, par une chaude journée, c'est l'arrivée à Haluntium sise sur une faible hauteur que Verrès se refuse à gravir. Resté dans sa litière au bord de la mer il se fait apporter toute l'argenterie de la ville.

Les gens de Tyndaris refusent de donner leur beau Mercure.

En plein hiver, sous une pluie abondante, Verrès fait exposer le magistrat de la ville, nu, sur la statue équestre de Marcellus, jusqu'à cession de l'objet de ses convoitises.

À Segeste, il a fait descendre, de son socle, l'illustre statue de Diane. « Toutes les femmes et les jeunes filles se réunissent pour verser des parfums sur son image, la chargent de couronnes de fleurs, brûlent de l'encens et l'accompagnent jusqu'aux limites du territoire. »

Le livre s'achève sur la scène, débordante de vie, du sénat de Syracuse recevant Cicéron, au cours de son enquête, avec l'accueil chaleureux et confus des sénateurs, les tentatives d'obstruction du nouveau préteur L. Metellus et ce fou gesticulant qui tente d'empêcher l'enquêteur de consulter les registres officiels.

Aucune œuvre ne nous renseigne mieux sur les richesses d'art d'une province romaine au 1er siècle avant notre ère ; aucune ne nous laisse plus envoûtés par le pittoresque pathétique de la plus grande, de la plus systématique entreprise de brigandage connue, racontée par un journaliste de génie.

LE VERRÈS DU LIVRE DES SUPPLICES

Les brigandages de Verrès étaient incontestables. La défense se retranchait donc derrière cet argument : quoi qu'il en soit, Verrès est « un bon général » ; il a défendu la Sicile contre les soulèvements d'esclaves et contre les pirates. Les défenseurs modernes de Verrès, ou plutôt les adversaires de son accusateur, n'emploient pas d'autre argument[1].

La guerre des esclaves ? Elle était cantonnée, à ce moment, en Italie. Verrès n'a pas eu à lutter contre des ennemis inexistants. S'il y eut quelque soulèvement isolé, il a usé, à cet égard, d'indulgence ou de sévérité, selon l'avantage pécuniaire qu'il avait à incliner dans l'un ou l'autre sens. Il n'en restait pas moins que l'île qui vit naître les deux premières guerres d'esclaves était à surveiller attentivement. Voici comment le « bon général » s'acquittait de ce devoir. Il restait tout l'hiver dans « son camp », à l'endroit le plus abrité de Syracuse, la ville dont le climat est le plus doux de la Sicile. Festins le jour, débauches la nuit. Ses « marches militaires » commencent au printemps « au moment où fleurit la rose ». Ce n'est pas à cheval qu'il parcourt son fief, mais porté en litière, comme un roi oriental, appuyé sur un coussin de lin fin, bourré de roses. C'est dans cet appareil qu'il arrive à l'étape, porté jusqu'à la chambre où il exerce, en secret, ses fonctions judiciaires et vend ses arrêts, avant de consacrer le reste de son temps à Vénus et à Bacchus.

La grande menace, pour la Sicile comme pour Rome qu'ils affamaient, venait des pirates, armée innombrable d'aventuriers,

---

1. Jérôme Carcopino : *Rencontres de l'histoire et de la littérature romaine. Un Cicéron trop habile*. (FLAMMARION, 1963).

de « desperados » de tous pays, de proscrits, de transfuges, où l'on trouvait des hommes de grande famille, de haute intelligence. Leurs brigantins très légers, munis d'excellents pilotes, de bons rameurs, étincelaient sur les mers, avec leurs poupes dorées, leurs rames argentées.

À une époque où la flotte romaine a tant à faire avec eux, Verrès dispense Messine, sa complice, de la fourniture d'un vaisseau à laquelle elle était tenue par le traité d'alliance. Il se fait remettre par les villes, les fonds destinés à la flotte et à la solde des équipages. Les matelots sont envoyés en congé, contre indemnité. Verrès fait son profit de l'argent reçu pour la solde et la nourriture.

Un bateau-pirate se trouve-t-il capturé par hasard ? Le général fait trier, pour son usage personnel et celui de ses amis, les plus beaux, les plus jeunes, les plus habiles des pirates, les bons musiciens et réserver le chef contre rançon. Pour remplacer les absents, Verrès aurait fait tirer des Latomies et envoyer au supplice, la tête voilée, des citoyens romains.

LE DÉSASTRE DE LA FLOTTE

Au nombre des favorites de Verrès, figurait Nicé, la femme du Syracusain, Cléomène. Pour en disposer plus librement, Verrès, à la place de l'un de ses légats, mit le Sicilien à la tête de la flotte romaine. Sur le rivage de Syracuse « chaussé de sandales, revêtu de pourpre, appuyé sur une petite femme », il regarde partir la flotte dégarnie de rameurs par les congés octroyés. À cinq jours de là, les marins affamés, réduits à se nourrir de racines, sont surpris par les pirates qui poussent la flotte au rivage et l'incendient. Une émeute s'ensuit à Syracuse, qui faillit tourner aussi mal pour le préteur que l'affaire de Lampsaque. On le réveille difficilement : il paraît enfin « alourdi par le vin, le sommeil et la débauche et, comme il lui faut trouver des boucs émissaires, il envoie au supplice les jeunes capitaines de navire, à l'exception toutefois de son cher Cléomène.

LA MISE EN CROIX DE GAVIUS

Le crime majeur de Verrès, la mise en croix de Gavius, citoyen romain, met la dernière note au pathétique de ce discours. L'homme, évadé des Latomies, va s'embarquer pour l'Italie, menaçant Verrès d'avoir affaire à lui, à son retour à Rome. Ramené à terre, flagellé comme « espion des esclaves », il est mis en croix, par ordre du préteur sur le rivage de Messine, face à la « terre des lois » sans avoir cessé de crier qu'il était citoyen romain.

« Les souffrances de ce Gavius inconnu nous bouleversent encore par la hideur de sa torture et le stoïcisme de son courage[1]. »
Les Verrines s'achèvent là par une péroraison majestueuse, une longue invocation à tous les dieux que Verrès a offensés par ses vols sacrilèges et une adjuration aux juges à mettre dans leur arrêt la même droiture qui fut celle de Cicéron dans cette cause. Ce vœu était déjà accompli. Mais il faudra de longues années pour que Verrès obtienne, de la main d'Antoine, « la juste récompense de sa vie et de ses actions » que réclamait pour lui son génial accusateur.

1. Jérôme Carcopino : *Rencontres de l'histoire et de la littérature romaine. Un Cicéron trop habile*. (FLAMMARION, 1963).

PRINCIPALES ÉTAPES DE LA CARRIÈRE DE L'ACCUSATEUR : CICÉRON
ET DE CELLE DE L'ACCUSÉ : VERRÈS

CICÉRON

106   Naît à Arpinum, d'une famille de chevaliers.

80   Premier plaidoyer : Pour Roscius.

79-77   Voyage d'études en Grèce.

75   Questeur à Lilybée en Sicile.

70   *Procès de VERRÈS*

66   Préteur.

63   Consul (Catilinaires).

58   Exilé (rappelé en 57).

53   Augure.

51-50   Proconsul en Cilicie. Proclamé Imperator.

49   Prend parti pour Pompée. Il passe en Épire.

47   Retour à Rome.

43   Abandonné par Octave, Cicéron est assassiné par ord. d'Antoine.

VERRÈS

119   Naît d'une famille patricienne.

82   Questeur de Carbon.

80-79 Légat de Dolabella en Asie.

74   Préteur urbain.

73-70 Propréteur en Sicile.

       Procès – Condamnation
70   Verrès part pour Marseille en exil. Il y restera
       vingt-quatre ans.

46   Rentre à Rome, à la faveur de l'amnistie
       accordée par César.

43   Proscrit et assassiné par ordre d'Antoine à qui il
       a refusé ses vases de Corinthe.

PROLOGUE À L'AFFAIRE VERRÈS
DISCOURS CONTRE CAECILIUS
DIT LA DIVINATION[1]

I. – 1. — Si l'un de vous, messieurs les juges, ou quelqu'un dans l'assistance s'étonne par hasard de me voir — moi qui suis mêlé aux procès et aux instances publiques depuis tant d'années de manière à défendre nombre de gens, à n'accuser personne — m'abaisser aujourd'hui, par un revirement soudain, à une accusation, celui-là, sitôt connues la cause et la raison de mon dessein, approuvera ma décision et jugera, en même temps, que, dans ce procès, il n'est pas un homme que l'on doive me préférer comme accusateur.

2. — J'avais été questeur en Sicile, messieurs les juges, et les conditions de mon départ avaient été telles qu'elles devaient laisser à tous les Siciliens un long et agréable souvenir de ma questure et de mon nom. De là, leur conviction que, si leurs anciens et nombreux patrons leur offraient un appui solide, c'est en moi surtout qu'ils s'étaient constitué un certain moyen de défendre leurs intérêts. Aussi, victimes aujourd'hui de pillages et de vexations, sont-ils venus tous ensemble, au nom de leurs cités, me trouver à plusieurs reprises. « Je leur avais souvent

---

1. Dans ce genre de procès qui devait aboutir au choix d'un accusateur, les juges étaient appelés à *deviner* quel serait le meilleur accusateur. D'où ce nom de divination.

promis et fait espérer, déclaraient-ils, que si l'occasion se
présentait de solliciter mon appui, je ne les priverais pas de
mon assistance. »

3. — « Le moment est venu, disaient-ils, non plus de
défendre leurs intérêts, mais leurs vies et le salut de toute la
province ; ils n'avaient même plus de dieux dans leurs villes,
près desquels se réfugier, puisque Verrès avait enlevé leurs
statues les plus sacrées des sanctuaires les plus vénérables ;
tout ce que la luxure dans ses débordements, la cruauté dans
les supplices, la cupidité dans les pillages, l'orgueil dans les
outrages avaient pu commettre, ils l'avaient supporté, avec ce
seul préteur, cela, pendant trois ans ; ils me demandaient et
me conjuraient de ne pas mépriser les supplications de gens
qui, tant que je serais sain et sauf, ne devaient avoir à supplier
personne d'autre. »

II. – 4. — J'ai supporté péniblement, messieurs les juges,
d'être amené à cette alternative : ou bien tromper l'espoir de
ces hommes qui m'avaient demandé aide et appui ; ou bien
de me voir — moi qui, dès ma jeunesse, m'étais consacré à la
défense des accusés — contraint par les circonstances et par
mon devoir, passer du côté de l'accusation. Je disais qu'ils
avaient pour les représenter en justice Q. Caecilius, pour la
raison principalement qu'il avait été questeur après moi dans
la même province. Or, le moyen sur lequel je comptais pour
échapper à cette humiliation, se tournait complètement contre
moi ; en effet, ils m'auraient plus facilement dispensé de cette
charge, s'ils n'avaient pas connu cet homme ou s'il n'avait pas
été questeur chez eux.

5. — J'ai été amené, messieurs les juges, par devoir, par
loyauté, par pitié, par l'exemple de beaucoup de gens de bien,
par nos vieilles coutumes, par les institutions de nos ancêtres,

à cette conviction : le poids de ce travail, de ce devoir — non pas dans mon intérêt, mais dans celui de gens qui me sont étroitement liés — je devais l'assumer.

Dans cette nécessité, il est une chose cependant, messieurs les juges, qui me console : apparemment, c'est une accusation que j'intente ; en réalité, il faut y voir plutôt une défense qu'une accusation. En effet, je prends la défense de nombreuses personnes, de nombreuses cités, de la province de Sicile tout entière. Aussi, contraint que je suis d'accuser un seul individu, je reste, me semble-t-il, dans ma ligne de conduite et ne renonce pas complètement à défendre des hommes et à les soulager dans leurs maux.

6. — Même, si je n'avais pas cette raison si amplement suffisante, si claire, si douloureuse, même si les Siciliens ne m'avaient pas adressé cette demande, même si les liens étroits qui m'attachent à eux n'intervenaient pas, même si je proclamais que j'agis dans l'intérêt de la République, quand, sur mon initiative, un homme doué d'une avidité, d'une audace, d'une scélératesse sans exemple, dont nous savons que les vols, les scandales, en Sicile, mais aussi en Achaïe, en Cilicie, en Pamphylie, à Rome enfin, sont sous les yeux de tous, énormes et honteux, est appelé devant les tribunaux, y aurait-il donc quelqu'un pour oser me reprocher ma conduite ou mon dessein ?

III. – 7. — J'en atteste les dieux et les hommes : est-il rien en quoi je puisse être plus utile, en ce moment, à l'État ? Est-il rien qui doive être plus agréable au peuple romain ou plus souhaité par les alliés et les nations étrangères ou mieux en rapport avec la sauvegarde générale de la vie et des biens de tous ? Des provinces pillées, maltraitées, bouleversées de fond en comble, des alliés et des tributaires du peuple romain, désespérés, misérables, ne recherchent plus un espoir de salut, mais une consolation de leur ruine.

8. — Ceux qui veulent voir les tribunaux rester la propriété de l'ordre sénatorial se plaignent de ne pas avoir d'accusateurs propres à leur fonction ; ceux qui sont capables d'accuser déplorent l'absence de sévérité du pouvoir judiciaire. Le peuple romain, pendant ce temps, en dépit de ses soucis et de ses nombreuses difficultés, ne recherche cependant, dans l'État, rien autant que l'ancienne énergie, l'ancienne sévérité des tribunaux. C'est le regret du pouvoir judiciaire qui a fait réclamer la *puissance tribunitienne*, c'est aussi la légèreté dans son exercice qui fait demander *qu'une autre classe sociale* soit appelée à rendre la justice ; ce sont les fautes, les hontes des juges qui font que ce nom de *censeur*, jadis, d'ordinaire si pénible au peuple, est maintenant si instamment demandé, qu'il est maintenant populaire et acclamé.

9. — Au milieu de ces abus des gens les plus coupables, de la plainte quotidienne du peuple romain, de l'infamie des tribunaux, du *discrédit de tout l'ordre sénatorial*, comme le seul remède, à mon avis, c'était que des hommes compétents prissent en charge la cause de la République et de la légalité, en vue du salut commun, je me suis porté, je l'avoue, pour soulager la République, à l'endroit où elle était la plus éprouvée.

DIVISION

10. — Une fois expliqués les motifs qui m'ont amené à me charger de cette cause, il me faut nécessairement parler maintenant de notre compétition pour éclairer votre décision dans *le choix de l'accusateur*. Pour moi, messieurs les juges, tel est mon point de vue : ayant à connaître d'une affaire de concussion, s'il y a discussion entre vous sur le choix, entre quelques candidats, de l'homme à qui confier de préférence l'accusation, il faut considérer deux choses : *quel est l'accusateur que désirent*

le plus ceux qui se plaignent d'avoir subi des injustices ; d'autre part, quel est celui dont ne voudrait absolument pas l'homme qui est accusé d'être l'auteur de ces injustices.

CONFIRMATION

IV. – 11. — Dans ce procès, messieurs les juges, ces deux éléments me paraissent tout à fait évidents ; cependant, je parlerai de chacun d'eux ; et, d'abord, de celui qui doit avoir, pour vous, le plus de poids, c'est-à-dire de la volonté de ceux qui ont été les victimes ; c'est pour eux qu'a été constitué ce tribunal chargé des affaires de concussion.

Verrès, dit-on, pendant trois ans, a pillé la province de Sicile, dévasté les villes des Siciliens, vidé complètement leurs demeures, dépouillé leurs sanctuaires. Les Siciliens sont là ; tous, sans exception, portent plainte. C'est dans ma loyauté, qu'ils ont maintenant jugée et éprouvée, qu'ils se réfugient, c'est par mon intermédiaire qu'ils vous demandent assistance, à vous et aux lois du peuple romain ; c'est moi qu'ils ont voulu avoir pour écarter d'eux leurs malheurs, pour venger les torts subis, représenter leurs droits et plaider l'ensemble de leur cause.

12. — Prétendras-tu, Caecilius, que ce n'est pas à la demande des Siciliens que j'aborde cette affaire ou bien, que la volonté d'alliés si excellents, si fidèles, ne doit pas peser devant le jury ici présent ? Si tu oses dire — ce que Verrès, dont tu feins d'être l'ennemi, désire surtout que l'on pense — que les Siciliens ne m'ont pas fait cette demande, d'abord, tu aideras la cause de ton ennemi, lui qui n'est pas l'objet d'une enquête préalable, mais dont la cause semble entièrement jugée, parce que le bruit s'est répandu que tous les Siciliens ont cherché un mandataire de leur cause contre ses injustices.

13. — Si toi, son « ennemi », tu nies ce fait que lui-même, le principal intéressé, n'ose pas nier, prends garde de paraître manifester ton inimitié, à la manière d'un ami intime.

Ensuite, il y a pour témoins du fait, les notables les plus illustres de notre cité, il n'est pas nécessaire de vous les nommer tous : je m'adresserai à ceux qui sont ici, eux dont, si je mentais, je me refuserais absolument à ce qu'ils fussent témoins de mon effronterie. Il est au courant de cette requête, ce C. Marcellus, qui fait partie du tribunal, il l'est également, ce Cn. Lentulus Marcellinus, que je vois ici présent ; c'est sur leur loyal appui que comptent particulièrement les Siciliens parce que la province entière est liée étroitement au nom des Marcellus.

14. — Non seulement, ils savent que cette demande m'a été adressée, mais qu'elle me l'a été à tant de reprises, avec tant de chaleur, que j'ai dû me charger de leur cause ou trahir les devoirs de l'amitié. Mais, pourquoi recourir à ces témoins, comme si l'affaire était douteuse ou présentait quelque obscurité ? Nous avons ici, venus de la province entière, les principaux notables qui, présents, vous prient et vous conjurent, messieurs les juges, de ne pas vous opposer à eux, dans le choix de l'accusateur. Des délégations de toutes les villes, sauf deux, de la Sicile entière, sont ici ; si ces deux villes avaient envoyé les leurs, leur présence affaiblirait peut-être les deux chefs d'accusation les plus considérables, puisque ces villes les partagent avec Verrès.

15. — Mais, voyons ! pourquoi est-ce à moi, de préférence, qu'ils ont demandé cette assistance ? Si cette requête pouvait être mise en doute, j'en dirais le motif ; mais, en réalité, puisque son évidence est telle que vous pouvez, de vos yeux, en juger, je ne vois pas la raison qui ferait tourner à mon désavantage l'objection que j'ai été choisi de préférence à tout autre accusateur.

16. — Mais, je n'ai pas cette présomption : non seulement, je ne fais pas figurer cette préférence dans mon discours, mais je ne laisse même croire à personne qu'elle a joué en ma faveur aux dépens de tous les autres protecteurs. Car il n'en est rien ; mais, pour chacun d'entre eux, ils ont tenu compte des circonstances, de l'état de santé, des moyens oratoires. Mon sentiment, dans cette affaire, mon opinion constante, les voici : je préférerais voir s'en charger n'importe lequel des hommes capables d'intenter cette accusation, plutôt que moi ; s'il n'en est aucun, je préfère l'assumer moi-même.

V. – 17. — Il reste maintenant cette question à poser : puisque la requête des Siciliens est certaine, quelle valeur doit avoir leur choix devant vous, dans vos esprits ? Quand il s'agit de venger leurs droits, convient-il de voir bénéficier de quelque autorité morale devant vous, les alliés du peuple romain qui s'adressent à vous en suppliants ?

À ce sujet, pourquoi rappeler un trop grand nombre d'exemples ? Comme s'il pouvait être mis en doute que la loi entière relative aux concussions ait été établie tout entière dans l'intérêt des alliés.

18. — En effet, lorsque les citoyens sont victimes de vols, ils intentent d'ordinaire une action civile et bénéficient de leur droit privé. Mais, la loi en question concerne les alliés, elle constitue le droit des nations étrangères, elle est leur citadelle un peu moins fortifiée, à la vérité, qu'auparavant mais, cependant, s'il leur reste quelque espoir de nature à les consoler, il repose tout entier dans cette loi ; c'est pour la préserver que, non seulement les Romains, mais même les nations les plus éloignées recherchent depuis longtemps des gardiens sévères.

19. — Quel homme donc viendra affirmer qu'il ne convient pas de tenir compte, pour l'application de la loi, de la volonté de ceux pour lesquels elle a été établie ? La Sicile entière, si elle parlait d'une seule voix, vous dirait ceci : ce que j'avais d'or, d'argent, de parures, dans mes villes, mes maisons, mes sanctuaires, ce que j'avais de droits, en toute chose, par la bienveillance du Sénat et du peuple romain, toi, Verrès, tu me l'as arraché et emporté ; à ce titre, je te réclame, en vertu de la loi, « *cent millions de sesterces* ». Si l'ensemble de la province, comme je l'ai dit, pouvait parler, voilà ce qu'elle dirait ; dans l'impossibilité de le faire, elle a choisi comme interprète de ses plaintes celui qu'elle a jugé elle-même comme l'homme de la situation.

20. — Dans un procès de ce genre, qui trouverait-on d'assez impudent pour oser, en faisant fi des vœux des intéressés, aborder, aspirer à soutenir une cause qui lui est étrangère ?

VI. – Admettons, Caecilius, que les Siciliens s'adressent à toi dans ces termes : « Nous ne te connaissons pas, nous ignorons quelle sorte d'homme tu es, nous ne t'avons jamais vu auparavant ; laisse-nous confier la défense de nos intérêts à celui dont la loyauté à notre égard nous est bien connue… », tout homme ne devrait-il pas approuver leurs propos ? En réalité, ce qu'ils disent c'est qu'ils nous connaissent tous les deux ; de l'un, ils veulent faire le défenseur de leurs intérêts ; de l'autre, ils ne veulent absolument pas.

21. — La raison de ce refus, même s'ils se taisaient, ils la feraient assez entendre ; en réalité, ils ne gardent pas le silence. Cependant, tu t'offriras à eux absolument contre leur gré ? Tu parleras dans une cause qui t'est étrangère ? Tu défendras ceux qui préfèrent être abandonnés de tous plutôt que d'être défendus par toi ? Tu promettras ton concours à

ceux qui estiment, d'une part, que tu n'es pas résolu à défendre leurs intérêts, que, d'autre part, si tu le désirais, tu en serais incapable. Le faible espoir de recouvrer ce qui reste de leurs biens, espoir qu'ils ont placé dans la sévérité de la loi et de la justice, pourquoi essaies-tu de le leur arracher par la violence ? Pourquoi vas-tu t'interposer, bien malgré eux, dans l'affaire de ceux dont la loi veut que l'on prenne particulièrement les intérêts ? Pourquoi, quand il s'agit de gens à l'égard desquels tu t'es fort mal comporté dans l'exercice de ta charge, essaies-tu maintenant de les déposséder complètement de tous leurs biens ? Pourquoi veux-tu leur ôter non seulement la possibilité de revendiquer leur droit, mais encore de déplorer leur malheur ?

22. — En effet, si c'est toi l'accusateur, penses-tu qu'un seul d'entre eux viendra se présenter, eux qui, tu le comprends bien, sont en peine non pas de tirer vengeance d'un autre, par ton intermédiaire, mais de ne pas se venger de toi-même par l'intermédiaire de quelqu'un d'autre.

VII. — Mais, il y a un fait certain : c'est moi que veulent les Siciliens. Le second point reste obscur, à mon sens, à savoir quel est l'accusateur dont Verrès ne veut à aucun prix. Jamais homme a-t-il lutté aussi ouvertement pour son honneur, aussi ardemment pour son salut, qu'il le fait, lui et ses amis, pour que l'on ne me donne pas cette charge d'accusateur. Il y a beaucoup de dangers que Verrès pense trouver en moi et non en toi, Caecilius ; de quelle nature ils sont en chacun de nous, je le dirai un peu plus tard.

23. — Pour le moment, je vais rappeler seulement — ce dont tu peux convenir silencieusement — qu'il n'est rien en moi qu'il tienne pour négligeable, rien en toi qu'il ait à redouter.

Aussi, ce grand défenseur et ami de Verrès[1] t'apporte-t-il ses suffrages tandis qu'il m'attaque ; il demande ouvertement aux juges que l'on te choisisse de préférence à moi et il prétend que c'est en honnête homme, sans aucune haine, ni offense pour personne qu'il mène cette lutte. « En effet, dit-il, je ne sollicite pas ce que j'ai l'habitude d'obtenir, après un débat acharné : je ne réclame pas l'acquittement de l'accusé, mais qu'il ait celui-ci plutôt que celui-là comme accusateur. Accorde-moi ce point, fais-moi cette concession facile, honorable, qui ne peut te rendre impopulaire ; par là même, tu m'auras donné sans risque, sans déshonneur, le moyen de faire acquitter celui pour qui je suis en peine. »

24. — Et, il déclare encore, pour intimider quelque peu les juges, à la bonne volonté desquels il s'adresse, qu'il y a, dans le Conseil, des hommes sûrs auxquels il voudrait que l'on montrât les tablettes ; c'est très facile, car les juges n'apportent pas leur vote, un à un, mais décident ensemble du choix de l'accusateur ; une tablette est donnée à chacun, enduite de cire légale, non de cette cire infâme et impie[2]. Et, ce n'est pas tant pour Verrès qu'il se met en peine : c'est l'ensemble de l'affaire qui ne le charme nullement ; il voit, en effet, que si, au lieu de ces jeunes nobles, dont il s'est joué jusqu'à maintenant, de ces accusateurs, à la poursuite du quart des biens de l'accusé[3], qu'il a toujours dédaignés non sans motif et tenus pour absolument

---

1. Il s'agit d'Hortensius considéré alors comme le meilleur orateur de Rome et qui venait d'être désigné comme consul pour l'année 69. Il s'était chargé de la cause de Verrès.

2. Dans un précédent procès, Hortensius avait donné aux juges, achetés par lui, des tablettes enduites de cire de couleur différente de la cire légale. Ici, dans l'impossibilité d'user de ce procédé, dans une remise globale des tablettes, il tente cependant de faire opérer un contrôle par les juges corrompus par ses soins.

3. Habituellement, il n'y avait, pour se charger des accusations, que des « novices » ou bien des délateurs professionnels (quadruplatores) qui recevaient, en cas de succès de leur instance, un quart des biens de l'accusé.

négligeables, la volonté d'intenter une accusation passe à des gens courageux, à des hommes en vue, son règne devant les tribunaux ne peut plus durer longtemps.

VIII. – 25. — À cet homme, moi, je déclare maintenant d'avance que si vous décidez de me confier cette cause, il lui faudra changer entièrement sa méthode de défense, et la changer de façon à imiter, en vertu de conditions meilleures et plus honorables que celles dont il veut user, ces hommes qu'il a vus lui-même dans tout leur éclat, L. Crassus et M. Antonius : ils pensaient ne rien devoir apporter aux procès et instances de leurs amis, sinon leur loyauté et leur talent. Rien, si je suis l'accusateur, ne lui permettra de penser que l'on puisse acheter le jugement sans mettre en grand danger beaucoup de monde.

26. — Dans ce procès, voici mon point de vue : j'ai accepté de soutenir la cause des Siciliens, je me suis chargé de celle du peuple romain. Aussi, n'est-ce pas un seul homme malhonnête que je dois écraser — selon la demande des Siciliens — mais, il me faut, de façon radicale, — ce que réclame depuis longtemps le peuple romain — étouffer et détruire toute espèce d'improbité ; pour cela, les efforts dont je suis capable, les résultats que je puis obtenir, je préfère les laisser espérer à d'autres que de les exposer dans mon discours.

27. — Mais, toi, Caecilius, quelles sont tes possibilités ? En quelle circonstance, dans quelle affaire as-tu donné, je ne dis pas quelque échantillon de ton savoir-faire, mais essayé tes forces ? Il ne te vient pas à l'esprit quelle affaire c'est que de soutenir une instance publique, de dérouler la vie d'un autre homme et de l'exposer non seulement à l'attention des juges, mais encore de l'exposer aux yeux et aux regards de tous, de défendre le salut des alliés, les intérêts des provinces, la force des lois, la sévérité des tribunaux ?

XI. — Apprends de moi, puisque tu as trouvé, pour la première fois, l'occasion de l'apprendre, combien de qualités doit posséder celui qui intente une accusation contre un autre homme ; de ces qualités, si tu en reconnais une seule en toi, moi, dès maintenant, bien volontiers, je t'abandonnerai la charge que tu sollicites.

C'est d'abord une intégrité et une probité exceptionnelles ; il n'est rien de plus insupportable que de demander compte, à un autre homme, de sa vie, si l'on est incapable de le faire pour soi-même.

28. — En ce moment, je n'en dirai pas davantage sur toi, je me contente de cette seule remarque, celle de tout le monde : personne n'a pu te connaître, à part les Siciliens ; ils déclarent, malgré leur colère contre l'homme, dont tu te dis l'ennemi, que si c'est toi qui es chargé de l'accusation, ils n'assisteront pas au procès. La raison de ce refus, ce n'est pas moi qui te l'apprendrai : laisse les juges soupçonner ce qu'ils soupçonnent fatalement. À coup sûr, les plaignants, en gens subtils et soupçonneux qu'ils sont, ne croient pas que tu veuilles apporter, de Sicile, des preuves écrites contre Verrès. Mais, comme les actes de sa préture et de ta questure sont consignés dans les mêmes registres, ils te soupçonnent bien plutôt de vouloir les emporter de Sicile.

29. — En second lieu, il convient que l'accusateur soit ferme et sincère. Pour moi, même admis ton désir de l'être, je comprends facilement l'impossibilité de la chose. Et, je ne dis pas ce que, si je le disais, tu ne pourrais démentir, à savoir qu'avant ton départ de Sicile, tu t'es réconcilié avec Verrès ; que Potamon, ton secrétaire et ami intime, a été gardé par Verrès, en Sicile, au moment de ton départ ; que ton frère, M. Caecilius, ce jeune homme d'élite, si distingué, non seulement n'est pas ici pour venger les torts que tu aurais subis, mais se

trouve aux côtés de Verrès et vit avec lui, en familier et ami très intime. Il y a ces indices et un très grand nombre d'autres encore dont je ne fais pas état pour le moment, qui te montrent comme un accusateur supposé : j'affirme que, même si tu en avais le plus vif désir, il te serait pourtant impossible d'être un accusateur de bonne foi.

30. — Je vois, en effet, qu'il est un grand nombre de crimes dont tu partages la responsabilité avec Verrès, à tel point que tu n'oserais pas les effleurer dans ton accusation. La Sicile entière formule cette plainte : Verrès, après avoir imposé aux cultivateurs la fourniture de blé pour son approvisionnement personnel, à un moment où le prix du boisseau était de deux sesterces, a exigé, au lieu de la prestation en nature, une somme de douze sesterces par boisseau. Faute grave, somme énorme, vol impudent, vexation insupportable ! Pour ce seul chef d'accusation, moi, je dois nécessairement le faire condamner. Toi, Caecilius, que feras-tu ?

31. — Passeras-tu sous silence un fait si grave ou le lui reprocheras-tu ? Dans ce dernier cas, imputeras-tu à un autre la faute dont tu t'es rendu coupable, toi-même, à la même époque, dans la même province ? Oseras-tu accuser un autre homme de façon à ne pouvoir ensuite t'opposer à ta propre condamnation ? Si tu gardes le silence là-dessus, que vaudra ton accusation quand, par crainte d'un risque personnel, tu redoutes non seulement de laisser soupçonner l'accusé d'un crime très certain et très grave, mais encore de faire mention de ce crime ?

32. — En vertu d'un senatus-consulte, il a été procédé à un achat de blé aux Siciliens, pendant la préture de Verrès ; ce blé n'a pas été entièrement payé. Lourde accusation contre Verrès, lourde, si c'est moi qui accuse, inexistante, si c'est toi.

En effet, tu étais questeur ; c'était toi qui avais le maniement des fonds publics ; de ces fonds, si le préteur les convoitait, ta fonction consistait, en grande partie, à en empêcher tout détournement. Donc, de ce chef d'accusation également, si c'est toi qui accuses, il ne sera fait nulle mention. Crois-moi, Caecilius, dans ce rôle, il est impossible de défendre vraiment les alliés si l'on est complice des crimes de l'accusé.

33. — Les fermiers de la dîme ont exigé, des cités, de l'argent au lieu de blé. Voyons ? À ce moment-là, Verrès était-il le seul magistrat en fonctions ? Nullement, il y avait aussi le questeur Caecilius. Quoi donc ? As-tu l'intention d'accuser Verrès de ce que tu pouvais et devais empêcher de faire ou bien abandonneras-tu toute l'affaire ? Donc, Verrès n'entendra nullement, pendant son procès, parler de ce dont, lorsqu'il s'en rendait coupable, il ne trouvait pas le genre de défense qu'il pourrait y opposer.

XI. — Et, je me contente de rappeler les faits qui sont sous les yeux de tous : il y a d'autres vols plus secrets dont Verrès, pour paralyser, je pense, l'impétuosité de son ardeur, a partagé le profit de la façon la plus bienveillante avec son questeur.

34. — Ces vols, tu le sais, m'ont été rapportés ; si je voulais les étaler, tout le monde comprendrait facilement que, non seulement vous étiez d'intelligence, mais même que le partage du butin n'est pas encore fait. C'est pourquoi, si tu demandes que l'on te donne le droit de faire une dénonciation, parce qu'il a agi de concert avec toi, je t'accorde ce droit, si toutefois la loi le permet ; mais, si nous parlons du droit d'accusation, il convient que tu le laisses à ceux à qui aucune faute personnelle n'enlève la possibilité de montrer les fautes d'autrui.

35. — Et, maintenant, examine la différence entre mon accusation et la tienne. Les fautes dont tu t'es rendu coupable,

seul, sans Verrès, je vais, moi, les lui imputer pour ne pas t'avoir empêché de les commettre, alors qu'il disposait lui-même du pouvoir suprême ; toi, au contraire, tu ne feras même pas état de ses fautes à lui, de peur qu'on n'établisse, en quelque point, votre complicité.

Eh ! quoi, Caecilius, te semblent-ils méprisables ces talents sans lesquels une cause, surtout de cette importance, ne peut être, en aucune façon, soutenue : quelque capacité d'action oratoire, quelque habitude de la parole, quelque connaissance théorique ou pratique du forum, des tribunaux, des lois ?

36. — Je comprends combien est périlleuse et difficile la situation où je me trouve ; en effet, si tout orgueil est odieux, celui surtout qui s'attache au talent et à l'éloquence est de beaucoup le plus désagréable. C'est pourquoi je ne dis rien ; en effet, ou bien l'opinion qu'on s'en fait quelle qu'elle soit, me satisfait, ou bien, elle est, à mon sens, insuffisante, et ce n'est pas par des paroles que je pourrai y ajouter.

XII. — En ce qui te concerne, Caecilius — je vais maintenant, par Hercule, sortir du sujet de notre compétition et de notre rivalité pour parler avec toi en ami — examine l'opinion que tu as de toi-même et fais-le plus d'une fois ; rentre en toi-même et considère ta valeur et tes possibilités. Crois-tu, quand il s'agit d'affaires si importantes, si douloureuses, où tu te trouveras chargé de la cause des alliés et de la situation d'une province, du droit du peuple romain, du poids de la justice et des lois, être en mesure de soutenir avec une mémoire, une sagesse, un talent suffisant, tant d'intérêts si lourds et si variés ?

38. — Ces fautes que Verrès a commises pendant sa questure, sa légation, sa préture, à Rome, en Italie, en Achaïe, en Asie, en Pamphylie, crois-tu pouvoir les distinguer, selon l'ordre des

temps et des lieux, en différents chefs d'accusation, par le plan de ton discours ? Crois-tu pouvoir, ce qui est particulièrement nécessaire quand il s'agit d'un accusé de ce genre, réussir à ce que ces actes de débauche, d'impiété, de cruauté, paraissent aussi affreux et indignes à ceux qui les entendront qu'ils l'ont été à ceux qui en ont été les victimes ?

39. — Ce que je te dis est important, crois-moi ; ne va pas en faire fi. Tout doit être dit, prouvé, expliqué : la cause ne doit pas seulement être exposée, mais plaidée avec autorité et avec abondance ; il faut arriver, si tu veux agir et agir efficacement, je ne dis pas à ce que l'on t'écoute, mais encore à ce qu'on le fasse volontiers et avec agrément. En cela, même si tu avais de grands dons naturels, même si, formé dès l'enfance aux disciplines et aux théories les plus excellentes, tu avais travaillé à fond ces matières, même si tu avais étudié les lettres grecques à Athènes non à Lilybée, les lettres latines à Rome non en Sicile, la difficulté persisterait d'être au niveau, par ton activité, d'une si grande cause, si attendue, de l'embrasser dans ta mémoire, de la traduire par ton talent oratoire, d'avoir assez de voix et de force pour la soutenir.

40. — Tu diras peut-être : « Quoi donc ? as-tu toi-même tous ces talents ? » Plût au ciel qu'il en fût effectivement ainsi ! Mais, cependant, pour être à même de les posséder, j'ai travaillé, dès l'enfance, avec une ardeur infatigable. Si leur importance et leur difficulté ne m'ont pas permis une entière réussite moi qui, de toute ma vie, n'ai rien fait d'autre, combien à ton sens, es-tu plus éloigné encore de ces qualités de l'orateur qui, non seulement, n'ont jamais fait l'objet de tes réflexions auparavant mais dont, même aujourd'hui, où tu entres dans le métier, tu es incapable de soupçonner la nature et l'importance ?

XIII. – 41. — Pour moi, chacun sait ma situation au forum et dans les tribunaux : elle est telle qu'il n'est pas un homme de mon âge — ou du moins il en est bien peu — qui ait défendu un plus grand nombre d'accusés ; d'autre part, je consacre tout le temps que me laissent les affaires de mes amis, à ces études et à ces travaux destinés à améliorer ma préparation oratoire pour la pratique du Forum. Cependant, — puissent les dieux m'être favorables dans la mesure où je dis vrai — lorsque la pensée me vient à l'esprit, du jour où, en présence de l'accusé cité, je dois prendre la parole, ce n'est pas seulement une profonde émotion que je ressens, mais c'est tout mon être qui est saisi d'un horrible frisson.

42. — En ce moment, je me représente d'avance, par la pensée, l'empressement et le concours du peuple, l'attente que va susciter l'importance du procès, la foule d'auditeurs mise en branle par l'infamie de Verrès, l'attention enfin, avec laquelle la peinture de son improbité fera écouter mon discours. Quand je réfléchis à tout cela, encore maintenant, je suis rempli de crainte ; je me demande, face à l'irritation des hommes, qui sont ses ennemis et ses victimes, face à l'attente générale, face à l'importance de l'affaire, si je pourrai apporter, pour me mettre à leur niveau, des moyens oratoires suffisants.

43. — Pour toi, rien de tout cela ne t'inspire de crainte, ne te fait réfléchir, ne te met en peine ; si tu réussis à apprendre par cœur une phrase quelconque d'un vieux discours : « C'est à Jupiter Très Bon et très Grand que je m'adresse » ou bien : « Je voudrais, si c'est possible, messieurs les juges » ou quelque cliché du même genre, tu vois là une préparation remarquable pour te présenter au tribunal.

44. — Et, admettons même que tu n'aies pas d'adversaire pour te répondre : selon moi, tu serais cependant dans l'incapacité

d'exposer l'affaire. En réalité, tu n'envisages même pas que tu auras à lutter avec un homme très éloquent, parfaitement entraîné à la parole[1] ; avec lui, il te faudra tantôt faire un exposé, tantôt lutter et combattre de toutes les manières. J'apprécie le talent de cet adversaire : sans le redouter, j'en fais cas tout en étant persuadé que son talent réussira plus à me charmer qu'à m'abuser.

XIV. — Jamais cet illustre orateur ne réussira à me surprendre par son plan d'attaque, à m'abattre par aucun artifice de procédure ; jamais, il ne tentera, par son talent personnel, de me faire chanceler et de m'ôter ma vigueur ; je connais toutes les « bottes secrètes » de l'homme et ses méthodes oratoires ; nous nous sommes trouvés souvent, dans les procès, dans les mêmes affaires et dans des affaires adverses ; il prendra la parole contre moi, quelque habile qu'il soit, avec l'idée également, qu'il donnera là une pierre de touche de son talent.

45. — Mais toi, Caecilius, comme il va se jouer de toi, se donner carrière, par tous les moyens, de toutes les manières, je crois déjà le voir ! Chaque fois qu'il te laissera, en priorité, la possibilité de choisir ton interprétation des faits : « Tel acte a-t-il été commis ou non ? Est-ce vrai ou faux ? », quelle que soit la réponse, elle se retournera contre toi. Quelles incertitudes vont t'agiter, quelles hésitations, quelles ténèbres, dieux immortels ! tu connaîtras, homme sans malice que tu es ! Que feras-tu, lorsqu'il aura commencé à mettre ton accusation en morceaux et à établir, en comptant sur ses doigts, les éléments de la cause, un à un ? à trancher, débrouiller, réduire à néant chacun de ces éléments ? Assurément, tu commenceras à redouter toi-même d'avoir mis en péril un innocent.

1. Hortensius.

46. — Quoi, lorsqu'il se mettra à s'apitoyer sur l'accusé, à le plaindre, à le décharger un peu du poids de haine qui l'accable et à le faire passer sur toi, à rappeler les liens d'amitié qui existent entre le préteur et son questeur, la coutume des ancêtres, l'autorité religieuse du sort, seras-tu capable de supporter la haine que te vaudra son discours ? Vois pourtant et examine plus à fond les choses : à mon sens, ce que tu dois craindre, ce n'est pas seulement de le voir t'engloutir sous un déluge verbal, mais encore émousser par ses gestes mêmes, ses mouvements, la pénétration de ton esprit et t'entraîner bien loin de ton plan personnel et de tes projets de démonstration.

47. — Et, c'est dès maintenant, immédiatement, je le vois, que nous allons en juger. Si, en effet, tu peux, aujourd'hui, réfuter mes propos, si tu réussis à t'écarter, d'un seul mot, du modèle qu'un maître d'école quelconque a composé avec des pièces de discours d'autrui pour ton usage, je t'estimerai capable également de ne pas te montrer insuffisant, pour ce procès, de satisfaire à ta charge et à ton devoir. Si, au contraire, dans ce débat préliminaire avec moi, tu manifestes ton néant, qu'en sera-t-il dans le combat lui-même avec un adversaire si plein d'énergie ? Nous pouvons l'imaginer.

XV. — Soit ! Caecilius, lui-même, est nul, incapable de mener l'action, mais il se présente bien étayé par des accusateurs en second, entraînés et qui ont l'habitude de la parole. C'est là quelque chose, même si c'est insuffisant ; car, c'est sur tous les points, que le principal accusateur doit être parfaitement pourvu et préparé.

Mais, je vois cependant que le premier de ses auxiliaires est L. Appuleius. S'il n'est pas un novice par l'âge, il l'est, du moins, dans l'usage et la pratique du Forum.

48. — Il a, ensuite, je crois, Alienus : celui-là, je l'ai vu sur les bancs des avocats : ce que peuvent être ses possibilités d'orateur, je n'y ai pas suffisamment prêté attention ; s'il s'agit de crier, je vois que, pour cela, il est robuste et bien entraîné. C'est en lui que reposent tous tes espoirs ; c'est lui qui, une fois qu'on t'aura choisi comme accusateur, supportera toute la charge du procès. Et il se gardera même d'user de toutes ses forces, mais il devra veiller à ta gloire, à ta réputation d'orateur et renoncer quelque peu à ses possibilités oratoires pour que tu paraisses, toi aussi, être quelque chose. Nous voyons ce qui se passe pour les accusateurs grecs ; fréquemment, celui qui a le second ou le troisième rang pourrait plaider de façon un peu plus remarquable. Cependant, il baisse sensiblement le ton pour permettre au principal accusateur de manifester la plus grande supériorité. Tel sera le comportement d'Alienus ; c'est toi qu'il servira, c'est à toi qu'il fera sa cour, il restera un peu au-dessous des efforts qu'il est capable de faire.

49. — Maintenant, veuillez considérer quel genre d'accusateurs nous allons avoir dans un si grand procès : Alienus tentera de diminuer ses moyens oratoires, en admettant qu'il en ait ; Caecilius, lui, pensera enfin quelque chose en voyant Alienus se montrer moins véhément, et lui laisser le premier rôle dans l'accusation. Quel genre de quatrième aura-t-il, je ne le vois pas, à moins que, par hasard, vous ne donniez ce rôle à un individu quelconque pris dans le troupeau des mauvais avocats qui ont sollicité de vous leur inscription et à qui vous l'aurez accordée. Avec ces gens à ta disposition, qui te sont parfaitement étrangers, tu viens au procès si bien préparé que tu dois recevoir, à titre d'hôte, l'un quelconque d'entre eux. À ces gens-là, je ne ferai pas assez d'honneur pour répondre à ce qu'ils auront dit, à un moment précis, et séparément à chacun d'eux ; puisque ce n'est pas à dessein, mais par hasard

que j'ai fait mention d'eux, c'est à tous ensemble et pour ainsi dire en passant que je répondrai brièvement.

RÉFUTATION

52. — Mais, pour en revenir à toi, Caecilius, tu vois tout ce qui te manque : toutes ces déficiences si nombreuses, celles précisément qu'un accusé coupable désire constater dans son accusateur, assurément, maintenant, tu les comprends. À cela, que peut-on objecter ? En effet, je ne te demande pas ce que tu as l'intention de dire ; ce n'est pas toi, je le vois, mais ce livre que tient en main ton conseiller, qui va me fournir la réponse ; lui, s'il veut te donner un avis salutaire, il t'engagera à quitter la place et à ne rien me répondre.

Que pourras-tu dire, en effet ? Peut-être, ce que tu ne cesses de répéter, que Verrès t'a traité avec injustice ? Je le crois ; il serait, en effet, invraisemblable, alors qu'il maltraitait tous les Siciliens, que tu aies eu le privilège unique d'être l'objet de sa sollicitude.

53. — Mais, tous les autres Siciliens ont trouvé un mandataire pour venger leurs torts ; toi, tout en essayant de venger les tiens, par toi-même, ce dont tu es incapable, tu t'y prends de façon que les torts des autres restent également impunis et privés de châtiment. Voici un point qui t'échappe : habituellement, on ne se contente pas d'examiner qui doit se charger de la vengeance : on cherche aussi celui qui est capable de le faire. À celui qui réunit les deux avantages, on donne la préférence mais, s'il a l'un sans l'autre, on recherche d'ordinaire non ce que l'homme veut faire, mais ce qu'il est capable de faire.

54. — Si tu penses que l'accusateur doit être de préférence celui à qui Verrès a fait les plus grands torts, quels sont, d'après toi, ceux que les juges ici présents doivent le plus difficilement

supporter : les désagréments qu'il t'a causés ou les tourments infligés à la province de Sicile qu'il a menée à la ruine ? Tu m'accorderas, je pense, que ce dernier chef d'accusation est plus grave et plus difficile à supporter par tout le monde. Souffre donc que la province prenne le pas sur toi dans l'accusation ; en effet, c'est la Province qui accuse, lorsque sa cause est plaidée par l'homme qu'elle a choisi pour défendre son droit, venger les injustices qu'elle a subies, soutenir en justice l'affaire tout entière.

XVII. – 55. — Mais, dis-tu, Verrès t'a causé un tort de nature à émouvoir profondément le cœur même de tous ceux qui n'ont pas été les victimes. Il n'en est rien. Comme cela concerne aussi, je pense, le procès de savoir la nature de ce qu'il appelle une injustice à son égard et le motif de haine qu'il met en avant, apprenez-les de moi ; en effet, lui, assurément, à moins d'être complètement fou, ne le fera jamais.

Il y a, à Lilybée, une certaine Agonis, affranchie du temple de Vénus Érycine ; cette femme, avant la questure de Verrès, était bien pourvue et fort riche. Un préfet maritime d'Antoine voulait lui enlever abusivement des esclaves musiciens qu'il désirait, disait-il, utiliser sur sa flotte[1]. Alors, cette femme, comme c'est l'habitude, en Sicile, de tous ceux qui appartiennent à Vénus et de ses affranchis, voulant faire intervenir devant ce préfet, grâce au nom de Vénus, un scrupule religieux, lui déclara qu'elle et ses biens étaient la propriété de la déesse.

56. — À cette nouvelle, le questeur Caecilius — cet homme excellent et d'une telle équité ! — fait comparaître Agonis devant lui, il lui accorde aussitôt une autorisation de poursuite ! *S'il appert qu'elle ait dit qu'elle et ses biens étaient la propriété de*

---

1. Dans la flotte romaine, des musiciens réglaient le mouvement des rames au rythme de la flûte. Cf. dans le livre des Supplices, les musiciens capturés sur le bateau-pirate.

Vénus. Les récupérateurs rendent le jugement qu'ils devaient rendre fatalement ; il ne faisait aucun doute, en effet, qu'elle eût tenu ce propos. Lui, il entre en possession des biens de la femme ; quant à sa personne, il l'adjuge en esclave à Vénus ; ensuite, il vend les biens, il en retire de l'argent. Ainsi, pour avoir tenté de garder quelques esclaves, en invoquant le nom de Vénus et son culte, Agonis a perdu tous ses biens et liberté, par l'iniquité de Caecilius.

Verrès arrive ensuite à Lilybée ; il apprend l'affaire, blâme le fait, contraint son questeur à faire le compte de l'argent qu'il avait tiré des biens d'Agonis et à le lui rendre entièrement.

57. — Jusqu'à présent — et c'est ce qui vous étonne, je le vois — nous avons affaire non pas à Verrès, mais à Mucius Scaevola ! Quel geste plus élégant, en effet, aurait-il pu faire pour mériter l'estime, plus équitable pour alléger le malheur de cette femme, plus énergique pour réprimer la cupidité de son questeur ? Tout cela me paraît extrêmement estimable. Mais, tout à coup, sur-le-champ, comme s'il avait bu quelque coupe de la magicienne Circé, le voici redevenu Verrès ; il revient à lui-même et à ses mœurs habituelles ; en effet, de cette somme importante, il s'adjuge une grande partie et ne restitue à la femme que la part infime déterminée par son bon plaisir.

58. — Alors, si tu déclares que Verrès t'a lésé, j'en conviendrai, je te l'accorderai ; si tu te plains qu'on t'ait fait une injustice, je repousserai ta plainte et la dirai non fondée. Enfin, le tort qui t'aurait été causé, il n'est personne d'entre nous qui doive le juger plus lourd que toi-même, la prétendue victime. Si tu t'es réconcilié ensuite avec Verrès, si tu as séjourné à différentes reprises dans sa maison, s'il a dîné ensuite chez toi, préfères-tu que l'on te juge perfide ou prévaricateur ? Il est fatal, je le vois, que tu sois l'un ou l'autre, mais je ne lutterai pas avec toi pour t'empêcher de choisir le nom de ton choix.

59. — Or, s'il ne te reste même pas le motif d'une prétendue injustice à ton égard, quel argument pourrais-tu donner tel que l'on t'accorde de préférence, je ne dis pas à moi mais à tout autre, le droit d'accusation ; à moins que, par hasard, ce ne soit le fait — j'apprends que tu as l'intention de donner cette raison — d'avoir été le questeur de l'accusé. Quel motif aurait plus de poids, si l'objet de notre débat était de prévoir lequel de nous deux était le meilleur ami de Verrès : quand le but de notre rivalité est de se charger des haines encourues par l'accusé, il est ridicule de penser que l'amitié avec lui doit sembler un motif équitable de le mettre en péril.

60. — Et, en effet, si ton préteur t'avait causé de très nombreux torts, cependant, tu mériterais une plus grande estime à supporter ces injustices qu'à en tirer vengeance ; mais, puisqu'en réalité, il n'a jamais rien fait de plus juste que ce que tu appelles une injustice, les juges ici présents vont-ils décider que ce motif qu'ils iraient jusqu'à désapprouver chez un autre, devient juste chez toi, qui veux trahir l'amitié ?

Si tu as subi, de sa part, une très grande injustice, cependant, le fait d'avoir été son questeur t'enlève la possibilité de l'accuser, sans encourir quelque blâme ; mais, s'il n'en est rien, tu ne peux l'accuser, sans commettre un crime. Aussi, puisqu'il y a doute sur l'injustice dont tu aurais été victime, est-il, à ton avis, un des juges présents qui ne préfère te voir quitter la place exempt de blâme plutôt que chargé d'un crime ?

XIX. — Et, regarde la différence entre mon opinion et la tienne. En dépit de ton infériorité en tout, tu estimes que l'on doit te donner la préférence, pour avoir été le questeur de cet homme-là ; pour moi, même si tu m'étais supérieur sous tous les rapports, cette seule raison devrait, à mon sens, te faire écarter comme accusateur. Nous tenons, en effet, de nos ancêtres, que le préteur doit tenir lieu de père à son questeur ; qu'on ne peut trouver nul motif d'amitié plus juste, plus sérieuse, que le lien établi par le sort, le partage en commun de la même province, du même devoir, de la même fonction publique.

62. — Aussi, même au cas où, en droit, tu pourrais l'accuser, cependant en raison de ce rang de père qu'il a tenu près de toi, la piété filiale t'interdirait de le faire ; mais, puisque sans avoir subi de sa part aucun tort, tu mets en péril ton préteur, tu dois convenir nécessairement de l'injustice et de l'impiété de la lutte que tu entreprends contre lui. Et, en effet, ta questure, on peut en faire état pour exiger que tu donnes les motifs qui t'amènent à accuser l'homme dont tu as été le questeur : elle ne te crée pas le droit de demander, pour la même raison, que l'on te choisisse de préférence comme accusateur. D'ailleurs, il n'est presque jamais arrivé qu'un ancien questeur soit venu disputer le droit d'être accusateur sans être récusé.

63. — C'est ainsi que L. Philon s'est vu refuser le droit d'accuser C. Servilius ; il en fut de même pour Aurélius Scaurus à l'égard de L. Flaccus et pour Cn. Pompée à l'égard de T. Albucius ; aucun de ces candidats n'a été rejeté pour indignité, mais on ne voulait pas que le désir déréglé de trahir une amitié intime se trouvât sanctionné par l'autorité des juges. Or, cet illustre Pompée fut en compétition avec C. Julius, comme tu l'es avec moi ; il avait été questeur d'Albucius comme toi de Verrès ; C. Julius bénéficiait, pour être chargé de l'accusation, du même avantage que moi ; en ce moment, j'aborde l'affaire à la prière des Siciliens ; lui, alors, le faisait à la prière des Sardes.

Tel est l'argument qui a toujours prévalu : tel est le motif d'accusation qui a toujours été jugé le plus honorable : que l'accusateur au nom des alliés, pour le salut de la province, pour les intérêts des nations étrangères consente à s'attirer des haines, à aborder les risques judiciaires, à faire intervenir son activité, son zèle, son travail.

XX. — Et, en effet, s'il est louable de venger les torts qu'on a subis — en quoi l'on sert son propre ressentiment et non les intérêts de la République — combien plus honorable, plus digne d'approbation, mieux, de reconnaissance, quand on n'a pas été soi-même lésé, d'être bouleversé par la douleur et les mauvais traitements subis par les alliés et les amis du peuple romain ! Récemment, le courageux, l'intègre Pison sollicitait la charge d'accuser P. Gabinius ; de son côté, Q. Caecilius faisait la même demande prétextant qu'il obéissait en cela à une vieille haine personnelle qu'il entretenait depuis longtemps. Ce n'est pas tant la supériorité que conféraient à Pison son autorité et son prestige, qui lui donnaient l'avantage, mais surtout ce très équitable motif : le choix qu'avaient fait de lui les Achéens comme défenseur.

65. — Et, en effet, puisque la loi relative aux concussions exercées sur les alliés et les amis du peuple romain est elle-même leur protectrice, il serait inique de ne pas regarder comme le soutien le plus approprié de la loi, en justice, l'homme à qui les alliés ont donné la préférence pour défendre leurs intérêts. Les raisons les plus honorables à rappeler ne doivent-elles pas être regardées comme celles qui méritent de beaucoup le plus d'approbation ? Or, est-il plus beau, plus glorieux, d'alléguer : « J'ai accusé cet homme dont j'étais le questeur, avec qui je m'étais trouvé uni par le sort, la coutume des ancêtres, le jugement des dieux et des hommes ? », ou bien de déclarer : « Je me suis porté comme accusateur, à la demande de nos alliés et amis ; j'ai été choisi par l'ensemble de la province pour défendre ses droits et ses intérêts. » Qui pourrait douter qu'il est plus honorable d'intenter une accusation dans l'intérêt des gens parmi lesquels on a exercé sa questure que de le faire contre l'homme dont on a été le questeur ?

66. — Les hommes les plus illustres de notre cité, aux meilleures époques, considéraient comme le plus important, le

plus beau des devoirs de préserver des injustices leurs hôtes, leurs clients, les peuples étrangers qui étaient dans l'amitié et sous la domination du peuple romain, et de défendre leurs intérêts. M. Caton, ce Sage, cet homme illustre, si avisé, encourut, nous le savons, des haines personnelles lourdes et multiples, à cause des torts subis par les Espagnols, chez lesquels il avait été consul.

67. — Tout récemment, nous avons vu Cn. Domitius assigner M. Silanus pour avoir causé du tort à un seul homme, Aegritomarus, hôte et ami de son père.

XXI. — En effet, rien n'a jamais plus frappé l'âme des coupables que cette coutume des ancêtres, reprise et rétablie, après un long intervalle de temps : les plaintes des alliés apportées à un homme, qui n'est pas dénué de talent, accueillies par celui qui paraissait capable de défendre leurs intérêts, par son zèle et sa loyauté.

68. — C'est cette décision que redoutent les coupables, qui les met en peine ; ils supportent difficilement de la voir établie, ou plus précisément reprise et remise en vigueur. Ils estiment que si cette habitude commence à s'insinuer et à faire des progrès, on verra désormais des hommes parfaitement intègres, pleins d'énergie, au lieu d'adolescents incapables et de délateurs qui désirent le quart des biens de l'accusé, mener les actions judiciaires.

69. — Cette coutume et cette règle, nos pères et nos ancêtres n'avaient pas à s'en repentir au moment où P. Lentulus, qui fut prince du Sénat[1], accusait Manius Aquilius, avec C. Rutilius Rufus comme cosignataire ou lorsque l'Africain, le plus grand des hommes par la vertu, la fortune, la gloire,

---

1. Le prince du Sénat est le premier magistrat inscrit sur la liste des sénateurs. C'est lui qui devait être interrogé le premier sur la question proposée.

les exploits, qui avait été deux fois consul et censeur citait L. Cotta en justice. C'est à bon droit que le nom du peuple romain était alors dans tout son éclat, c'est à bon droit que le prestige et la majesté de notre empire étaient regardés comme éminemment respectables.

Personne ne s'étonnait de voir dans l'illustre Africain ce qu'on affecte de trouver étonnant et de supporter difficilement parce qu'on le voit dans un homme comme moi qui ne suis doué ni de grands moyens, ni de grandes forces.

70. — « Que veut-il ce Cicéron ? Être rangé dans la catégorie des accusateurs lui qui, auparavant, se trouvait habituellement dans celle des défenseurs, en ce moment surtout où il est à l'âge de poser sa candidature à l'édilité ? » Eh bien ! moi, j'estime qu'il appartient, je ne dis pas à mon âge, mais à un âge beaucoup plus avancé et à une magistrature très importante, à la fois, d'accuser les gens malhonnêtes et de défendre les malheureux et les victimes. Et, à coup sûr, dans l'état de maladie, dans la situation presque désespérée de la République, quand les actions judiciaires sont corrompues et souillées par les faiblesses et les hontes d'une poignée d'hommes, le seul remède c'est que les hommes les plus honorables et les plus intègres se lèvent pour défendre les lois et l'autorité de la justice ; ou bien, si ce remède même est inefficace, assurément, on ne trouvera aucun moyen de guérison à ces maux si nombreux.

71. — Jamais, le salut de la République ne peut être mieux assuré que lorsque l'accusateur doit craindre autant pour sa gloire, sa charge, sa réputation que l'accusé pour sa vie et pour ses biens. Aussi, les hommes qui se sont montrés les accusateurs les plus consciencieux, les plus zélés, sont-ils ceux qui savaient, par là, mettre en péril leur réputation et l'estime publique.

XXII. — En conséquence, messieurs les juges, voici quelle doit être votre conviction : Q. Caecilius, dont la réputation est inexistante et qui n'a rien à attendre dans ce procès même, qui ne se met en peine ni de conserver une renommée précédemment acquise, ni de confirmer des espoirs pour l'avenir, se montrera incapable de mener cette accusation avec la rigueur, la conscience et le zèle nécessaires. Il n'a, en effet, rien à perdre dans l'accusation ; en admettant qu'il en sorte couvert de honte et d'humiliation, il n'aura rien à regretter de ses anciens titres de gloire.

72. — Pour nous, le peuple romain possède des garanties nombreuses : pour pouvoir les conserver intactes, les protéger, les consolider, les recouvrer, il nous faudra lutter de toutes les manières. Ces garanties qu'il possède, c'est l'honneur que nous sollicitons, c'est l'espoir que nous nous sommes placé devant les yeux, c'est son estime acquise par beaucoup de sueurs, de travaux et de veillées ; si, dans ce procès, nous donnons la preuve de notre conscience et de notre zèle, le peuple romain nous permettra de conserver ces gages dans leur intégrité ; s'il nous arrive de commettre une faute et de chanceler, tant soit peu, ces gages d'estime que nous avons mis tant de temps à recueillir un à un, il nous faudra les perdre tous ensemble, en un seul moment.

73. — Ainsi donc, messieurs les juges, il vous appartient de choisir l'homme que vous jugerez capable de soutenir le plus facilement l'importance de cette cause et de cette action judiciaire par sa loyauté, son activité, son intelligence, son prestige.

Si vous me préférez Caecilius, je ne jugerai pas, moi, que c'est son mérite qui l'a emporté : le peuple romain, lui, pourrait bien penser qu'une accusation si honorable, si sérieuse, si consciencieuse, vous a déplu et qu'elle déplaît également à votre classe sénatoriale. Prenez-y garde !

PREMIÈRE ACTION
CONTRE VERRÈS

EXORDE

I. — Ce qui était particulièrement souhaitable, messieurs les juges, ce qui, plus que tout, était propre à dissiper l'impopularité dont votre ordre sénatorial est l'objet et la mauvaise réputation de vos tribunaux, semble vous être accordé et offert, non par un dessein humain, mais, pourrait-on dire, par un effet de la volonté divine, dans les circonstances critiques où se trouve la République. Il est, en effet, une opinion bien enracinée, dangereuse pour l'État, périlleuse pour vous, qui s'est répandue par les conversations, chez nous, mais aussi chez les étrangers : elle prétend que, dans les instances judiciaires actuelles, si l'accusé est riche, quelle que soit sa culpabilité, il est impossible d'aboutir à une condamnation.

2. — Aujourd'hui, au moment même où votre ordre et votre pouvoir judiciaire sont en danger et où des hommes sont prêts à tenter, par leurs discours et leurs propositions de loi, d'enflammer cette haine du Sénat — un accusé est traduit en justice, C. Verrès, personnage que sa vie et ses actes ont déjà condamné dans l'opinion publique et qui, grâce à sa fortune énorme, il l'espère, il s'en vante, se voit déjà acquitté. Pour moi, messieurs les juges, j'ai abordé ce procès, en qualité

d'accusateur, pour répondre à la volonté expresse et à l'attente du peuple romain, non pour augmenter l'impopularité de la classe sénatoriale, mais pour porter remède à notre déshonneur commun. Je traduis, en effet, devant vous, un homme en la personne duquel vous pourriez rendre à vos instances judiciaires la considération qu'elles ont perdue, recouvrer la faveur du peuple romain, donner satisfaction aux nations étrangères, un homme qui a pillé les fonds publics, qui a accablé de vexations l'Asie et la Pamphylie, qui a fait de la préture urbaine une occasion de butin, qui a causé la perte et la ruine de la province de Sicile.

3. — Cet homme, s'il fait l'objet de votre part d'un jugement sévère et consciencieux, l'autorité morale qui doit résider en vous y restera fortement fixée ; si, au contraire, les grandes richesses de ce misérable parviennent à détruire vos scrupules et votre sincérité, j'obtiendrai au moins ce résultat : on verra que c'est l'action judiciaire qui fait défaut à la République, plutôt qu'un accusé aux juges ou un accusateur à l'accusé.

II. — Je vais vous faire une confidence personnelle, messieurs les juges : Verrès a ourdi contre moi des guet-apens sur terre et sur mer, déjoués, les uns par mes soins, détournés, les autres, de moi par le zèle et les bons offices de mes amis. Eh bien ! en vérité, jamais je n'ai eu le sentiment d'affronter un si grand péril, jamais je n'ai éprouvé une crainte aussi grande qu'aujourd'hui précisément dans cette instance.

4. — Et c'est moins l'attente où l'on est de mon accusation, c'est moins le concours d'une telle multitude qui me cause cette profonde émotion, que les complots impies que ce misérable tente de fomenter, en même temps contre moi, contre vous, contre Manius Glabrion, contre le peuple romain, les alliés, les nations étrangères, enfin contre l'ordre sénatorial et le nom

même de sénateur ; il ne cesse de répéter que seuls doivent éprouver de la crainte ceux qui n'ont opéré de butin que juste pour eux ; quant à lui, il a amassé une quantité suffisante de richesses pour pouvoir contenter beaucoup de gens ; qu'il n'est rien de si sacré qu'on ne puisse violer, rien de si solidement protégé qu'on ne puisse prendre d'assaut, avec de l'argent.

5. — S'il enveloppait son action d'autant de mystère qu'il met d'audace dans ses tentatives, peut-être eût-il trouvé une occasion quelconque de nous tromper ; mais, jusqu'à présent, fort heureusement, son audace exceptionnelle va de pair avec une stupidité incroyable : de même, dans son espoir de corrompre le tribunal, il a fait voir très clairement à tout le monde, ses desseins et ses tentatives. Il affirme n'avoir eu très peur qu'une seule fois dans sa vie : c'est le jour où il fut mis par moi en accusation ; en effet, malgré le caractère récent de sa sortie de charge, la haine et la honte dont il était l'objet n'étaient pas, elles, récentes, mais remontaient à fort loin ; et surtout, le moment était mal choisi pour corrompre le tribunal.

6. — Aussi, bien que je n'eusse sollicité qu'un temps très bref pour faire mon enquête en Sicile, Verrès a réussi à trouver quelqu'un qui demandait deux jours de moins que moi pour mener, lui, une enquête en Achaïe ; ce n'était pas qu'il comptât obtenir, par l'activité et l'habileté déployées, le résultat que j'ai atteint, moi, par mon travail et mes veilles — et, en effet, ce fameux enquêteur en Achaïe n'est même pas arrivé à Brindes ! — moi, en cinquante jours, j'ai parcouru la Sicile entière de façon à prendre connaissance des preuves écrites, officielles et privées des mauvais traitements subis. Ainsi, était-il parfaitement clair, pour n'importe qui, que Verrès avait cherché non pas un homme qui eût à traduire en justice son propre accusé, mais qui s'emparât du temps destiné à mon instance.

III. — En réalité, voici ce que médite cet accusé d'une audace démentielle : il comprend que j'arrive au tribunal assez prêt, assez armé, pour faire entrer dans vos oreilles mais encore pour fixer sous les yeux de tous le tableau de ses vols et de ses turpitudes ; il voit, comme les témoins de son audace, nombre de sénateurs, nombre de chevaliers romains et, en outre, une foule de citoyens et d'alliés, auxquels il a causé des torts insignes ; il voit aussi, rassemblées ici, tant de délégations si respectables envoyées par des cités qui nous sont profondément attachées, avec des pouvoirs officiels.

8. — Malgré cela, il se fait, de tous les gens de bien, une si piètre opinion, il estime les instances sénatoriales si corrompues et aviliees qu'il ne cesse de répéter ouvertement que sa passion de l'argent était solidement motivée puisque, il le voit par expérience, c'est dans l'argent qu'il trouve un soutien si puissant : il a réussi, dit-il, — ce qui était particulièrement difficile — à acheter la date où aurait lieu son procès, cela pour être en mesure, par la suite, d'acheter tout le reste : ainsi, dans l'impossibilité où il était d'échapper à la violence des accusations portées contre lui, il esquiverait, du moins, une date pleine de menaces pour lui.

9. — S'il n'avait placé quelque espoir, je ne dis pas dans sa cause, mais dans quelque appui respectable : l'éloquence ou le crédit d'un défenseur quelconque, assurément il ne se mettrait pas en chasse pour rassembler tous ces moyens dilatoires ; il ne regarderait pas du haut de son mépris l'ordre sénatorial au point de choisir, à son gré, dans le Sénat, un homme qui jouerait le rôle d'accusé, un homme qui, pendant que lui-même rassemblerait ses moyens de défense, verrait passer sa cause avant la sienne à lui, Verrès.

10. — Le bénéfice qu'il compte retirer de ces manœuvres et leur but, je le soupçonne facilement ; mais, ses raisons d'espérer

qu'elles puissent le servir avec le préteur que nous avons et le consul qui l'assiste[1], je ne réussis pas à les comprendre. La seule chose que je comprenne — et le peuple romain, lors de la récusation des juges[2], en a jugé ainsi — c'est qu'il comptait si bien établir tout son plan de salut sur l'argent, qu'il se jugeait, si on lui arrachait ce soutien, entièrement privé de tout appui.

NARRATION

IV. — Et, en effet, quel talent oratoire, quelle facilité, quelle abondance de parole seraient assez grands pour défendre, sur quelques points, la vie de ce misérable convaincue de tant de vices et de scandales, condamnée depuis longtemps par le sentiment général et l'opinion publique !

11. — Pour laisser de côté les souillures et les ignominies de sa jeunesse, voyons ce que nous montre sa questure, premier degré des honneurs : Cn. Carbon, dépouillé des fonds publics par son questeur ; le consul, privé de ressources et trahi, l'armée désertée, sa charge abandonnée, les liens d'amitié créés par le sort et la religion bafoués ? *Sa légation* causa la ruine de toute l'Asie et de la Pamphylie tout entière, où il a pillé, dans les provinces, de nombreuses demeures particulières, un très grand nombre de villes, tous les sanctuaires ; à ce moment, il a renouvelé et commis, pour la seconde fois, contre Cn. Dolabella le crime précédent de sa questure : alors qu'il avait été légat et proquesteur à ses côtés, il a réussi, par ses crimes, à le rendre impopulaire et il ne s'est pas contenté, en plein péril, de l'abandonner, il l'a attaqué et trahi.

1. Manius Glabrion était le préteur chargé de présider le tribunal. Homme honnête, mais apathique. La loi instituant les tribunaux chargés des affaires de concussion était l'œuvre de son propre père.
2. À Rome, le demandeur et le défendeur pouvaient exercer le droit de récusation à l'égard de juges tirés au sort par le préteur.

12. — Quant à sa *préture urbaine*, ce fut le pillage des temples sacrés et des édifices publics ; ce fut, en même temps, dans l'exercice de sa fonction judiciaire, l'adjudication et la donation de biens et de propriétés contrairement aux règles fixées par tous les préteurs.

Mais, à vrai dire, les monuments, les preuves les plus nombreuses et les plus importantes de ses vices, c'est dans sa province de Sicile qu'il les a établis, là où ce misérable, pendant trois ans, a accumulé les vexations et les ruines au point de rendre impossible à ce pays le retour à son état antérieur et d'empêcher, pendant de longues années, des préteurs intègres de lui rendre quelque apparence de vie.

13. — Tout le temps qu'il a été préteur, les Siciliens n'ont pu conserver ni leurs propres lois, ni le bénéfice de nos senatus-consultes, ni celui des droits communs à tous les hommes : chaque habitant ne possède plus en Sicile que les biens qui ont pu échapper, par inadvertance, à sa profonde cupidité, à ses passions déréglées ou ceux que sa satiété a jugés superflus.

V. — Pendant trois ans, aucune décision judiciaire n'a été rendue autrement que par un signe de tête de sa part ; aucun bien, même hérité d'un père ou d'un aïeul, dont il n'ait dépouillé par jugement le possesseur, en vertu de son pouvoir souverain. Des sommes fabuleuses ont été levées sur les biens des agriculteurs, en vertu d'un règlement nouveau et criminel ; de très fidèles alliés ont été traités comme des ennemis, des citoyens romains ont subi les tortures et la mort des esclaves ; de grands coupables ont été dispensés de comparaître en justice, grâce à leur argent ; des gens parfaitement honorables et intègres ont été, quoique absents, condamnés sans jugement et bannis ; des ports solidement protégés, des villes très importantes et parfaitement sûres ont donné accès aux pirates et aux bandits ; des marins et des soldats siciliens, nos alliés et nos amis, sont morts de faim ; on a laissé perdre et anéantir les meilleures des flottes et les plus utiles, à la grande honte du peuple romain.

14. — Pendant sa préture, les monuments les plus anciens dus les uns, aux rois les plus fastueux, qui avaient voulu en faire l'ornement des villes, les autres, donnés ou rendus par nos généraux, après la victoire, le même Verrès les a tous pillés et laissés privés de tout ornement. Et, il ne s'est pas contenté de le faire pour les statues et les œuvres d'art des édifices publics, mais il s'est encore attaqué à tous les sanctuaires rendus vénérables par l'antiquité du culte : il n'est pas, enfin, une effigie divine, pourvu qu'elle lui parût d'une facture un peu plus artistique et assez ancienne, qu'il ait laissée aux Siciliens.

Faut-il évoquer maintenant ses débauches scandaleuses ? La honte m'interdit de rappeler ses débordements criminels ; je ne veux pas, du même coup, augmenter, en les rappelant, l'infortune de ces hommes, à qui son impudence n'a pas permis de garder leurs enfants et leurs femmes à l'abri de son impudicité.

15. — « Mais, peut-on dire, ces actes, il les a commis dans des conditions telles qu'ils n'ont pas été sus de tout le monde. » Mon avis, c'est qu'il n'est pas un homme qui, en entendant son nom, ne puisse rappeler en même temps ses actions criminelles. Aussi, ai-je à redouter que l'opinion m'accuse de passer sous silence beaucoup de chefs d'accusation plutôt que d'en forger un quelconque contre lui. Et, en effet, je ne crois pas que le désir de cette multitude assemblée pour m'écouter soit d'apprendre de moi les faits de la cause, mais de revoir avec moi ce qu'elle sait déjà.

VI. — Dans une telle situation, ce déséquilibré, cet homme perdu modifie sa tactique de combat avec moi. Il renonce à m'opposer l'éloquence d'un défenseur quelconque ; ce n'est ni sur le crédit, ni sur le prestige, ni sur l'autorité de fonction de qui que ce soit qu'il s'appuie. Il feint de faire confiance à tous ces facteurs, mais je vois ce qu'il manigance ; car, il n'en fait pas tellement mystère. Il me met en avant de vains titres de noblesse, c'est-à-dire les noms d'hommes arrogants dont l'origine sociale me gêne moins que leur notoriété ne me sert : il feint de se fier à leur protection tout en préparant, depuis longtemps, une autre machination.

16. — Ce qu'il espère d'eux en ce moment, ce qu'il trame en réalité, je vais maintenant, messieurs les juges, vous l'exposer brièvement ; mais, auparavant, apprenez, je vous prie, comment il a pris, dès le début, ses dispositions.

Aussitôt rentré de sa province, il s'est racheté de cette poursuite moyennant une grosse somme d'argent. Il est resté dans les termes de cet accord et de ce pacte jusqu'à la récusation des juges ; après cette récusation, comme dans le tirage au sort des juges, la fortune du peuple romain l'avait emporté sur ses espérances ; que, d'autre part, dans la récusation des premiers, mon activité avait triomphé de leur impudence, leur marché avec lui fut totalement dénoncé.

17. — L'affaire se présentait donc bien. La liste de vos noms, celle des membres de ce tribunal étaient dans toutes les mains ; aucune marque, aucune couleur, aucune tache ne semblait pouvoir entacher ces votes[1], alors que l'accusé, de vif et de joyeux qu'il était auparavant, était devenu soudain si humble, si abattu qu'il semblait condamné, je ne dis pas pour le peuple romain, mais à ses propres yeux. Or, voici que tout à coup, ces jours derniers, après les comices consulaires, on a renouvelé les mêmes précédentes tentatives, avec des sommes d'argent plus fortes : votre propre réputation, la condition de

---

1. Il y avait plusieurs procédés possibles de fraudes : maquillage des tablettes, contrôle exercé sur les juges au moment où ils déposaient leurs votes. Cf. le Contre Caecilius n3.

tous les citoyens se voient en butte aux complots préparés par les mêmes individus. Ce sont d'abord, messieurs les juges, des preuves et des indices très faibles qui nous ont mis sur la voie : ensuite, l'entrée étant ouverte au soupçon, nous sommes parvenus directement au cœur du complot de ces misérables.

VII. – 18. — En effet, lorsque Hortensius, consul désigné, revenait du Champ-de-Mars, chez lui, au milieu d'une affluence considérable, il arriva que la foule fit la rencontre de C. Curius[1] — c'est pour l'honorer que je tiens à le nommer, non pour l'outrager — ; je vais, en effet, rapporter des propos qu'il n'aurait pas tenus au milieu d'une si grande multitude si ouvertement et si publiquement, s'il avait voulu qu'ils ne fussent pas rappelés. Je les rapporterai cependant avec prudence et précaution de manière à faire comprendre que je tiens compte et de notre amitié et de sa dignité.

19. — Près de l'Arc de Triomphe de Fabius Maximus, il aperçoit Verrès dans la foule ; il l'interpelle et le félicite à haute voix ; quant à Hortensius lui-même, qui venait d'être élu consul, à ses proches et à ses amis ici présents il ne dit pas un mot ; il s'arrête devant Verrès, l'embrasse, l'engage à ne pas se faire de souci : « Je te déclare, lui dit-il, que les élections d'aujourd'hui équivalent à ton acquittement. » Comme un nombre considérable de très honnêtes gens avaient entendu ces paroles, on me les rapporte immédiatement ; bien mieux, tous les gens qui me voyaient me racontaient la scène. Aux uns, elle paraissait scandaleuse, aux autres, risible ; risible à ceux qui jugeaient que le procès dépendait de la loyauté des témoins, du nombre des chefs d'accusation, des pouvoirs du tribunal, non pas des comices consulaires ; scandaleuse à ceux qui examinaient

---

1. Tribun de la plèbe.

plus à fond la chose et voyaient que ces félicitations visaient à corrompre l'action judiciaire.

20. — Voici, en effet, les conclusions, voici les propos que tenaient entre eux et avec moi, les honnêtes gens : « Maintenant, visiblement et très nettement, il n'y a plus d'action judiciaire. L'accusé qui, la veille, se voyait déjà condamné, se juge acquitté aussitôt après l'élection de son défenseur au consulat ? Quoi donc ? La Sicile entière, tous les Siciliens, tous les négociants, toutes les preuves écrites, officielles et privées, sont à Rome : tout cela n'aura donc aucun poids dans l'affaire ? Absolument aucun, si le consul désigné en juge ainsi. Quoi ? Les juges n'obéiront-ils pas à ce qui résulte des chefs d'accusation, des témoignages, à l'opinion du peuple romain ? Non, tout dépendra du pouvoir et de la direction d'un seul homme. »

VIII. — Je vais vous dire la vérité, messieurs les juges. Cette histoire me troublait profondément ; en effet, voici ce que me disaient les meilleurs de nos concitoyens : « Cet accusé, on va sûrement te l'arracher, mais nous, nous cesserons immédiatement de posséder le pouvoir judiciaire ; et, en effet, après l'acquittement de Verrès, qui pourrait refuser de le passer à une autre classe sociale ? »#[1]

21. — La situation était pénible pour tout le monde ; et ce n'était pas tant la joie subite de cet homme perdu qui leur donnait une telle émotion que les félicitations insolites que lui avait adressées un personnage si considérable. Je voulais leur dissimuler ma propre inquiétude, je voulais que mon visage leur cachât ma douleur, que mon silence la gardât secrète.

Or, ces mêmes jours où les préteurs tiraient au sort les affaires judiciaires qu'ils présideraient, comme celle qui concernait les

---

1. Construit par Q. Fabius, le vainqueur des Allobroges.

affaires de concussion était échue à M. Metellus, on m'annonce que Verrès avait reçu des félicitations au point d'envoyer chez lui de jeunes esclaves pour en faire part à sa femme.

22. — À coup sûr, ce choix ne me plaisait guère, mais je ne voyais pas bien ce qu'il avait de redoutable pour moi. Je découvrais ce seul détail par des hommes sûrs qui m'ont tout appris : plusieurs corbeilles du trésor[1], remplies d'argent sicilien, avaient passé de la maison d'un sénateur dans celle d'un chevalier romain ; de ces corbeilles, dix environ avaient été laissées chez ce sénateur pour servir aux comices de mon élection ; des distributeurs de fonds[2] de toutes les tribus avaient été convoqués, de nuit, chez Verrès.

23. — L'un d'entre eux, qui croyait devoir tout faire dans mon intérêt, vient me trouver cette même nuit ; il me raconte les propos que Verrès leur a tenus ; il leur a rappelé ses libéralités à leur égard, au moment déjà où il était lui-même candidat à la préture et dans les récents comices pour l'élection des consuls et des préteurs ; ensuite, il leur a promis immédiatement tout l'argent qu'ils voudraient, s'ils réussissaient à faire échouer mon élection à l'édilité. Alors, les uns ont déclaré qu'ils ne l'osaient pas, les autres lui ont répondu qu'ils jugeaient mon échec impossible ; il s'est trouvé cependant un ami courageux de la tribu Romilia, appartenant à la même famille que lui, le nommé Q. Verrès qui sortait de la même école de distributeurs de fonds : c'était un élève et un ami de son père. Moyennant le dépôt de cinq cent mille sesterces, il s'engage à réussir ; il y a eu aussi, contrairement à l'avis général, quelques distributeurs pour promettre d'agir de concert avec lui. En raison de cette

1. Corbeilles qui servaient au transport de l'argent. C'est de leur nom : fiscus que vient notre terme de fisc.
2. Ces hommes se chargeaient d'acheter les suffrages d'une tribu au profit d'un candidat. Manœuvre qui tombait sous le coup de la loi : de ambitis.

menace, mon visiteur m'engageait, en toute bienveillance, à me tenir fortement sur mes gardes.

IX. – 24. — J'avais à ce moment-là de très graves sujets d'inquiétude et le temps dont je disposais était fort court. J'étais serré de près par la date des élections et, dans ces mêmes élections, on m'attaquait avec une masse d'argent ; le jour de l'instance approchait et, dans cette affaire également, j'étais menacé par les corbeilles du trésor de Sicile. La crainte des élections m'empêchait de m'occuper librement de ce qui concernait le procès ; le procès, lui, ne me laissait pas la possibilité de me donner entièrement au service de ma candidature. Menacer les distributeurs de fonds, je n'en avais pas le moyen : en effet, je le voyais, ils comprenaient que cette instance judiciaire allait me retenir et me lier. Et voici qu'à ce moment même, j'entends dire, pour la première fois, que les Siciliens ont été mis en demeure par Hortensius de venir chez lui, dans sa propre maison ; que les Siciliens, en cela se sont montrés des hommes libres eux qui, comprenant le motif de cette convocation, ne se sont pas présentés. Pendant ce temps, les comices pour notre élection à l'édilité, dont Verrès, comme de tous les autres comices de cette année, pensait être le maître, ont commencé à se dérouler. Le voici en train de courir de tribu en tribu cet homme puissant accompagné de son fils aimable et gracieux ; les amis de son père — c'est-à-dire les distributeurs de fonds — il les aborde ; il va les trouver. Mais, on avait compris et remarqué la manœuvre ; aussi, le peuple romain mit-il tout son cœur à empêcher que celui dont les richesses n'avaient pas réussi à me détourner de la loyauté, ne parvînt, par son argent, à faire échouer ma candidature.

25. — Une fois libéré du grand souci de mon élection, je me suis mis, avec un esprit beaucoup plus libre et dégagé, à délaisser toute autre occupation, toute autre méditation que

celles qui concernaient le procès. Voici ce que je découvre, messieurs les juges : tous ces plans ont été conçus et arrêtés par ces méprisables adversaires pour faire traîner en longueur l'affaire de Verrès, par n'importe quel moyen, de manière que les débats soient présidés par le préteur M. Metellus. Ils y voient ces avantages : d'abord, d'avoir au tribunal M. Metellus leur très grand ami, ensuite, au consulat, Hortensius et, en outre, Q. Metellus. Pour ce dernier, notez à quel point il est l'ami de l'accusé ; il lui a donné, en effet, la prérogative de sa bonne volonté au point de paraître lui avoir rendu l'avantage reçu à propos des centuries prérogatives[1].

26. — Avez-vous pu penser que je garderais le silence sur des faits si importants et que, dans un tel danger pour l'État et pour ma propre réputation, je consulterais rien d'autre que mon devoir et mon honneur ? L'un des deux consuls désignés a convoqué les Siciliens ; quelques-uns d'entre eux répondent à la convocation pour la raison, disent-ils, que L. Metellus est préteur en Sicile. Voici les propos qu'il leur tient : « Lui, il est consul ; l'un de ses frères gouverne la Sicile, l'autre va présider les enquêtes sur les affaires de concussion ; Verrès est à l'abri de toute condamnation : on y a pourvu par de nombreux moyens. »

X. – 27. — Dis-moi, je te prie, Metellus, ce que c'est que corrompre une action en justice, si ce n'est pas écarter, par la peur, des témoins, surtout des Siciliens, gens craintifs et plongés dans l'affliction, de ne pas te contenter, pour cela, de ton prestige personnel, mais de la crainte que peut inspirer un consul et des pouvoirs de deux préteurs ? Que ferais-tu, pour un innocent, pour un proche parent quand, pour un homme perdu et qui ne t'est rien, tu manques à ton devoir et aux lois de l'honneur et que tu

---

1. Centurie tirée au sort pour voter la première. L'importance de ce rang venait de ce que ce premier vote entraînait presque fatalement les autres. Jeu de mots sur le terme : prérogative.

t'exposes à donner, pour quelqu'un qui ne te connaîtrait pas, un air de réalité aux propos que répète Verrès. En effet, voici ce qu'il affirme, disait-on : « Ce n'est pas grâce au destin, comme les autres membres de ta famille, mais bien grâce à lui que tu as été fait consul. Les deux consuls et le président du tribunal chargé de l'affaire seront donc ceux qu'il a voulus. Non seulement, dit-il, nous éviterons dans l'instruction de l'affaire la présidence d'un homme trop actif, trop respectueux de l'opinion publique : Manius Glabrion. Autre avantage pour nous : l'un des juges est M. Caesonius, le collègue de notre accusateur ; c'est un homme bien connu pour son expérience des affaires judiciaires, qu'il ne conviendrait nullement de voir figurer dans ce tribunal, sur lequel nous pourrions essayer quelque tentative de corruption ; déjà, en effet, quand il était juge dans le conseil présidé par Junius, il ne s'est pas borné à supporter difficilement cette manœuvre de corruption très honteuse, il est allé jusqu'à la révéler au public. Ce juge, à partir des Kalendes de Janvier, nous ne l'aurons plus.

28. — Comme Q. Manlius et Q. Cornificius, ces deux juges particulièrement sévères et intègres, seront à la même date tribuns de la plèbe, nous ne les aurons pas non plus ; P. Sulpicius, juge austère et intègre, doit entrer en charge aux Nones de Décembre ; M. Crepereius, ce chevalier qui doit à sa famille et à sa formation une particulière énergie ; L. Cassius, d'une famille aux principes rigoureux en tout, mais particulièrement en matière de justice ; C. Tremellius, homme si profondément scrupuleux et actif : tous les trois, ces hommes d'autrefois, sont désignés comme tribuns militaires ; à partir des Kalendes de Janvier, ils cesseront d'être juges. Nous tirerons au sort également un autre juge à la place de M. Metellus, puisqu'il aura la présidence de ce même tribunal.

Ainsi, aussitôt après les Kalendes de Janvier, comme le préteur sera changé ainsi que le conseil presque en entier, les grandes menaces de l'accusateur, la grande attente où l'on est de l'action judiciaire, de tout cela, nous nous jouerons à notre gré et à notre fantaisie. »

29. — Ce sont aujourd'hui les Nones de Sextilis[1] ; notre réunion a commencé à la huitième heure ; ils ne font même pas entrer cette journée en ligne de compte. Nous sommes à dix jours des Jeux Votifs, que va célébrer Pompée : ces jeux nous enlèveront quinze jours ; ensuite, il y aura aussitôt les Jeux Romains. Ainsi, verrat-on s'écouler près de quarante jours : alors, ce sera le moment enfin, d'après eux, de répondre à nos accusations ; ensuite, discours et réfutations feront facilement traîner le procès en longueur jusqu'aux Jeux de la Victoire ; à ces jeux, se joignent ceux de la plèbe ; après quoi, il ne restera plus une seule journée, ou du moins trop peu de jours pour continuer l'action judiciaire. C'est ainsi qu'avec une accusation fatiguée, refroidie, l'affaire arrivera intacte au préteur M. Metellus. Cet homme, si je me défiais de sa loyauté, je ne l'aurais pas gardé comme juge.

30. — En réalité, cependant, mes sentiments me portent à préférer le voir au nombre des juges plutôt que président du tribunal pour mener cette affaire à son terme ; à préférer aussi, quand il aura prêté serment, lui confier sa propre tablette plutôt que celles des autres juges, sans qu'il ait prêté serment.

XI. — En ce moment, moi, je vous demande une consultation sur ce que je dois faire selon vous ; et, assurément, le Conseil que vous me donnerez tacitement, je me rends compte que je dois nécessairement l'adopter. Si j'utilise mon temps légal de parole, je recueillerai le fruit de mes peines, de mon activité et de mon zèle ; de plus, par cette accusation, j'obtiendrai ce

1. Le 5 Août. Août était alors le sixième mois de l'année.

résultat que nul accusateur, de mémoire d'homme, ne paraisse s'être présenté devant la justice, plus prêt que moi, plus sur ses gardes, avec un réquisitoire mieux disposé. Mais, dans cette gloire qui s'attachera à mon activité, il y a très grand danger que l'accusé ne nous échappe. Quelle ligne de conduite nous reste-t-il à pouvoir suivre ? Elle est claire, à mon avis, et sans mystère.

31. — Les fruits de la gloire, qu'il m'eût été possible de recueillir par un réquisitoire prononcé sans interruption, réservons-les pour d'autres temps ; aujourd'hui, c'est avec des registres, des témoignages, des documents publics et privés, des procès-verbaux officiels que nous allons mener l'accusation. Toute l'affaire sera entre toi, Hortensius, et moi. Je vais parler ouvertement. Si j'estimais que tu luttes d'éloquence avec moi, dans ce procès, pour effacer les chefs d'accusation, moi aussi je passerais mon temps à dresser mon réquisitoire et à développer ces mêmes chefs d'accusation : comme, en réalité, tu as décidé de mener la lutte non pas tant d'après ta nature mais, avec mauvaise foi, en fonction du danger et des intérêts de cet individu, je dois m'opposer à une méthode de cette espèce par un plan de défense.

32. — Ton plan à toi, c'est de commencer à me répondre seulement après les deux périodes de Jeux ; le mien est de proposer l'ajournement de l'audience avant le début des Jeux. Il en résultera que si l'on juge ta tactique astucieuse, on estimera que la mienne est déterminée par la nécessité.

XII. — Mais, j'avais commencé à dire que l'affaire est entre toi et moi : voici comment. Je m'étais chargé de cette cause à la demande des Siciliens et je la jugeais pleine d'importance et d'éclat, à considérer que ces gens voulaient faire l'expérience de ma volonté et de mon zèle à leur égard, pour l'avoir déjà faite de mon intégrité et de mon désintéressement. Une fois l'affaire entreprise, je me suis proposé un but plus grand qui permît au peuple romain de juger complètement de mon dévouement à l'égard de la République.

33. — En effet, il m'aurait paru tout à fait indigne de mon activité et de mes efforts de traîner en justice un homme déjà condamné par l'opinion générale, si ton intolérable tyrannie et la passion dont tu as fait preuve, ces dernières années, dans certains procès, n'étaient intervenues même dans l'affaire de cet homme perdu. Maintenant, en réalité, puisque tu prends tant de plaisir à exercer toute ton autorité despotique sur les tribunaux, puisqu'il est des hommes qui n'ont ni honte ni dégoût de leur abus de pouvoir et de leurs infamies, qui semblent pour ainsi dire se précipiter exprès dans des actes odieux et offensants pour le peuple romain, voici ce que je déclare : je me suis chargé de cette tâche si lourde, si périlleuse pour moi, mais bien digne cependant que j'emploie, pour l'assumer, toute l'énergie de mon âge et de mon activité.

34. — Puisque l'ordre sénatorial tout entier subit le poids de l'improbité et de l'audace d'une poignée d'hommes et se trouve accablé sous la honte de ses actions judiciaires, je déclare que cette espèce d'hommes trouvera en moi un accusateur qui sera à leur égard, un ennemi personnel, rempli de haine, toujours présent, un adversaire acharné. Cette haine que j'assume, que je revendique, c'est elle que je traduirai en actes au cours de ma magistrature, de cette place où le peuple romain a voulu, à partir des Kalendes de Janvier, me voir traiter avec lui de l'intérêt public et des citoyens malhonnêtes. Voilà ce que mon édilité apportera au peuple romain de très important et de très beau, je vous le promets. Voici l'avertissement que je donne, la déclaration que je fais, d'avance, la ligne de conduite que je vous annonce dès maintenant : ceux qui ont l'habitude de

faire des dépôts de fonds, d'accepter de l'argent, d'en garantir, d'en promettre, de corrompre les affaires judiciaires en qualité de dépositaires ou de distributeurs d'argent ; ceux qui, à cette fin, se sont vantés d'user de leur autorité de fonction ou de leur audace, je les invite, dans le présent procès, à se tenir écartés, par leurs actes et leurs intentions, de ce forfait impie.

XIII. – 35. — À ce moment donc, Hortensius sera consul avec le pouvoir absolu de sa fonction suprême ; moi, je serai édile, c'est-à-dire un peu plus qu'un simple particulier ; cependant, l'engagement que je prends d'agir est précieux et agréable au peuple romain au point de faire paraître dans ce procès le consul, en personne, en comparaison de moi, moins important même, si c'est possible, qu'un simple citoyen.

On ne se contentera pas de rappeler tous les faits mais, une fois exposés ceux qui sont certains, on révélera tous les actes impies et scandaleux qui, depuis dix ans que les pouvoirs judiciaires ont été transférés au sénat, ont été commis en matière judiciaire.

36. — Le peuple romain apprendra de moi pourquoi, lorsque le pouvoir judiciaire appartenait à l'ordre équestre, pendant près de cinquante ans, sans interruption, aucun chevalier romain, messieurs les juges, faisant fonction de juge, n'a été effleuré du moindre soupçon d'avoir reçu de l'argent pour rendre la justice ; il apprendra pourquoi, depuis qu'on a transféré le pouvoir judiciaire à l'ordre sénatorial et enlevé au peuple romain la puissance qu'il exerçait contre chacun d'entre vous, Q. Calidius, après sa condamnation, aurait dit qu'un ancien préteur ne pouvait être condamné honorablement, à moins de trois millions de sesterces ; il apprendra pourquoi, lors de la condamnation pour concussion du sénateur P. Septimius, sous la préture de Q. Hortensius, l'amende a été fixée d'après la somme reçue par celui-ci pour l'affaire qu'il avait à juger.

37. — Il apprendra pourquoi, dans le cas de C. Herennius, dans le cas de C. Popilius, tous deux sénateurs, qui furent condamnés ensemble pour concussion ; dans le cas de M. Atilius, qui fut condamné pour atteinte à la majesté du peuple romain, il a été prouvé, de façon évidente, qu'ils avaient reçu de l'argent pour une affaire qu'ils avaient à juger ; pourquoi il s'est trouvé des sénateurs au moment où Verrès, en qualité de préteur urbain, tirait les juges au sort, pour se mettre en campagne contre un accusé, pour le condamner sans connaître les faits de la cause ; pourquoi on a rencontré un sénateur qui, dans l'exercice de sa fonction judiciaire, recevait, dans le même procès, de l'argent des mains de l'accusé pour le partager avec les autres juges et de l'accusateur pour faire condamner l'accusé.

38. — En réalité aujourd'hui, comment pourrais-je assez déplorer qu'on ait pu voir, dans notre cité, cette souillure, cette ignominie, ce malheur de l'ordre sénatorial entier, pendant qu'il exerçait le pouvoir judiciaire : les tablettes d'hommes qui avaient prêté serment marquées de signes de couleurs différentes ?[1] Tous ces forfaits, je les exposerai soigneusement, sévèrement, j'en prends devant vous l'engagement.

XIV. — Quels seront donc, selon vous, mes sentiments si je soupçonne que, dans ce procès d'aujourd'hui, on ait commis une violation du droit, une forfaiture du même genre ? surtout quand je puis prouver, de façon évidente, d'après de nombreux témoins, les propos tenus par Verrès, en Sicile, devant nombre d'auditeurs ; il disposait, disait-il, d'un homme puissant ; la confiance qu'il avait en celui-ci lui donnait licence de piller la province ; ce n'était pas pour lui seul qu'il était en quête d'argent, mais il avait réparti les profits des trois années de sa préture en Sicile, d'une façon qu'il estimait fort judicieuse : elle

1. Cf. au-dessus n. 3.

consistait à faire passer, à l'actif de ses biens, les gains de la première année ; à donner ceux de la seconde à ses protecteurs et défenseurs ; à réserver ceux de la troisième, la plus fructueuse et la plus lucrative, en entier pour ses juges.

39. — C'est de là que m'est venue l'idée de faire cette déclaration qui, je l'ai compris, lorsque je parlais naguère devant M. Glabrion, au moment de la récusation des juges, a ému si profondément le peuple romain : « Je pense, lui disais-je, que les nations étrangères vont envoyer des ambassades au peuple romain pour obtenir la suppression de la loi sur les concussions et des actions judiciaires appelées à en juger ; en effet, puisqu'il n'y a plus d'actions judiciaires, ils estiment que chaque gouverneur se contenterait alors de leur enlever seulement ce qu'il jugerait suffisant pour lui et ses enfants. Avec les actions judiciaires actuelles, chacun opère assez de prélèvements pour contenter lui-même, ses protecteurs, ses avocats, son préteur, ses juges ; il n'y a donc plus aucune limite ; ils se sentaient en mesure de donner satisfaction à l'avidité de l'homme le plus cupide ; mais non à l'acquittement victorieux de l'homme le plus coupable.

40. — Ô actions judiciaires mémorables ! ô réputation éclatante de notre ordre sénatorial, quand les alliés du peuple romain ne veulent plus voir exercer d'actions judiciaires pour les affaires de concussion, ces actions que nos ancêtres ont instituées dans l'intérêt des alliés ! Ce misérable aurait-il jamais conçu un si heureux espoir pour lui, s'il n'avait été imprégné d'une si fâcheuse opinion de vous ? C'est ce qui doit rendre votre haine à son égard plus grande que celle du peuple romain, puisqu'il vous juge semblables à lui en cupidité, en scélératesse, en forfaiture.

XV. – 41. — Au nom des dieux immortels, messieurs les juges, veillez à cette situation, prenez-y garde ! Je vous en avertis, je vous en préviens : à mon sens, cette occasion vous est donnée par la divinité pour libérer l'ordre entier de la haine, de l'impopularité, de l'infamie, de la honte. « Il n'y a aucune sévérité, aucune religion, dans les actions judiciaires, il n'y a même plus d'actions judiciaires », voilà l'opinion générale. C'est pourquoi le peuple romain nous méprise et nous dédaigne ; nous sommes couverts par une infamie qui est lourde et qui remonte à loin.

42. — Il n'est, en effet, nulle autre raison qui pousse le peuple romain à réclamer, avec tant d'ardeur, le rétablissement de la puissance tribunicienne. Quand il la revendiquait, ses paroles semblaient exiger ce rétablissement ; en réalité, ce sont de vrais tribunaux qu'il réclamait. Et cette évidence n'a pas échappé à Q. Catulus[1], cet homme important et éclairé : comme notre glorieux Pompée faisait un rapport sur la puissance tribunicienne, au moment de donner son avis, Catulus commença par ces paroles empreintes d'une grande autorité : « Les pères Conscrits remplissent mal et honteusement leurs fonctions judiciaires ; si, dans les affaires à juger, ils avaient voulu donner satisfaction à l'opinion du peuple romain, les citoyens n'auraient pas tant soupiré après le rétablissement de la puissance tribunicienne. »

43. — Enfin, Pompée lui-même, dans la première assemblée qu'il tint, en qualité de consul désigné, aux portes de la ville, au moment où, ce que l'on paraissait surtout attendre, il déclara son intention de rétablir la puissance tribunicienne, la foule fit entendre des signes évidents d'approbation et des murmures de reconnaissance. Mais, quand il ajouta, dans le même discours, que les provinces étaient pillées et ravagées, que les actions

---

1. Q. Catulus, l'un des juges de Verrès. Pompée, consul, venait de faire passer la loi qui rétablissait la puissance tribunicienne.

judiciaires se passaient de façon honteuse, scandaleuse ; qu'il
y veillait et voulait y pourvoir ; alors, à ce moment, ce n'est
plus par de simples murmures, mais par de grandes clameurs
que le peuple romain manifesta son approbation.

XVI. – 44. — Or, en ce moment, les gens sont aux aguets ;
ils observent la manière dont chacun de nous se comporte
dans le respect de la religion des serments et de la sauvegarde
des lois. Ils voient que, dans le rétablissement de la puissance
tribunicienne, il n'y a eu encore qu'un seul sénateur de
condamné et encore était-il très pauvre ! Ils ne blâment pas
la condamnation, cependant, ils ne trouvent pas là matière à
nous féliciter grandement, car il n'y a pas de mérite à rester
intègre quand il n'est personne qui puisse vous corrompre ou
qui tente de le faire.

45. — L'affaire d'aujourd'hui, elle est de nature à vous
donner l'occasion de juger l'accusé, au peuple romain, de
vous juger vous-mêmes. On décidera à propos de cet homme,
si un tribunal sénatorial est capable de condamner un homme
à la fois très coupable et très riche. De plus, l'accusé est tel
qu'il ne présente rien d'autre que des crimes énormes et une
fortune énorme. Donc, s'il est acquitté, on ne pourra soupçonner
rien que de très honteux ; ce n'est pas son crédit, ses liens de
parenté, de bonnes actions étrangères à la cause, enfin quelque
faute légère dans le jugement qui paraîtraient avoir pu alléger
le poids de fautes si nombreuses et si graves.

46. — Enfin, je mènerai mon plaidoyer de telle manière,
messieurs les juges, j'exposerai des faits d'une telle nature, si
connus, si prouvés, si énormes, que personne ne pourra tenter
de le faire acquitter à force d'influence. J'ai d'ailleurs un moyen
sûr, une méthode certaine pour me permettre de suivre à la
piste et d'arrêter toute tentative de ce genre ; je procéderai de

manière que, je ne dis pas les oreilles, mais les yeux mêmes du peuple romain, paraissent se trouver au centre de leurs complots.

47. — En ce qui vous concerne, cette honte, cette infamie que votre ordre sénatorial a contractées depuis quelques années déjà, il vous est donné de les effacer et de les faire disparaître. Il est clair pour tous que, depuis que les actions judiciaires ont été établies, selon les règles actuelles, aucun tribunal n'a joui de l'éclat et de la dignité qui sont les vôtres. Alors, si vous commettez quelque faute, on pensera unanimement qu'on ne doit plus chercher, dans la même classe, d'autres juges plus adaptés à leur office, ce qui est impossible, mais qu'il faut radicalement chercher une autre classe pour exercer la justice.

XVII. – 48. — C'est pourquoi, le premier vœu que j'adresse aux dieux immortels — avec bon espoir, me semble-t-il — c'est qu'il ne se trouve, dans cette instance, aucun malhonnête homme en dehors de celui qu'on a reconnu tel depuis longtemps ; ensuite, au cas où il se trouverait plusieurs coupables, voici l'assurance que je vous donne à vous, messieurs les juges, au peuple romain : par Hercule ! la vie me fera défaut avant la force et la ténacité pour poursuivre leur improbité.

49. — Mais, les actes infâmes que je promets de poursuivre, s'ils sont commis, au prix de mes travaux, des dangers et des haines qu'il me faudra encourir, il t'est donné, Manius Glabrion, par ton autorité morale, ta sagesse et ton zèle de veiller à ce qu'ils ne se produisent pas. Prends en charge la cause des affaires judiciaires ; prends en charge la cause de la sévérité, de l'intégrité, de la loyauté, de la religion ; prends en charge la cause du Sénat de façon que le procès actuel lui vaille l'approbation du peuple romain, qu'il en obtienne des éloges et rentre en faveur près de lui. Réfléchis à la situation où te trouves ; à ce que tu dois donner au peuple romain, à la dette

que tu dois payer à tes ancêtres ; fais en sorte de te souvenir de la loi de ton père, cette loi Acilia, pour l'application de laquelle le peuple romain a eu, dans les affaires de concussion, les jugements les meilleurs et les juges les plus sévères.

50. — Tu as autour de toi les exemples les plus hauts qui ne te permettent pas d'oublier la gloire de ta famille, qui te rappellent nuit et jour ton père si courageux, ton aïeul plein de sagesse, ton beau-père, d'une telle dignité. Si donc, tu t'empares de la force et de l'énergie de ton père Glabrion pour résister à des hommes pleins d'audace, de la sagesse de ton aïeul Scaevola, pour apercevoir d'avance les pièges qui sont préparés contre ta réputation et la leur, de la fermeté de ton beau-père Scaurus, de manière à ne te laisser détourner par personne d'une sentence juste et fondée, le peuple romain comprendra qu'en présence d'un préteur parfaitement intègre et honorable, d'un tribunal d'élite, l'énormité de sa fortune a pesé plus lourdement contre un accusé coupable, pour faire soupçonner sa culpabilité que pour lui ouvrir une voie de salut.

PÉRORAISON

XVIII. – 51. — Pour moi, je suis bien décidé à ne pas m'exposer, dans cette affaire, à un changement de préteur et de tribunal. Je ne laisserai pas traîner les choses jusqu'à un moment où les Siciliens — eux que les esclaves des consuls désignés n'ont pas réussi à troubler par une convocation générale sans précédent — seraient appelés cette fois par les licteurs des consuls ; je ne permettrai pas que ces hommes malheureux, naguère les alliés et les amis du peuple romain, aujourd'hui ses esclaves et ses suppliants, perdent non seulement leurs droits et tous leurs biens, par la tyrannie de ces gens-là, mais qu'ils n'aient même pas la possibilité de déplorer la perte de leurs droits.

52. — Assurément, je ne permettrai pas, après avoir exposé en entier l'affaire, qu'on laisse passer quarante jours pour répondre enfin à mon accusation quand la longueur du délai en aura fait tomber les termes dans l'oubli. Je ne m'exposerai pas à ce que cette affaire soit jugée après le départ de Rome de cette foule rassemblée de tous les points de l'Italie au même moment, pour les comices, les jeux et les opérations du cens[1]. C'est à vous que doit revenir, dans cette affaire, le bénéfice de la gloire qui s'y attachera et le danger de faire des mécontents ; c'est à moi que doivent en incomber la peine et le souci mais la connaissance des faits, le souvenir de ce que chacune des parties aura dit, doivent appartenir à tout le monde.

53. — Je vais suivre un usage qui n'est pas sans précédent, qui a été pratiqué déjà par ceux qui sont actuellement les premiers citoyens de l'État : je vais appeler les témoins. Ce qui sera une innovation de ma part, messieurs les juges, vous le reconnaîtrez, c'est que je disposerai l'ordre des témoins de manière à dérouler l'accusation tout entière ; quand j'aurai établi un chef d'accusation par mes questions, par mes arguments et mon plaidoyer, alors je produirai les témoins appropriés. Ainsi, n'y aura-t-il d'autre différence entre le genre habituel d'accusation et cette nouvelle façon de procéder que ceci : d'ordinaire, c'est après l'ensemble du réquisitoire qu'on produit les témoins ; ici, c'est sur chaque point précis qu'on les fournira, en donnant à nos adversaires la même faculté d'interroger, d'argumenter, de plaider. Si l'on regrette que le discours et l'accusation ne soient pas prononcés d'un seul jet, on aura, pour cela, les discours de la Seconde Action. Notre façon de procéder aujourd'hui — employée pour faire échec, par notre

---

1. La censure, supprimée par Sylla, venait d'être rétablie. Les deux censeurs de l'année 70 exerçaient leur fonction avec une grande sévérité, à l'égard du Sénat, dont ils chassèrent soixante-quatre sénateurs indignes.

prudence, à la malice de nos adversaires — il faut comprendre que nous en usons par nécessité.

54. — Voici ce que sera l'accusation dans la Première Action : Nous affirmons que C. Verrès a commis d'abord de nombreux excès de pouvoir, de nombreux actes de cruauté contre les citoyens romains et les alliés, de nombreuses impiétés à l'égard des dieux et des hommes ; qu'en outre, il a extorqué illégalement à la Sicile, quarante millions de sesterces.

Cette accusation, grâce à des témoins, à des documents privés, à des registres officiels qui font autorité, nous vous en prouverons le bien-fondé de façon assez évidente pour que vous soyez convaincus d'un fait : même si nous avions disposé, à notre commodité, de tout le temps nécessaire à notre parole, même si nous avions eu des jours libres pour plaider, il n'aurait été cependant nul besoin d'un long discours.

J'ai dit.

LES ŒUVRES D'ART

LES ŒUVRES D'ART
BRIGANDAGES DE VERRÈS DANS TOUTE LA SICILE

I. – 1. — J'en viens maintenant à ce qui est, selon lui (Verrès) sa passion, selon ses amis, sa maladie et sa folie, selon les Siciliens, son brigandage. Moi, le nom à lui donner, je l'ignore. Ce sont les faits que je vais mettre sous vos yeux ; vous, pesez-les avec leur poids réel non avec celui du nom donné. Connaissez leur espèce d'abord, messieurs les juges ; peut-être ensuite n'aurez-vous pas à chercher loin le nom dont vous croirez devoir les appeler. J'affirme que, dans la Sicile entière, province si riche, si ancienne, où les villes sont si nombreuses, où il y a tant de riches familles, il n'est pas une pièce d'argenterie, pas un vase de Corinthe ou de Délos[1], pas une pierre précieuse, pas une perle, pas un objet d'or ou d'ivoire, pas une statue de bronze, de marbre ou d'ivoire, oui, je le répète, il n'est pas une peinture sur bois, pas une tapisserie qu'il n'ait recherchée, examinée et, si elle lui convenait, dérobée.

2. — Voilà qui semble énorme ! Remarquez aussi la manière dont je m'exprime. Ce n'est pas de l'exagération verbale, ce n'est

---

1. Le métal de Corinthe était formé d'un mélange d'or, d'argent et de cuivre. Le bronze de Délos servait dans la fabrication et l'ornementation des meubles.

pas pour aggraver l'accusation que je ne fais pas d'exception. Lorsque je déclare que ce misérable n'a laissé, dans toute la Province[1], aucun objet de cette espèce, sachez que je parle avec précision, non en accusateur. Parlons encore plus exactement : il n'est rien dans aucune maison, même celle d'un hôte, rien dans les lieux publics, même dans les temples, rien chez un Sicilien, rien chez un citoyen romain[2], rien, enfin, qui lui soit tombé sous les yeux ou qui ait attiré son attention, rien de privé, rien de collectif, rien de profane, rien de sacré, qu'il ait laissé en place dans toute l'étendue de la Sicile.

POURQUOI JE VAIS PARLER D'ABORD DE MESSINE

3. — Eh bien ! donc, par où commencer sinon par cette ville qui était si haut dans ton cœur, qui faisait tes délices ? Par quels gens, sinon par ceux mêmes qui ont fait ton panégyrique ? Il sera plus facile, en effet, d'examiner comment tu t'es conduit à l'égard de ceux qui te détestent, qui t'accusent, qui exercent cette poursuite, quand on découvrira que, dans ta chère Messine, tu as exercé tes pillages de la façon la plus éhontée.

À MESSINE
LE RICHE HEIUS ET SA DEMEURE-MUSÉE

II — C. Heius est l'habitant de Messine — tous ceux qui sont allés là en conviennent facilement — le plus riche en toutes sortes de choses, dans cette ville opulente. Sa maison est peut-être la plus belle de Messine, à coup sûr la plus connue, la plus ouverte et aussi la plus hospitalière à nos concitoyens. Cette maison, avant l'arrivée de celui-ci, était ornée au point d'être,

---

1. La province de Sicile, dont la conquête avait été achevée en 212 avant J.C.
2. De nombreux chevaliers romains étaient établis en Sicile où ils faisaient du négoce et de la banque.

pour la ville même, l'une de ses beautés. En effet, Messine même dont le site, les remparts, le port, sont beaux, est complètement vide et dénuée de ces objets qui font les délices de Verrès.

LE SANCTUAIRE D'HEIUS ET SES MERVEILLES

4. — Il y avait, dans cette demeure d'Heius, un sanctuaire très respecté ; légué par ses ancêtres, il remontait à une haute antiquité. On y voyait quatre statues très belles, d'un très grand art, fort célèbres, capables de charmer non seulement ce Verrès « connaisseur raffiné », mais encore n'importe lequel d'entre nous qu'il traite de profanes : un Cupidon en marbre, de Praxitèle[1] (rien d'étonnant que j'aie réussi à retenir, au cours de cette enquête, même les noms des artistes)[2] ; c'est le même Praxitèle, je crois, qui a sculpté le célèbre Cupidon du même genre qui se trouve à Thespies,[3] qui conduit à visiter Thespies ; il n'y a, en effet, aucune autre raison d'aller dans cette ville. Et notre fameux L. Mummius[4], bien qu'il fît enlever les Thespiades, qui sont au temple de la Félicité et les autres richesses d'art profanes de cette ville, ne toucha pas à ce Cupidon de marbre parce qu'il était sacré.

III. – 5. — Mais, pour revenir à ce sanctuaire, il y avait, d'un côté, cette statue de Cupidon en marbre dont je parle. De l'autre, un Hercule de bronze d'un travail remarquable. On l'attribuait

1. Célèbre sculpteur grec du IVe siècle avant notre ère, auteur de nombreuses Vénus. Il ne nous reste de lui que l'Hermès d'Olympie.
2. En affectant son ignorance de l'art et des artistes, Cicéron reste dans la tradition de son époque. En réalité, la plupart des riches Romains se constituaient, à grand frais, des collections artistiques.
3. Thespies : ville de Béotie, au pied de l'Hélicon, montagne consacrée aux Muses.
4. Le consul Mummius, qui prit et saccagea Corinthe, était resté fameux par son ignorance artistique : il avait menacé les hommes chargés de transporter à Rome les chefs-d'œuvre de la Grèce, d'avoir à les remplacer s'ils les détérioraient.

à Myron[1], je crois, et c'est exact. En outre, devant ces dieux, il y avait de petits autels propres à indiquer, à n'importe qui, le caractère religieux du sanctuaire. On y voyait deux statues de bronze, pas très grandes, mais d'une grâce exquise ; leurs formes, leur vêtement étaient ceux de jeunes filles : les mains levées, à la manière des jeunes Athéniennes, elles soutenaient des objets sacrés placés sur leurs têtes ; on les appelait, elles, des Canéphores[2], mais le nom du sculpteur, quel était-il ? Qui était-ce donc ?[3]. Oui, tu as raison : on disait que c'était Polyclète[4]. Tous ceux de nos concitoyens qui venaient à Messine avaient l'habitude d'aller les voir. Tout le monde était admis à les visiter tous les jours. La maison était aussi bien un musée pour la ville que pour son possesseur.

DES EMPRUNTEURS SCRUPULEUX…

6. — C. Claudius exerça son édilité, nous le savons, de façon splendide. Il se servit de ce Cupidon tout le temps qu'il garda le forum orné en l'honneur des dieux immortels et du peuple romain[5]. Il était l'hôte des Heius et le protecteur de Messine : autant ils avaient mis de bonne grâce à le lui prêter, autant, lui, mit de soin à le leur restituer. Naguère, messieurs les juges, — mais pourquoi naguère ? disons mieux, récemment, ces derniers temps — nous avons vu des hommes connus que leurs goûts portaient à orner le forum et les basiliques non pas avec le butin pris aux provinces, mais avec les œuvres

1. Autre célèbre sculpteur grec du ve siècle avant J.C. qui travaillait surtout le bronze.
2. En grec : porteuses de corbeilles. Il s'agit des jeunes filles qui, aux fêtes d'Éleusis, portaient sur leur tête des corbeilles renfermant les objets sacrés.
3. La question est posée à son secrétaire. Cicéron continue de feindre d'avoir appris ces noms glorieux à l'occasion de son enquête. Il ne doit pas paraître partager la passion morbide de l'accusé pour les œuvres d'art.
4. Polyclète : architecte et sculpteur grec du ive siècle. Auteur du Doryphore.
5. Les édiles se chargeaient d'organiser les jeux de la Ville à leurs frais. C'est ainsi que C. Claudius donna un combat d'éléphants.

d'art de leurs amis, qui leur étaient prêtées par des hôtes et non pas dérobées par des voleurs. Ils ne manquaient pas de rendre statues et objets d'art à leur légitime possesseur, bien loin de les extorquer aux villes des alliés et des amis de Rome, en principe pour quatre jours, en prenant prétexte de leur édilité, et de les emporter ensuite chez eux et dans leurs propres villas.

LUI, VERRÈS, LES A VOLÉES

7. — Toutes ces statues dont j'ai parlé, messieurs les juges, Verrès les a volées au sanctuaire d'Heius ; il n'en a pas laissé une seule des quatre, ni aucune autre sauf une très vieille, en bois, de la Bonne Fortune, je crois : celle-là, il n'a pas voulu la garder dans sa propre demeure.

QUELLE IMPUDENCE !

IV. — J'en prends à témoin les dieux et les hommes ! De quoi s'agit-il ? Quelle est mon accusation ? Quelle n'est pas ton effronterie ? Les statues dont je parle, avant que tu ne les aies dérobées, aucun magistrat, revêtu du pouvoir absolu, n'est venu à Messine, sans aller les voir. Tant de préteurs, tant de consuls, non seulement en temps de paix et surtout en temps de guerre, tant d'hommes de toute espèce (je ne parle pas de ceux qui étaient intègres, vertueux, pieux), tant de gens cupides, malhonnêtes, sans retenue, sont venus là : aucun d'eux ne s'est cru assez fort, assez puissant, assez célèbre, pour oser demander un objet de ce sanctuaire, pour oser l'emporter ou y mettre la main. Verrès prendra-t-il partout ce qu'il y a de plus beau ? Personne, excepté lui, n'aura-t-il licence de posséder quoi que ce soit ? Sa seule demeure contiendra-t-elle les richesses de tant d'opulentes demeures ? Aucun de ses prédécesseurs n'a-t-il donc rien touché pour lui permettre précisément de tout emporter ? C'est pour cela que C. Claudius Pulcher a restitué tout, pour que Verrès puisse tout s'approprier ! Mais, ce Cupidon n'avait pas besoin de la maison d'un entremetteur et des leçons d'une courtisane[1] ; il se laissait garder facilement dans ce sanctuaire familial ; il savait que les ancêtres d'Heius le lui avaient légué comme un objet sacré ; il ne cherchait pas l'héritier d'une courtisane.

OBJECTION : CE NE SONT PAS DES VOLS MAIS DES ACHATS !

8. — Mais, pourquoi m'emporter avec une telle violence ? D'un seul mot, il rejette mon accusation. « Ce sont des achats », dit-il. Dieux immortels, la belle défense ! C'est un marchand que nous avons envoyé, dans une province, avec le pouvoir absolu et les faisceaux pour faire l'acquisition de toutes les statues, de tous les tableaux, de toute l'argenterie, de l'or, de l'ivoire, des pierres précieuses et ne rien laisser à personne ! Cet argument, en effet, me paraît la réponse qu'il a préparée à tout : l'achat ! D'abord, si j'admets ce que tu désires — que tu as tout payé (c'est bien le système de défense que tu as l'intention d'employer dans toute cette affaire), je te pose cette question : Quel est, selon toi, le caractère des tribunaux romains pour te figurer que l'on admettra ce fait ? Dans l'exercice de ta préture et du pouvoir qu'il te conférait, tu as réussi à rassembler, de la province entière, tant d'objets si précieux, tout ce qui enfin avait quelque valeur et à l'acheter en bloc ?

---

1. La courtisane Chelidon (en grec : l'hirondelle), à laquelle Cicéron fait de nombreuses allusions. Elle mourut en 72, pendant la préture de Verrès.

LA PRUDENTE DÉLICATESSE DE NOS ANCÊTRES

V. – 9. — Remarquez la prudence de nos ancêtres ! Ils ne soupçonnaient rien encore de cette espèce, mais ils prévoyaient pourtant les excès possibles, dans les affaires privées. Ils ne pouvaient imaginer qu'un homme, partant pour sa province, avec les pouvoirs de légat, serait assez fou pour acheter de l'argenterie (on lui en donnait aux frais de l'État), des tapis (la loi lui en fournissait) ; ils pensèrent à ce que chacun de nous possède et qui n'est pas fourni par le peuple : un esclave. Ils interdirent d'en acheter aucun — sauf en cas des décès. Si l'un d'entre eux mourait à Rome ? Pas du tout, s'il décédait sur place ; ils n'ont pas voulu que tu montes ta maison dans ta province mais que tu l'y complètes au besoin.

10. — Quels motifs ont-ils eus de nous détourner si soigneusement de tout achat dans nos provinces ? Un seul, messieurs les juges ; à leur sens, il y avait vol et non achat, quand le vendeur n'avait pas licence de vendre à son gré. S'agissant des provinces, ils comprenaient que si un homme, revêtu du droit de vie et de mort et de son pouvoir administratif, voulait acheter un objet chez un particulier et qu'il en eût licence, il pourrait emporter ce qu'il voulait, que ce fût à vendre ou non, au prix qui lui conviendrait.

POURQUOI TANT DE RIGUEUR,
SI HEIUS A FAIT UNE BONNE AFFAIRE ?

Quelqu'un dira : « Ne raisonne pas ainsi avec Verrès, ne va pas instruire les faits qui le concernent, selon la rigueur de vieux principes ; permets-lui d'avoir acheté impunément pourvu qu'il l'ait fait à de bonnes conditions, sans abus de sa fonction, sans contrainte, sans faire aucun tort. » Soit ! Si Heius avait un objet quelconque à vendre, s'il l'a vendu au prix qu'il l'estimait, je renonce à chercher pourquoi tu l'as acheté[1].

HEIUS ÉTAIT-IL DONC RÉDUIT
A VENDRE SES DIEUX FAMILIAUX ?

VI. – 11. — Comment donc devons-nous procéder ? Faut-il argumenter dans une affaire de ce genre ? Nous devons chercher, je crois, si cet Heius avait des dettes, s'il a fait une vente aux enchères. Si oui, s'est-il trouvé dans un si pressant besoin d'argent, dans une telle indigence, s'est-il vu pressé d'une telle nécessité qu'il dût se priver de son sanctuaire et vendre les dieux de ses ancêtres ? Je vois, au contraire, qu'il n'a procédé à aucune vente, qu'il n'a jamais rien vendu sauf ses récoltes, que, bien loin d'être endetté, il possède et a toujours possédé une grande fortune. S'il en était différemment, cependant, cet homme important n'aurait pas vendu ces statues qui étaient depuis si longtemps des biens de famille, placés dans le sanctuaire de ses ancêtres. « Pourquoi pas, si l'énormité de la somme offerte l'y a engagé ? » Il est invraisemblable que cet homme si riche, si honorable, fasse passer l'argent, avant ses sentiments religieux et l'héritage de ses ancêtres.

EN RÉALITÉ, VERRÈS A ACHETÉ
CES CHEFS-D'ŒUVRE UN PRIX DÉRISOIRE

12. — « Oui, bien sûr ; mais, pourtant, on voit parfois des hommes s'écarter de leurs principes, devant une forte somme d'argent ». Voyons quelle a été l'importance de la somme qui a été capable de faire renoncer Heius, homme très riche,

---

1. Bien que ces discours n'aient pas été prononcés, Cicéron feint fréquemment de s'adresser à l'accusé lui-même.

dénué de toute cupidité, à sa délicatesse, à sa piété filiale, à ses sentiments religieux. Tu lui as donné l'ordre, je pense, d'inscrire, lui-même, dans ses registres, qu'il avait vendu à Verrès l'ensemble de ces statues de Praxitèle, de Myron, de Polyclète, 6 500 sesterces[1]. C'est ce qu'il a noté.

(Au greffier) : Lis l'extrait des registres.

Je suis ravi de voir ces noms fameux d'artistes, que les amateurs de son espèce portent aux nues, tombés si bas selon l'estimation de Verrès. Un Cupidon de Praxitèle, 1 600 sesterces ! C'est de là, sans doute, qu'est venu le proverbe : je préfère acheter que d'emprunter.

VII. – 13. — On va me dire : « Eh bien ! quoi ? tu estimes très cher ce genre de choses ? » En ce qui me regarde, selon mon point de vue et pour mon usage, je ne fais d'estimation. Mais, je pense pourtant que vous devez regarder leur valeur au jugement des amateurs, leur prix de vente habituel, celui qu'elles pourraient être vendues si leur vente était libre et publique et, en dernier lieu, celui que Verrès leur attribue.

Jamais, en effet, s'il avait pensé que ce splendide Cupidon valût quatre cents deniers, il ne se serait risqué, pour lui, à faire parler les gens et à s'attirer pareille réprobation.

14. — Qui d'entre vous ignore donc la valeur de ces œuvres ? N'avons-nous pas vu, dans une vente, une statue de bronze, pas très grande, vendue 40 000 sesterces ? Quoi ? Si je voulais nommer les gens qui ont payé des prix équivalents ou même plus élevés, est-ce que ce serait impossible ? Et, en effet, dans ce genre de choses, c'est la mesure du désir qui fait celle de

---

1. M. Carcopino fait observer que l'histoire s'essouffle, parmi les dévaluations successives, à rechercher les équivalences exactes des monnaies antiques. Il estime que le sesterce avait environ la valeur du franc-Poincaré, soit :

0 gr. 655 d'or au titre de 900 millièmes.

l'estimation. Il est difficile d'en limiter la valeur si l'on ne met pas de bornes à sa passion.

Je fais donc cette constatation : ce n'est pas son propre désir de vendre, ce n'est pas une difficulté momentanée quelconque, ce n'est pas l'importance de la somme qui ont amené Heius à te vendre ces œuvres d'art ; c'est toi, par un simulacre d'achat, par la violence, la crainte, par ton pouvoir absolu, par les faisceaux, à cet homme que le peuple romain avait confié, comme les autres alliés, à ton autorité certes, mais aussi à ta loyauté, que tu les as extorquées et volées.

PARADOXE ! HEIUS, DÉLÉGUÉ DE MESSINE, POUR FAIRE L'APOLOGIE DE VERRÈS

15. — Quoi de plus souhaitable pour moi, dans cette accusation, que de tenir ces mêmes faits de la bouche même de Heius. Rien sûrement, mais ne souhaitons pas l'impossible. Heius habite Messine. La ville de Messine est seule à faire officiellement l'éloge de Verrès par une décision commune. Tous les autres Siciliens le détestent, eux seuls le chérissent. Or, le chef de la légation qui a été envoyée pour faire son éloge, c'est Heius (à titre, en effet, de principal citoyen). Évidemment, on peut redouter que son mandat officiel ne l'amène à se taire sur les torts personnels qu'il a subis.

UN HONNÊTE HOMME

16. — Sachant cela et réfléchissant à la question, j'ai fait cependant confiance, messieurs les juges, à Heius ; je l'ai cité dans la première action (du procès) et je l'ai fait sans danger. Qu'aurait pu répondre Heius, en effet, s'il était malhonnête, s'il n'était pas ce qu'il est ? Que ces statues étaient chez lui et non pas chez Verrès ? Comment eût-il pu tenir un propos pareil ?

En admettant qu'il fût sans honneur et mentît outrageusement, il dirait qu'il les avait mises en vente, qu'il les avait vendues le prix qui lui convenait. Lui qui était si connu dans sa ville et qui voulait que vous ayez une juste idée de ses sentiments religieux et de son honneur, a dit d'abord qu'il louait officiellement Verrès, ce qui était l'objet de son mandat ; ensuite, qu'il n'avait pas mis en vente ces œuvres d'art et que, s'il avait eu la faculté du choix, jamais on n'aurait pu l'amener à vendre ce qui était dans son sanctuaire et qui lui avait été légué et transmis par ses ancêtres.

VIII. – 17. — Pourquoi restes-tu assis, Verrès ? Qu'est-ce que tu attends ? Pourquoi dis-tu que ce sont les villes de Centuripe[1], de Catane[2], d'Halesum[3], de Tyndaris[4], d'Henna[5], d'Agyrium[6], et toutes les autres cités de la Sicile qui t'assiègent et t'accablent ? C'est ta seconde patrie, comme tu avais l'habitude de l'appeler, Messine qui se met de la partie, ta chère Messine, je dis bien, l'auxiliaire de tes crimes, le témoin de tes débauches, la recéleuse de tes rapines et de tes larcins. Voici l'homme le plus important de cette ville, celui qu'elle envoie comme délégué à ce procès, le principal de tes apologistes, celui qui doit faire ton panégyrique officiel. Tel est, en effet, son mandat impératif. Pourtant, quand il a été interrogé sur le vaisseau de transport[7], vous vous souvenez de sa réponse : il a été construit par des ouvriers requis aux frais de l'État et un sénateur de Messine a présidé officiellement à sa construction.

1. Centuripe : ville située à l'Ouest de l'Etna.
2. Catane : sur la côte Est de la Sicile.
3. Halesum : au nord de la Sicile.
4. Tyndaris : sur la côte Nord.
5. Henna : située au centre de l'île.
6. Agyrium : non loin de Centuripe.
7. Il est longuement question, dans le livre des Supplices, de ce vaisseau offert par les habitants de Messine à Verrès pour transporter son butin en Italie.

C'est le même homme qui, à titre privé, cherche un recours près de vous, messieurs les juges ; il s'appuie sur cette loi, qui permet ce procès, et qui est le rempart commun de nos alliés. Malgré celle qui est relative aux restitutions pécuniaires, Heius affirme ne pas réclamer l'argent volé, qu'il ne regrette pas tellement ; ce sont les reliques sacrées de ses ancêtres, dit-il, qu'il te redemande, ce sont les dieux de sa famille qu'il te réclame…

LA BASSE VENGEANCE DE VERRÈS

18. — Te reste-t-il quelque pudeur, Verrès, quelque religion, quelque crainte du châtiment ? Tu as habité chez Heius, à Messine ; tu l'as vu presque chaque jour remplir ses devoirs religieux devant ces dieux, dans son sanctuaire ; ce n'est pas l'argent qui le touche ; enfin, il ne réclame pas ce qui est une simple œuvre d'art ; garde les Canéphores, rends-lui les statues des dieux.

Parce qu'Heius a tenu ces propos, parce qu'il a, au bon moment, déposé une plainte modérée devant vous, en qualité d'allié et d'ami du peuple romain, parce qu'il a été fidèle à ses sentiments religieux, en réclamant les dieux de sa famille, mais aussi dans son témoignage et son serment, ce misérable Verrès, sachez-le, a envoyé à Messine l'un des délégués — celui-là même qui a présidé, à titre officiel, à la construction de son navire — pour demander au Sénat de la ville de frapper Heius d'ignominie !

TES APOLOGISTES SONT CONTRAINTS
DE TE CHARGER

IX. – 19. — Insensé que tu es, qu'as-tu imaginé ? Que tu obtiendrais cette sentence déshonorante ? L'estime que lui vouent ses concitoyens, le prestige dont il est revêtu, les ignorais-tu ?

Mais, admettons que tu aies réussi, admettons que les Mamertins aient pris contre Heius une décision aussi grave. Quel serait, d'après toi, la valeur de l'apologie qu'ils ont faite de toi, s'ils châtiaient l'homme dont il est constant que son témoignage est véritable ? On peut se demander, d'ailleurs, ce que vaut ton panégyrique, quand son auteur, pressé de questions, est contraint de te charger ? Quoi ! Ce sont tes propres apologistes qui sont mes témoins à charge. Heius en est un — c'est un témoin à charge redoutable — Je ferai venir tous les autres ; ils tairont volontiers ce qui leur sera possible, ils diront ce qu'il leur faudra bien dire — bon gré, mal gré.

Pourront-ils nier qu'un énorme navire de transport a été construit à Messine ? Ils le feront, si c'est possible. Pourront-ils nier qu'un sénateur mamertin a présidé officiellement à la construction de ce navire ? Plaise au ciel qu'ils déclarent le contraire ! Il y a encore tous les autres faits que je préfère réserver dans leur ensemble pour leur donner le moins de temps possible à imaginer et étayer solidement leur faux témoignage.

20. — Ce panégyrique serait-il au nombre de ces faits ? Ces hommes t'aideraient-ils de leur prestige, qui ne doivent pas le faire, même s'ils le pouvaient, et ne le peuvent pas, même s'ils le voulaient ? Ces hommes à qui tu as causé, à titre privé, tant de torts, infligé tant de hontes, dans cette ville où tu as déshonoré à jamais de nombreuses familles, par tes débauches et tes scandales ? Mais, dis-tu, tu as rendu service à leur cité. Ce n'a pas été sans grand dommage pour la République et pour la province de Sicile. Les soixante mille mesures de froment achetées à Messine pour le peuple romain étaient une redevance habituelle[1] : tu as été le seul à l'en dispenser. La République a subi un dommage parce

---

1. La mesure valait 8 l. 75. La Sicile, riche en blé, devait une fourniture importante à Rome. Quelques villes étaient cependant exemptées de cette charge.

que, de ton fait, son droit souverain a subi une amputation, dans une seule cité. Les Siciliens également parce que la contribution de Messine en blé n'a pas été retranchée du total mais transférée sur les habitants de Centuripe et d'Halesum, villes exemptes de charges et que cette imposition dépassait leurs capacités.

TU TE CONDUIS COMME UN PIRATE

21. — Tu devais exiger un navire, en vertu du traité d'alliance ; tu as dispensé Messine de cette obligation pendant trois ans. Jamais, tu n'as exigé un seul soldat pendant tant d'années[1]. Tu as agi, de plus, comme les pirates : ils ont beau être les ennemis de tout le monde, cependant, ils se choisissent quelques amis qu'ils ne se contentent pas d'épargner, mais qu'ils enrichissent encore de butin, surtout ceux qui ont une ville bien située pour y faire aborder souvent leurs navires et y trouver parfois même un refuge nécessaire.

X. — La fameuse Phaselis[2] dont P. Servilius s'empara n'avait pas été primitivement une ville de Ciliciens et de pirates. Elle avait pour habitants le peuple grec des Lyciens. Mais sa situation, son avancée en pleine mer étaient telles que les pirates sortant de Cilicie[3] y descendaient souvent par nécessité et, au retour de leurs expéditions sur nos côtes, s'y trouvaient ramenés. Aussi se l'attachèrent-ils, d'abord par un traité de commerce, ensuite par une véritable alliance.

1. Les alliés devaient aussi à Rome l'impôt du sang.
2. Phaselis : ville maritime d'Asie, aux confins de la Lycie et de la Pamphylie.
3. Cilicie : région d'Asie Mineure, au sud de la Cappadoce.

C'EST VERRÈS QUI A CORROMPU MESSINE

22. — Naguère, la ville de Messine n'était pas malhonnête, elle était même hostile aux gens malhonnêtes, elle qui garda les bagages de Caton, — celui qui fut consul[1] — et de quel homme ! à la fois illustre et puissant. Cependant, quoique consul, il fut condamné. Oui, Caton, petit-fils de deux hommes célèbres, Paul-Émile[2] et M. Caton[3] et fils de la sœur de Scipion l'Africain[4]. Il fut condamné, à un moment où les tribunaux étaient sévères, à une amende de 18.000 sesterces. Les Mamertins furent remplis de colère contre lui, eux qui ont fait souvent, pour un festin de Timarchide[5], une dépense supérieure à l'amende de Caton.

23. — Mais, cette ville a été pour ce brigand, pour ce pirate, une nouvelle Phaselis. C'est ici que l'on apportait ce qui venait de partout, c'est chez ses habitants qu'on le laissait ; ce qu'il fallait cacher, ils le mettaient à l'écart, bien dissimulé. Par leur intermédiaire, Verrès faisait embarquer, à la dérobée, et exporter en secret tout ce qu'il voulait garder ; l'énorme navire, enfin, destiné à transporter en Italie des cargaisons de butin, c'est chez eux qu'il le commanda et le fit exécuter. En échange de ces complaisances, il les exempta d'impôts, de travail obligatoire, de service militaire, enfin, de toute espèce de charges. Pendant trois ans, ils ont été les seuls en Sicile, mais encore, je crois, à notre époque du moins, les seuls, dans tout l'univers, à être exonérés, exempts, libres et affranchis de toute espèce d'impôt, de toute contrainte et de toute charge.

---

1. Ce Caton avait été consul en 114.
2. Il s'agit du fameux consul tué à la bataille de Cannes (216) imprudemment engagée par son collègue Varron.
3. M. Porcius Caton (233-149) célèbre par sa rigueur, l'austérité de ses mœurs, son éloquence vigoureuse. Il s'attaqua à Scipion l'Africain dont il détestait le faste.
4. Le vainqueur d'Hannibal à Zama, en 202.
5. Affranchi de Verrès.

24. — C'est de là que sont nées ces fêtes de Verrès, ce festin où il fit traîner Sex. Cominius[1], contre lequel il tenta de jeter une coupe de sa propre main, qu'il fit saisir à la gorge, arracher de la salle du repas pour le jeter dans les ténèbres d'une prison ; c'est de là qu'a surgi cette fameuse croix[2] sur laquelle, aux yeux d'une foule de gens, ce misérable a suspendu un citoyen romain, cette croix qu'il n'a osé planter nulle part si ce n'est chez ceux avec lesquels il a partagé tous ses crimes et tous ses brigandages.

XI. — Vous venez faire l'apologie d'un homme ? En vertu de quelle autorité morale ? Est-ce celle que vous devez avoir devant le Sénat ou devant le peuple romain ?

MESSINE A OFFENSÉ LE PEUPLE ET LE SÉNAT EN REFUSANT L'HOSPITALITÉ À CICÉRON

25. — Est-il une cité quelconque, je ne dis pas dans nos provinces, mais dans les nations les plus éloignées, assez puissante, assez indépendante ou bien même assez barbare et farouche, est-il, enfin, un roi quelconque pour ne pas offrir à un sénateur du peuple romain un toit et une demeure ? Cet honneur n'est pas rendu seulement à l'homme, mais d'abord au peuple romain, dont la bienveillance nous a fait parvenir à ce rang sénatorial, ensuite au prestige moral de ce Sénat : si ce prestige n'a pas de poids près des alliés et des nations étrangères, où existera le nom et la majesté de notre empire ? Les Mamertins ne m'ont pas invité officiellement. Quand je dis : moi, c'est peu de chose ; mais, ne pas inviter le Sénateur, que je suis, du peuple romain, c'est arracher un honneur dû non

---

1. Ce personnage n'est pas autrement connu.
2. La croix qui servit au supplice du citoyen romain Gavius, supplice longuement exposé dans le discours suivant.

à un homme, mais à l'ordre sénatorial. En effet, la personne de M. Tullius Cicéron avait à sa disposition la demeure vaste et riche de Cn. Pompeius Basiliscus où, même si vous l'aviez invité, il serait descendu ; il avait aussi celle des Percennius qui portent aussi maintenant le nom de Pompée, honorable demeure où mon cousin Lucius, sur leur prière expresse, est descendu. Un sénateur du peuple romain, — autant qu'il dépendait de vous, s'est trouvé sans gîte, dans votre ville, et a passé toute la nuit, à la belle étoile. Aucune autre cité n'a jamais commis pareil outrage. « C'est parce que tu citais en justice Verrès notre ami. » Tu manifesteras donc ton opinion sur l'affaire dont je m'occupe, à titre privé, en diminuant les honneurs dus au Sénat ?

26. — Mais, nous ferons état de ces griefs à un autre moment, si l'ordre sénatorial s'occupe de votre cas, cet ordre que vous avez été les seuls jusqu'alors à mépriser. Mais, de quel front vous êtes-vous présentés aux yeux du peuple romain ? Cette croix affreuse qui, en ce moment encore, est imprégnée en abondance du sang d'un citoyen romain[1], cette croix qui a été plantée devant votre port et devant votre ville, vous ne l'avez pas arrachée, jetée au fond de la mer et purifié tout cet emplacement avant de venir à Rome vous présenter dans cette assemblée du peuple ? C'est dans le sol de Messine, terre alliée et pacifiée, qu'a été dressé le monument de cette abominable sauvagerie. Votre ville a-t-elle été choisie pour que le voyageur venant d'Italie aperçoive la croix d'un citoyen romain, avant de voir un ami quelconque du peuple romain ? Cette croix, vous avez l'habitude de la montrer aux habitants de Rhegium[2] dont vous jalousez le droit de cité[3] et, en outre, aux gens fixés dans votre ville, aux citoyens romains, pour diminuer leurs prétentions et

---

1. « C'est un délit que d'enchaîner un citoyen romain, de le frapper ; c'est presque un parricide que de le mettre à mort ; que dire pour une mise en croix » ? De Supp. LXVI.

2. La dernière ville de l'Italie, en face de Messine.

3. Le « droit de cité » était très envié à cause des prérogatives qui s'y attachaient.

le mépris qu'ils ont de vous, par la vue du droit de cité immolé par cet affreux supplice.

L'HISTOIRE DES TAPIS D'HEIUS

XII. – 27. — Mais, tu affirmes avoir acheté ces statues. Et ces fameux tapis dans le goût d'Attale[1], célèbres dans toute la Sicile, as-tu oublié de les acheter à ce même Heius ? Il te l'aurait permis, comme il l'a fait pour les statues. Que s'est-il donc passé ? As-tu fait une économie d'écritures ? En vérité, l'insensé a négligé ce détail ; il a estimé que le vol d'objets pris dans une armoire aurait moins de retentissement que celui des richesses du sanctuaire. Mais, comment les a-t-il emportés ? Je ne puis m'exprimer plus clairement que ne l'a fait devant vous Heius lui-même. Comme je lui demandais si, par hasard, quelque autre de ses biens était tombé dans les mains de Verrès, il me répondit que celui-ci lui avait fait dire de lui envoyer ses tapis à Agrigente[2]. Je lui ai demandé s'il l'avait fait ; il me donna la réponse inévitable : à savoir, qu'il avait obéi au préteur et les lui avait envoyés. J'ai encore posé cette question : Sont-ils bien parvenus à Agrigente ? Il m'a répondu affirmativement. Je me suis informé de la manière dont ils lui avaient été retournés ; il m'a déclaré qu'ils n'étaient pas encore revenus. Rires du peuple et parmi vous, stupéfaction générale !

28. — Alors, il ne t'est pas venu à l'esprit de lui faire écrire aussi sur ses livres qu'il te les avait vendus 6.500 sesterces ? Tu as craint que ta dette ne s'accroisse si tu achetais 6.500 sesterces ce que tu pouvais facilement vendre 200.000 sesterces ?

---

1. Roi de Pergame, célèbre par ses richesses. Il s'agit de tapis ou d'étoffes brodées d'or.

2. Agrigente : sur la côte S.O. de la Sicile, célèbre par le nombre et la beauté de ses temples.

L'affaire en valait la peine, crois-moi ; tu aurais un moyen de défense ; personne ne s'inquiéterait du prix réel de ces belles choses ; si seulement tu pouvais affirmer les avoir achetés, tu prouverais facilement à qui tu voudrais, le bon droit de ta cause. Maintenant, sur cette question de tapis, tu ne sais pas comment te tirer d'affaire.

LES PHALÈRES DE PHYLARQUE

Et maintenant, autre chose ! Phylarque de Centuripe, personnage riche et connu, possédait des phalères d'un travail magnifique qui, dit-on, avaient appartenu au roi Hiéron[1]. Ces phalères, les as-tu volées ou achetées ? Pendant mon enquête en Sicile, j'entendais dire aux habitants de Centuripe et à tous les autres Siciliens (l'affaire était très claire) que tu avais volé ces phalères à Phylarque de Centuripe, tout comme tu en avais dérobé d'autres, aussi célèbres, à Ariste de Palerme et, en troisième lieu, à Cratippe de Tyndaris. Et, en effet, si Phylarque te les avait vendues, tu ne lui aurais pas promis de les lui rendre, une fois que tu as été accusé. En réalité, comme tu as vu qu'un assez grand nombre de gens étaient au courant des faits, tu as pensé que la restitution te les ferait perdre, sans supprimer, pour autant, les témoignages du vol : aussi, ne les as-tu pas rendues. Phylarque a déclaré dans son témoignage que, sachant ta maladie, comme l'appellent tes amis, il avait désiré te cacher ses phalères ; comme tu l'avais convoqué à leur propos, il avait affirmé qu'il n'en possédait pas ; il les avait même placées en dépôt chez une autre personne, pour qu'on ne puisse les découvrir par aucun moyen. Ton flair personnel fut si subtil qu'il réussit à se les faire montrer par le dépositaire lui-même. Alors, convaincu de mensonge, il lui fut impossible

1. Hiéron II, roi de Syracuse. Verrès habitait dans son palais.

de continuer à nier qu'elles lui appartinssent. Ainsi, bien malgré
lui, se les vit-il enlever, sans contrepartie, par Verrès.

LES « LIMIERS » DE VERRÈS

XIII. – 30. — Maintenant, messieurs les juges, la façon dont
il opère d'habitude pour rechercher et découvrir toutes ces sortes
de richesses d'art, elle vaut la peine que vous la connaissiez.
Il a, avec lui, deux frères de Cibyre[1] dont l'un, je crois, est
modeleur en cire, l'autre, peintre. Ces deux hommes, si je ne
m'abuse, avaient été soupçonnés à Cibyre par leurs propres
concitoyens, d'avoir pillé le temple d'Apollon : la crainte
du châtiment légal les avait contraints à s'exiler. Comme ils
savaient que Verrès était amateur de leur art, au moment où —
ce que vous avez appris par les témoins — Verrès était arrivé à
Cibyre avec un mandat inutile, ces hommes fuyant leur patrie
pour l'exil, se présentèrent à lui, pendant son séjour en Asie. Il
les garda avec lui pendant cette période et, pour les pillages et
les vols de sa légation, il utilisa grandement leur participation
et leurs conseils. Ce sont eux dont, dans ses registres, Quintus
Tadius note qu'il a, sur l'ordre de Verrès, donné telle somme
aux « peintres grecs ». C'était donc des gens qu'il connaissait
bien, pour les avoir mis à l'œuvre, qu'il emmena avec lui en
Sicile. Une fois arrivés là, d'une façon extraordinaire (on aurait
dit des chiens de chasse), ils flairaient et quêtaient toutes les
œuvres d'art à la piste ! Partout où il y avait un objet de cette
nature, ils le découvraient, par n'importe quel moyen. Tantôt
par des menaces, tantôt par des promesses, grâce à des esclaves
ou à des hommes libres, grâce à un ami ou à un ennemi du
possesseur, ils réussissaient à les dénicher. Tout ce qui leur
avait plu, il fallait en faire son deuil. Les gens, dont il exigeait

---

1. Cibyre : ville de Cilicie, en Asie Mineure.

l'argenterie, ne formaient qu'un vœu : c'est qu'elle déplût à Hiéron et à Tlepolème.

LES COUPES DE PAMPHYLE DE LILYBÉE
OU : IL Y A TOUJOURS MOYEN DE S'ARRANGER

XIV. – 32. — Mais, par Hercule, messieurs les juges, écoutez ce que je vais vous dire. Je me souviens que Pamphyle de Lilybée[1], mon ami et mon hôte, personnage fort connu, me racontait les faits suivants. Il possédait une aiguière[2] ciselée par Boethus[3], très lourde et d'un travail admirable : Verrès, en vertu de son pouvoir discrétionnaire, s'en était emparé. Il revenait chez lui, tout triste et profondément abattu : un vase de cette espèce, qu'il avait hérité de son père et de ses aïeux, dont il avait l'habitude de se servir à l'arrivée de ses hôtes, il s'en voyait dépouillé ! « J'étais assis, dit-il, tout triste, chez moi. Accourt un esclave du temple de Vénus[4]. Il m'ordonne d'apporter immédiatement au préteur mes coupes ciselées. Je fus bouleversé, dit-il, j'en possédais une paire ; je les fais sortir l'une et l'autre, de crainte d'un plus grand mal, et porter, avec moi, à la maison du préteur. Au moment de mon arrivée, celui-ci faisait la sieste ; les frères de Cibyre faisaient les cent pas. À ma vue, ils s'exclament : Où sont les coupes, Pamphyle ? Je les montre tristement : eux, de se répandre en cris d'admiration. Je commence à me plaindre de ce que je ne posséderai plus un seul objet de valeur si ces coupes me sont enlevées aussi. Alors, me voyant bouleversé, ils me disent : « Que veux-tu nous donner pour conserver tes coupes ». Bref, ils exigèrent mille sesterces. J'acceptai la proposition. À ce moment, le préteur

1. Lilybée : sur la côte ouest de la Sicile. Aujourd'hui : Marsala.
2. Vase à anses, pour mettre de l'eau.
3. Illustre ciseleur de Chalcédoine.
4. Les esclaves du temple de Vénus servaient de messagers à Verrès.

les appelle. Ils se mettent alors à lui dire qu'ils croyaient, d'après leurs informations, que les coupes de Pamphyle avaient quelque valeur ; c'était un sale travail, indigne de figurer dans l'argenterie de Verrès. Il déclare que c'est aussi son opinion. » C'est ainsi que Pamphyle remporte ses magnifiques coupes.

33. — Et, par Hercule, j'avais beau savoir que ces connaissances en matière d'art étaient d'un ordre frivole, je m'étonnais d'ordinaire que Verrès eût quelque compétence en cette matière.

XV. — J'ai compris alors, pour la première fois, quel était dans l'espèce le rôle des frères de Cibyre : pour ses vols, il disposait de deux instruments : ses mains, à lui, et leurs yeux, à eux.

MÊME ACCUSÉ,
VERRÈS S'ABANDONNE À SA MANIE

Mais, il tient tellement à cette fameuse réputation de connaisseur d'art que, récemment (jugez de sa folie), après le renvoi de son affaire, quand il était déjà virtuellement condamné et mort civilement, voici ce qu'il a fait. Pendant les jeux du cirque, un matin, il se trouvait chez un homme de premier rang. L. Sisenna ; les lits de table étaient couverts de tapis, l'argenterie exposée dans la salle. En raison du rang de Sisenna, la maison était pleine d'hommes parfaitement honorables ; Verrès s'est approché de l'argenterie et s'est mis à examiner longuement chacune des pièces exposées et à se perdre dans sa contemplation. Les uns, de s'étonner de sa stupidité, parce qu'en plein procès, un procès dont cette passion même était l'objet, il augmentait les soupçons ; les autres, de sa folie : son procès ajourné, après tant de témoignages entendus, il se souciait encore de ces objets-là ! Quant aux esclaves de Sisenna qui étaient au courant, je pense, des témoignages portés contre lui, ils ne cessèrent, partout, d'avoir les yeux sur lui et ne quittèrent pas d'un pouce l'argenterie de leur maître.

34. — Un bon juge se doit de tirer, pour chaque accusé, des conjectures de ses moindres gestes de passion et de maîtrise de soi. Or, cet accusé, renvoyé à trois jours, presque condamné en fait et dans l'esprit des gens, s'est montré incapable, dans une assemblée nombreuse, de se retenir de manier l'argenterie de Sisenna, de la contempler. Qui croira désormais que le même homme, préteur en Sicile, a pu maîtriser sa passion de l'argenterie des Siciliens et s'empêcher de mettre la main dessus ?

AUTRES VOLS À LILYBÉE ET À DREPANUM

XVI. – 35. — Mais, revenons à Lilybée, après cette digression. Dioclès, surnommé Popilius est le gendre de ce fameux Pamphyle à qui l'on avait pris son aiguière. Toute son argenterie était exposée sur un dressoir : Verrès s'en est emparé. Il peut toujours dire qu'il l'a achetée : en effet, le vol est si important qu'il y a eu, je pense, un acte de vente écrit. Il a donné l'ordre à Timarchide d'évaluer l'argenterie à un prix extrêmement bas, celui qu'on pourrait offrir en cadeau à des comédiens. Pourtant, depuis longtemps, je m'égare dans un flot de paroles à propos de tes achats, pour te demander si tu les as faits oui ou non, comment et à quel prix, questions qui peuvent se trancher d'un seul mot : Montre-moi la liste écrite portant la quantité d'argenterie que tu as acquise dans la province de Sicile, le nom des vendeurs, le prix payé ?

36. — Eh ! bien quoi ? je ne devrais pourtant pas avoir à te réclamer cette liste ; en effet, je devrais posséder tes registres et les produire ici. Mais, tu déclares n'en avoir pas tenu depuis quelques années. Prépare au moins ce que je te demande, en

ce qui concerne l'argenterie : je verrai pour le reste. « Je ne possède aucune liste écrite et ne puis donc t'en fournir. » Que va-t-il donc se passer ? Que vont pouvoir faire les juges, selon toi ? Tu avais déjà, avant ta préture, une demeure pleine des œuvres d'art les plus belles ; tu en as beaucoup dans tes maisons de campagne, beaucoup d'autres en dépôt chez des amis, sans compter celles dont tu as fait présent : tes registres ne portent aucune indication d'achat ? Toute l'argenterie de la Sicile lui a été volée, rien de ce qu'il voulait posséder n'a été oublié. On imagine cette mauvaise défense que, lui préteur, a acheté en bloc toute cette argenterie. Cependant, il n'en peut donner la preuve par ses livres de comptes. Si tu en apportes quelques-uns, on n'y trouve ni la liste de tes richesses artistiques, ni la façon dont tu les as acquises. Or, pour ces derniers temps où, d'après toi, tu as fait beaucoup d'achats, tu ne peux montrer aucun livre de comptes. N'est-il pas nécessaire de te condamner, à la fois, pour les registres que tu produis, et pour ceux que tu ne produis pas ?

XVII. – 37. — À Coelius, chevalier romain, jeune homme d'élite, tu as volé à Lilybée ce que tu voulais. Pour C. Cacurius, homme actif, plein d'initiative, à qui allait la considération générale, tu n'as pas hésité à t'emparer de tout son mobilier. Il y a la très grande et splendide table de thuya appartenant à Q. Lutatius Diodore qui, grâce à Q. Catulus avait reçu de Sylla le droit de cité romaine : au su de tout le monde, à Lilybée, tu la lui as volée. Quant à cet homme, bien digne de toi, Apollonius, de Drepanum[1], fils de Nicon qui s'appelle maintenant A. Clodius, je ne vais pas te reprocher de l'avoir dépouillé, dévalisé, de toute son argenterie si artistique. Là-dessus, je garde le silence : en effet, lui n'estime pas avoir été lésé parce que tu es venu au secours de cet homme perdu, au moment où il avait déjà

---

1. Au N.O. de la Sicile.

la corde au cou pour se pendre lorsque tu as partagé, avec lui, l'héritage arraché à ses pupilles de Drepanum ; je me réjouis même de ce que tu lui as volé et déclare que tu n'as jamais rien fait de mieux. Pour Lyson de Lilybée, homme de premier rang, chez lequel tu étais descendu, il aurait mieux valu, à coup sûr, ne pas lui prendre sa statue d'Apollon. Tu diras l'avoir achetée. Je sais : mille sesterces — Oui, je crois — Je le sais, te dis-je — J'apporterai mes livres — Cependant, tu n'aurais pas dû l'acheter. Pour Heius, le pupille de C. Marcellus, à qui tu avais dérobé une énorme somme d'argent, il possédait à Lilybée des coupes ciselées en forme de navires. Les as-tu achetées, dis-moi, ou avoues-tu que tu les as volées ?

OÙ VERRÈS A AFFAIRE À PLUS MALIN QUE LUI

38. — Mais, pourquoi, dans les actes de ce genre, faire collection d'affaires médiocres qui semblent avoir consisté surtout en des vols et des dommages infligés à ses victimes ? Écoutez, si vous voulez bien, messieurs les juges, une affaire de nature à vous bien montrer ce qui n'est plus de la passion, mais un cas exceptionnel de folie furieuse.

XVIII. — Diodore est un habitant de Malte qui vous a déjà apporté son témoignage. Il habite à Lilybée depuis de longues années : c'est un personnage bien connu dans sa ville natale et que son mérite éclatant rend influent dans sa cité d'adoption. Verrès apprend, à son sujet, qu'il possède de très beaux vases et, au nombre d'entre eux, des coupes qu'on appelle coupes de Thériclès[1], travaillées avec beaucoup d'art, œuvre du ciseleur Mentor[2]. À cette nouvelle, le voici enflammé d'un tel désir non pas seulement de les examiner, mais aussi de les lui prendre

1. Potier de Corinthe.
2. Célèbre ciseleur du IVe siècle.

qu'il fait appeler Diodore et les lui demande. Celui-ci, qui les possédait sans déplaisir, répondit qu'il ne les avait pas à Lilybée, qu'il les avait laissées à Malte, chez l'un de ses parents.

39. — Alors, Verrès envoie immédiatement des hommes sûrs à Malte ; il écrit à des Maltais de lui rechercher ces vases. Il demande à Diodore de lui donner une lettre pour son parent. Rien ne lui paraissait plus long que d'attendre la vue de ces fameuses pièces d'argenterie.

Diodore, en homme honnête et soigneux de son bien et qui voulait garder ses coupes, écrit à son parent de répondre aux envoyés de Verrès qu'il avait renvoyé l'argenterie depuis quelques jours à Lilybée. Pendant ce temps, lui-même s'en va ; il préfère abandonner un certain temps sa demeure plutôt que de perdre une argenterie d'une si belle facture. À la nouvelle de ce départ, Verrès fut bouleversé au point de paraître, à tout le monde, sans hésitation, devenu fou furieux. Comme il lui était impossible d'arracher lui-même à Diodore son argenterie, il disait que celui-ci lui avait volé des coupes inestimables, il proférait des menaces contre l'absent, poussait des vociférations en public, parfois, il avait peine à retenir ses larmes. Nous avons appris, dans la mythologie, qu'Ériphyle à la vue, je crois, d'un collier d'or et de pierres précieuses fut saisie par sa beauté d'une telle passion qu'elle lui fit livrer son mari. Telle était la passion de Verrès d'autant plus vive et plus stupide que si cette femme désirait un objet qu'elle avait vu, ses convoitises, à lui, étaient excitées non seulement par la vue, mais par les propos qu'il entendait.

XIX. – 40. — Il donne l'ordre de rechercher Diodore dans toute la province. Celui-ci avait déjà décampé de Sicile avec sa collection de vases. Notre homme, pour le faire revenir par n'importe quel moyen dans la province, imagine ce procédé, si cela peut s'appeler un procédé plutôt qu'un acte de folie. Il aposte l'un de ses limiers pour dire qu'il voulait intenter une action capitale contre Diodore de Malte. La chose paraît d'abord énorme à tout le monde : Diodore accusé ! l'homme le plus paisible qui soit, le plus étranger non seulement à toute espèce de crime, mais au soupçon de la moindre peccadille ! ensuite, il devint parfaitement évident que toute cette affaire était montée à cause de son argenterie. Verrès n'hésite pas à faire inscrire Diodore sur la liste des accusés et ce fut la première fois, je crois, qu'il intenta une action contre un absent.

41. — Toute la Sicile vit clairement que sa passion de l'argenterie ciselée pouvait amener Verrès à intenter une accusation capitale contre un homme, même en son absence. À Rome, Diodore, vêtu de deuil, court chez ses protecteurs et ses hôtes, raconte l'affaire à tout le monde. Des lettres véhémentes sont envoyées à Verrès par son propre père et même par ses amis. On lui demande de réfléchir à sa conduite à l'égard de Diodore, d'envisager où tout cela va le mener. L'affaire était claire et pouvait le rendre odieux ; c'était de la folie. Ce seul chef d'accusation le perdrait s'il n'y prenait garde. À cette époque, le misérable, s'il ne traitait pas son père comme tel, du moins le respectait-il comme homme ; il n'était pas encore assez riche pour acheter le tribunal ; c'était la première année de sa fonction — il n'était pas encore couvert d'or comme dans l'affaire Sthenius[1] — C'est pourquoi sa fureur fut-elle un peu réprimée, non par un sentiment d'honneur, mais par la crainte et la terreur. Il n'ose pas condamner Diodore en son absence ; il le raie de la liste des accusés. Pendant tout le temps que dura sa préture, presque trois ans, Diodore resta exilé de sa province et de sa demeure.

1. Riche Sicilien ruiné par Verrès qu'il avait reçu chez lui. Réfugié à Rome pour obtenir justice.

42. — Tous les autres Siciliens, mais aussi les colons romains, étaient persuadés qu'au point de cupidité où en était arrivé Verrès, il n'était pas un objet, s'il lui plaisait quelque peu, que l'on pût conserver ou garder chez soi. Ensuite, dès qu'ils virent que l'homme courageux, attendu avec ardeur par la province, Q. Arrius[1], ne prenait pas sa succession, ils considérèrent comme fatal qu'ils ne pourraient rien posséder de si bien enfermé, de si bien caché que sa passion ne découvrît et ne lui fît promptement dérober.

UNE AFFAIRE DE VASES À TÊTE DE CHEVAL

XX. — C'est alors qu'à un chevalier romain riche et influent, Cn. Calidius, dont il savait que le fils était sénateur du peuple romain et juge, Verrès prit des vases d'argent à tête de cheval, qui avaient appartenu à Quintus Maximus.

43. — J'ai tort de m'aventurer dans cette affaire, messieurs les juges ; en effet, il les a achetés, il ne les a pas volés ; je préférerais n'en avoir pas parlé ; il se vantera et caracolera sur ces chevaux. « Je les ai achetés, je les ai payés. — D'accord. — Je montrerai les comptes. — Cela vaut la peine, montre tes registres. — Libère-toi complètement de cette accusation de Calidius, en attendant que je puisse voir tes comptes. » Mais, pourtant, quelle raison avait donc Calidius de se plaindre qu'après avoir fait du commerce tant d'années en Sicile, tu aies été le seul à le bafouer, à le mépriser au point de se voir dépouillé, tout comme le reste des Siciliens ? Si tu les lui avais achetés, pourquoi affirmait-il qu'il réclamerait devant le Tribunal son argenterie, s'il te l'avait vendue de son plein gré ? Bien plus ! pouvais-tu ne pas faire cette restitution à Calidius, lui

---

1. Le propréteur Q. Arrius était mort en 72, avant d'avoir pu rejoindre sa province.

qui était en relations familières avec ton défenseur L. Sisenna,
alors que tu avais rendu à tous les autres amis de Sisenna ce
qui leur appartenait ?

44. — Tu ne nieras pas, je pense, qu'à un homme honorable,
mais dont le crédit n'est pas plus grand que celui de Calidius,
L. Curidius, tu as rendu son argenterie, par l'intermédiaire de
ton ami Potamon[1] ?

C'est celui-ci, en vérité, qui t'a rendu la cause des autres
plus difficile. En effet, après les assurances que tu avais données
à nombre de gens de cette restitution, après que Curidius eut
témoigné que tu l'avais bien faite, tu as mis fin à ce genre
d'opérations, parce que tu as compris que lâcher ton butin ne
pourrait cependant éviter les témoignages de vol. C. Calidius,
chevalier romain, pendant toutes les autres prétures, a eu licence
de posséder une argenterie de belle facture ; licence, avec ses
ressources personnelles, quand il invitait un magistrat ou un
personnage distingué, de l'utiliser pour orner la table du festin.
Beaucoup de gens importants, revêtus d'une fonction officielle
et de l'imperium, ont été les invités de Calidius. Aucun ne s'est
montré assez fou pour arracher à son possesseur cette argenterie
si belle, si célèbre, aucun n'a eu l'audace de la lui réclamer,
aucun n'a eu l'impudence de lui demander de la lui vendre.

45. — C'est, en effet, un acte tyrannique, messieurs les juges,
et inacceptable de la part d'un préteur dans sa province de dire
à un homme honorable, riche, en vue : « Vends-moi tes vases
ciselés. » Car cela signifie : toi, tu n'es pas digne de posséder
des œuvres si belles, c'est à mon rang qu'elles conviennent.
Tu en étais plus digne que Calidius, toi Verrès ? (Je ne vais pas
aller comparer ta vie ni ta réputation avec celles de ce grand

---

1. Scribe du précédent questeur de Sicile Caecilius (le premier accusateur « de
paille » de Verrès, éliminé par Cicéron), il avait été maintenu en fonctions par Verrès.

personnage ; en effet, elle n'a rien de comparable ; je vais comparer cela même en quoi tu t'imagines supérieur). C'est toi qui, pour avoir donné 300.000 sesterces à tes agents électoraux afin d'être nommé préteur, trois cent mille à l'accusateur pour qu'il reste tranquille, méprises et regardes de haut l'ordre des chevaliers, en vertu de ces hauts faits. C'est pour cela qu'il te paraît inadmissible de voir Calidius posséder, plutôt que toi, un objet qui te convient ?

XXI. – 46. — Il y a longtemps qu'il se vante de cet achat à propos de Calidius, qu'il raconte à tout le monde l'avoir fait. Et pour Papinius aussi, homme de premier rang, chevalier romain riche et honorable, est-ce que par hasard tu lui as acheté son encensoir ? Cité comme témoin, il a dit qu'après le lui avoir demandé pour l'examiner, tu le lui avais renvoyé après en avoir fait ôter les figures en relief. Il tient à vous faire comprendre, quand il s'agit de lui, qu'il s'agit de compétence non de cupidité, que sa passion s'adresse au travail, non à son support d'argent.

UNE BELLE COLLECTION D'ENCENSOIRS

Ce n'est pas seulement à l'égard de Papinius que Verrès a montré cette modération ; il a observé cette règle pour tous les encensoirs qui se trouvaient en Sicile. Or, ce qu'était leur nombre et leur beauté est une chose incroyable. Je crois qu'au moment où la Sicile regorgeait de biens et de richesses, il y eut dans l'île une grande floraison artistique. En effet, avant ce préteur, il n'y avait pas de demeure un peu opulente où il n'y eût même, à défaut d'autre argenterie, ces beaux objets : un grand plat avec des figures en relief des dieux, une coupe dont les femmes usaient pour les rites sacrés, un encensoir. Tous ces objets étaient très anciens, très artistiques au point qu'on pouvait en déduire qu'autrefois, chez les Siciliens, le reste des belles choses était en même proportion ; mais, si la fortune leur en avait ôté beaucoup, ils avaient conservé cependant ceux que la piété les avait engagés à le faire.

47. — J'ai dit, messieurs les juges, qu'il y avait nombre de belles œuvres d'art chez presque tous les Siciliens. De la même façon, j'affirme qu'il n'y en a plus une seule. Qu'est-ce que cela signifie ? quel est donc ce monstre, ce phénomène que nous avons envoyé dans la province ? Ne vous semble-t-il pas avoir agi ainsi pour satisfaire, une fois rentré à Rome, non pas la passion d'un seul homme, non pas ses propres regards, mais la folie des amateurs les plus passionnés. Aussitôt arrivé dans une ville quelconque, immédiatement il envoyait en chasse ses « limiers » de Cibyre, qui exploraient partout et examinaient soigneusement tout. Quand ils avaient découvert un grand vase et une œuvre d'art assez importante, tout joyeux, ils la lui apportaient. Si leur chasse n'avait pas abouti à une proie de cette nature, du moins, en guise de menu gibier, ils faisaient main basse sur les petits plats, les coupes, les encensoirs. Vous pouvez, en ce moment, imaginer les pleurs des femmes, leurs lamentations ordinaires quand on leur prenait ces objets ? Peut-être vous semblent-ils modestes, mais ils provoquent une douleur grande et amère quand on les arrache aux mains qui ont l'habitude d'en user pour les rites divins, ces objets que l'on tient de ses ancêtres, qui ont toujours été dans la famille.

LES PETITS CADEAUX POUR L'INVITÉ

XXII. – 48. — N'allez pas attendre maintenant que je vous raconte ces vols maison par maison : un plat à Eschyle de Tyndare, un autre petit plat à Thrason de Tyndare également, un encensoir à Nymphodore d'Agrigente. Quand je produirai les témoins à charge de la Sicile, que Verrès en choisisse un, à son gré, à interroger par moi sur les plats, les petits et les grands, sur les encensoirs. On ne trouvera pas une seule ville, ni même une seule maison un peu opulente qui ait échappé à ce genre d'exactions. Lors d'un festin, dès son arrivée, s'il apercevait une pièce d'argenterie ciselée, il ne pouvait s'empêcher d'y mettre la main. Cn. Pompée — qui s'appelait précédemment Philon — est un habitant de Tyndare. Il offrait un dîner à Verrès dans sa maison de campagne, aux environs de Tyndare. Il fit ce que les Siciliens n'osaient pas faire ; comme il était citoyen romain, il ne courait aucun risque, croyait-il ; il fit mettre sur la table un plat orné de grandes figures en relief. Aussitôt vue, cette pièce splendide, consacrée aux dieux pénates et hospitaliers, ce bandit n'hésita pas à l'enlever de la table de son hôte, mais pourtant je vous ai déjà parlé de sa modération, il se contenta, sans la moindre cupidité, d'en faire arracher les ciselures et l'argent nu qui restait, il le lui rendit.

49. — Mais quoi ? N'a-t-il pas traité de la même façon Eupolème de Calacta, un homme bien connu, hôte et ami intime des Lucullus, qui se trouve encore maintenant à l'armée avec Lucullus ? Il dînait chez lui ; Eupolème avait sorti ce qu'il avait d'argenterie dénuée d'art — il aimait mieux cela que de rester dénué lui-même — Une seule exception : deux coupes, pas très grandes, mais ornées de plaques ciselées. Verrès, comme un gai virtuose qui ne voudrait pas quitter un repas sans un petit présent, dans la salle même du festin, sous les yeux des convives, fit arracher les plaques ciselées de ces coupes.

En ce moment, moi, je n'essaie pas de vous énumérer toutes les prouesses de cet individu ; ce n'est pas nécessaire et c'est d'ailleurs impossible ; c'est seulement de chacune des formes variées de sa malhonnêteté que je vous présente des échantillons et des preuves. En effet, dans tout cela, son comportement n'a pas été celui d'un homme appelé un jour à rendre des comptes, mais de quelqu'un absolument à l'abri de toute accusation future.

C'était comme si exactement, plus ses vols seraient nombreux, moins grands seraient ses risques judiciaires. En effet, tout ce que je vous raconte, il ne le faisait pas en cachette, en utilisant des amis et des intermédiaires, mais publiquement, de la position éminente qu'il occupait et en vertu de son pouvoir suprême et de l'autorité administrative qu'il lui conférait.

LE CHAMP DES OPÉRATIONS S'ÉLARGIT : COLLECTE DANS LES VILLES AU PROFIT DU PRÉTEUR

XXIII. — Arrivé à Catane, ville riche, honorable, pleine de ressources, il convoque le proagore, c'est-à-dire le magistrat suprême, Dionysarque. Il lui impose ouvertement de faire rechercher toute l'argenterie susceptible de se trouver chez chacun des habitants et de la lui apporter. N'avez-vous pas entendu Phylarque de Centuripe, dont la famille, le mérite, la fortune sont de premier ordre, vous dire la même chose, sous la foi du serment ? Verrès l'avait chargé — c'était un ordre — de rechercher toute l'argenterie des habitants de Centuripe, la ville de beaucoup la plus grande et la plus riche de toute la Sicile, et de la lui apporter en bloc. La cité d'Agyrium reçut un ordre semblable : Apollodore, dont vous avez entendu le témoignage, fut chargé de lui faire porter tous ses vases de Corinthe, à Syracuse.

LA TRAGI-COMÉDIE D'HALUNTIUM[1]

51. — Mais, la plus belle histoire est celle d'Haluntium ! À son arrivée, ce préteur dynamique, si plein de zèle, ne voulut pas faire, en personne, « l'ascension » de la ville, parce qu'il

1. Haluntium : sur la côte Nord de la Sicile.

y avait une montée difficile et ardue. Il fit venir Archagate d'Haluntium, personnage bien connu non seulement dans sa cité, mais dans la Sicile entière. Il lui donna mission de rassembler tout ce qu'il y avait, en fait d'argenterie ou même de bronzes de Corinthe, à Haluntium et de le lui apporter immédiatement au bord de la mer. Archagate monte en ville. Cet homme si connu, lui qui souhaitait l'estime et l'affection de ses concitoyens, avait peine à supporter la mission que lui avait confiée ce misérable et ne savait que faire. Il leur annonce l'ordre qui lui a été donné ; il les invite tous à lui apporter ce qu'ils possèdent. La terreur est à son comble ; le tyran, en personne, était tout près de la ville ; il attendait Archagate et l'argenterie, couché dans sa litière au bord de la mer au pied des murs de la ville !

52. — Pouvez-vous imaginer, à l'intérieur des remparts, la course, les cris et surtout les pleurs des femmes. On aurait dit qu'on y voyait introduit le cheval de Troie et que la ville était prise !

On sort, des maisons, les vases sans leurs écrins, on[1] en arrache d'autres des mains des femmes, on brise beaucoup de portes, on arrache des clôtures. Que faire d'après vous ? Lorsqu'en temps de guerre, de levée en masse, on réquisitionne les boucliers des particuliers, c'est à regret qu'ils en font l'abandon bien qu'ils le sentent exigé par le salut commun ; cet exemple, pour que vous n'alliez pas croire que les gens ont sorti de leur maison, sans une grande douleur, leur argenterie ciselée, pour qu'un autre individu la leur arrache ! On apporte tout, les frères de Cibyre sont appelés ; un petit nombre d'objets ne reçoivent pas leur agrément ; à ceux qui leur plaisent, on arrache les bandes ou les plaques ciselées.

---

1. Cette phrase indique que les émissaires de Verrès sont sur les lieux.

C'est ainsi que les gens d'Haluntium, dépouillés de ce qui faisait leurs délices, retournent chez eux avec leur argenterie parfaitement nue.

XXIV. – 53. — Y eut-il jamais, messieurs les juges, pareille razzia dans aucune province ? D'ordinaire, s'il y avait un détournement de biens publics, il se faisait en grand secret, par l'intermédiaire d'un magistrat ; même s'il avait lieu parfois au préjudice d'un particulier, c'était en cachette ; les coupables n'en étaient pas moins condamnés. Et, si vous cherchez bien, les accusateurs, pour ne pas parler de moi, étaient des gens qui suivaient à la piste les vols de ce genre, qui les flairaient ou en découvraient quelque légère trace. Et nous, que faisons-nous à l'égard de Verrès, dont nous trouvons, par l'empreinte de son corps tout entier, qu'il s'est roulé dans la boue. Est-il difficile d'accuser un homme qui, passant près d'une ville, fait déposer un moment sa litière et, sans précautions diplomatiques, ouvertement, en vertu de son pouvoir administratif, par un ordre unique, fait piller, maison par maison, une ville tout entière ? Et cependant, pour pouvoir dire qu'il s'agit d'acquisitions régulières, il commande à Archagate de donner aux possesseurs de l'argenterie, un peu de monnaie, pour la forme. Archagate trouva quelques personnes pour accepter la proposition : il fait sa distribution de piécettes. Cet argent, jamais Verrès ne l'a rendu à Archagate. Celui-ci a voulu le lui réclamer à Rome ; Cn. Lentulus Marcellinus l'en a dissuadé, comme vous avez pu l'entendre de sa propre bouche.

(Au greffier :) Lis la déposition d'Archagate et celle de Lentulus.

L'ATELIER DE VERRÈS À SYRACUSE

54. — Et n'allez pas croire que notre homme a voulu accumuler sans raison une telle quantité de plaques ciselées ? Voyez le cas qu'il a fait de vous, de l'opinion du peuple romain,

des lois et des tribunaux, des témoins siciliens et de notre colonie de commerçants. Après avoir collectionné une quantité de plaques ciselées au point de n'en pas laisser une seule à qui que ce soit, il a créé à Syracuse, dans le palais royal, un immense atelier. Il y fait appeler tous les artistes, ciseleurs et orfèvres ; il en possédait d'ailleurs lui-même un grand nombre. Il les y enferme — et il y en avait une foule. Pendant huit mois consécutifs, il ne laissa pas de les faire travailler et ce travail portait exclusivement sur des vases d'or. Les ornements en relief qu'il avait arrachés à de petits plats, à des encensoirs, c'est à ce moment, sachez-le, qu'il les faisait incorporer à des coupes d'or et incruster dans des vases d'or, avec tant d'art qu'on les aurait crus faits à l'origine pour ces objets. Le préteur, en personne, dont l'activité, d'après lui, a fait régner la paix en Sicile, se tenait habituellement assis dans cet atelier la plus grande partie de la journée, vêtu d'une tunique et d'un pallium de couleur sombre[1].

PARALLÈLE DE VERRÈS ET DE PISON

XXV. – 55. — Tous ces faits, messieurs les juges, je n'oserais pas les rapporter sans la crainte de vous entendre dire que vous avez appris plus de choses des autres gens, en conversation particulière, que de moi l'accusateur. Qui, en effet, n'a pas entendu parler de cet atelier, des vases d'or, de son manteau sombre ? Citez-moi n'importe quel honnête homme parmi les habitants de Syracuse : il n'y en aura pas un qui ne déclare en avoir entendu parler ou l'avoir vu personnellement.

56. — Ô temps ! ô mœurs ! Je ne vais vous citer rien de trop ancien. Beaucoup d'entre vous ont connu L. Pison[2], père

---

1. Le pallium, de couleur sombre, était un vêtement de pauvre, inconvenant pour un magistrat romain.
2. En réalité, ce Pison était mort depuis quarante ans.

de ce L. Pison qui fut préteur. Il se trouvait, en cette qualité, en Espagne — province dans laquelle il périt. Je ne sais comment, pendant un exercice d'armes, l'anneau d'or qu'il portait se trouva complètement brisé. Comme il voulait s'en faire exécuter un autre, il fait venir un orfèvre dans le forum, à Cordoue, devant son siège de préteur, et peser publiquement la quantité d'or voulue. Il ordonne à l'artisan de placer son siège dans le forum et de faire l'anneau devant tout le monde. On dira peut-être que c'était là excès de conscience ; on blâmera l'excès, si l'on veut, rien de plus. Mais, il aurait fallu le lui pardonner car il était le fils de ce Pison qui prit l'initiative de la loi sur les restitutions pécuniaires[1]. Il est ridicule de parler maintenant de Verrès après l'avoir fait de Pison le vertueux. Voyez cependant l'abîme qui les sépare. Verrès faisant exécuter assez de vaisselle d'or pour plusieurs coffres, ne s'inquiéta nullement du qu'en dira-t-on, pas plus en Sicile qu'à Rome. L'autre, à propos d'une demi-once d'or, a voulu que l'Espagne entière sût d'où provenait l'anneau du préteur. Rien d'étonnant que le premier ait illustré son nom[2], comme le second l'a fait de son surnom[3].

VERRÈS COLLECTIONNEUR D'ANNEAUX

XXVI. — Il est tout à fait impossible de garder dans sa mémoire, d'embrasser dans un discours, tous les méfaits de ce bandit. Ce sont leurs catégories en soi que je veux effleurer brièvement. Ainsi, cet anneau de Pison m'en a rappelé une que j'avais totalement oubliée. Combien, à votre idée, a-t-il arraché d'anneaux aux doigts de gens honorables ? Il n'a jamais hésité à le faire, chaque fois qu'une pierre précieuse ou l'anneau même

---

1. Loi votée en 149 av. J.C.
2. Jeu de mots sur le nom de Verrès qui signifie le porc.
3. Le surnom : Frugi signifie l'économe.

l'a séduit. Je vais vous raconter une histoire incroyable, mais tellement vraie, que je pense n'avoir aucun démenti.

COMMENT SE PROCURER UN BEAU CACHET

58. — Valentius, son secrétaire, avait reçu une lettre d'Agrigente. Par hasard, Verrès remarqua l'empreinte du cachet sur la cire. Ce cachet lui plut. Il demanda d'où venait la lettre, l'autre lui dit : d'Agrigente. Alors, il envoie par écrit à ses émissaires habituels l'ordre de lui apporter l'anneau dans le temps le plus bref. Ainsi, par lettre, un père de famille L. Titius, citoyen romain, se vit arracher du doigt son anneau.

LA PASSION DES TAPIS

Cette cupidité est incroyable. En effet, à supposer qu'il veuille avoir des tapis dans chacune des salles à manger qu'il possède à Rome, mais encore dans toutes ses maisons de campagne, il en aurait encore, semble-t-il, beaucoup trop. Il n'est pas une maison opulente en Sicile où il n'ait créé un atelier de tissage !

SES ATELIERS DE TAPIS
DANS LES MAISONS RICHES

59. — Il y avait à Ségeste[1] une femme très riche, très connue, qui s'appelait Lamia. Pendant trois ans, elle dut faire exécuter pour lui, dans sa maison pleine d'étoffes, des tapis, tous de pourpre ; il en fut de même pour Attale, homme fort riche de Netum, Lyson de Lilybée, Critolaus à Etna, Aeschrion, Cléomène, Theomnaste à Syracuse, Archonidas à Helore. La journée se terminera avant que j'aie donné tous les noms.

1. Ségeste : ville du N.O. de la Sicile.

— « Il fournissait lui-même la pourpre, ses amis le travail seulement. » — Je le crois ; je n'ai aucun plaisir à l'accuser de toutes les indélicatesses ; comme s'il ne suffisait pas à l'accusation qu'il ait eu tant de pourpre à donner, qu'il ait voulu emporter tant de choses, qu'il ait eu recours pour cela — ce dont il convient enfin — pour des objets de cette espèce, au travail de ses amis.

LITS SCULPTÉS, CANDÉLABRES CISELÉS...

60. — Quant aux lits de bronze, aux candélabres de bronze, est-il à Syracuse, pendant les trois ans de sa préture, quelqu'un d'autre que lui pour qui on en ait exécuté ? — « Il les payait. » — Je le veux bien ; mais je me contente, messieurs les juges, de vous informer de ce que ce préteur a fait dans sa province de peur que l'on ne croie peut-être qu'il s'est négligé lui-même et que, en dépit de son pouvoir administratif, il ne s'est pas suffisamment pourvu de belles choses.

UN ACTE DE BANDITISME
À L'ÉCHELLE DE L'EMPIRE ROMAIN
LE CANDÉLABRE D'ANTIOCHUS

XXVII. — J'en arrive maintenant à ce qui n'est plus un simple vol, à ce qui n'est plus un acte de cupidité ou de passion, mais un forfait d'une telle nature qu'il me paraît renfermer et contenir toutes les abominations, un forfait dans lequel on a vu bafouer les dieux immortels, salir la réputation et le prestige du nom du peuple romain, violer et trahir les droits de l'hospitalité, détourner de nous, par le crime de ce misérable, tous les rois qui étaient nos plus fidèles amis et les peuples qui sont sous leur autorité et leur dépendance.

61. — Vous n'ignorez pas, en effet, que les rois de Syrie, les jeunes fils d'Antiochus se trouvaient récemment à Rome. Ils étaient venus non pas au sujet du trône de Syrie — ils en recevaient sans contestation l'héritage tel qu'il leur était transmis de leur père et de leurs ancêtres — mais pour celui d'Égypte, dont ils estimaient qu'il leur revenait à eux et à leur mère Séléné. Les difficultés où se trouvait la République empêchèrent le Sénat de traiter la question. N'ayant pu réaliser leur dessein, ils repartirent pour le royaume de leurs pères, la Syrie. L'un d'eux, celui qui porte le nom d'Antiochus, voulut passer par la Sicile et c'est ainsi qu'il arriva à Syracuse, pendant la préture de Verrès.

VERRÈS INVITE LE JEUNE ROI ANTIOCHUS
RIEN NE MANQUE AU FESTIN…

62. — Alors, Verrès estima que c'était un héritage qui lui arrivait : le jeune homme qui venait dans son « royaume », qui lui tombait entre les mains, c'était celui dont il savait par ouï-dire, par ce qu'il flairait, qu'il transportait avec lui nombre de trésors.

Il lui fait envoyer, à titre gracieux, pour son usage domestique, assez largement, la quantité d'huile, de vin, qu'il jugea convenable, du blé en quantité suffisante, pris dans ses dîmes personnelles. Ensuite, il invite le roi lui-même à dîner. Il fait décorer la salle à manger de façon ample et magnifique ; sur la table, il dispose des pièces d'argenterie nombreuses et splendides qu'il possédait en quantité — il n'avait pas encore fait exécuter cette vaisselle d'or dont je vous ai parlé. Il veille à ce que le festin soit abondant et raffiné en tous points. Bref ! le roi le quitta avec l'idée, d'une part, que Verrès était richement pourvu en belles choses, d'autre part, qu'il avait été reçu avec beaucoup d'honneur.

ANTIOCHUS REND L'INVITATION

À son tour, il invite le préteur ; il sort ses richesses : de l'argenterie en quantité et même quelques coupes d'or qui étaient incrustées, comme c'est l'usage chez les rois, particulièrement en Syrie, de pierres précieuses de la plus belle eau.

Il y avait aussi une cuiller à vin[1] formée d'une seule pierre précieuse énorme avec un manche d'or. Vous en avez entendu parler par un témoin, je crois, très compétent, très sérieux Q. Minucius.

63. — Verrès, de prendre en main chaque pièce, de se répandre en compliments, en termes d'admiration. Le roi se réjouit de ce que ce festin soit parfaitement agréable au préteur.

Après qu'on se fut quitté, Verrès n'eut plus d'autre idée en tête — on le voit par la suite — que la manière dont il pourrait renvoyer de sa province le roi, après l'avoir complètement dépouillé.

Il lui fait demander les plus belles pièces d'argenterie qu'il avait vues chez lui ; il déclare vouloir les montrer à ses propres orfèvres. Le roi, qui ne le connaissait pas, les lui remit très volontiers.

Il envoie de nouveau demander la cuiller de pierre précieuse : il voulait la considérer avec plus d'attention. La cuiller lui est également envoyée.

LE CANDÉLABRE DE JUPITER CAPITOLIN

XXVIII. – 64. — Maintenant, messieurs les juges, écoutez la suite. Vous la savez déjà et ce n'est pas la première fois non plus que le peuple romain en entendra parler : l'histoire

---

1. Il s'agit sans doute d'une cuiller à vin.

s'est même répandue dans les peuples étrangers et jusqu'aux extrémités de la terre !

Un candélabre d'un travail admirable, orné de pierres précieuses de la plus belle eau, avait été apporté par les rois dont je vous parle pour être placé dans le Capitole. Comme ils avaient trouvé le temple encore inachevé[1], il leur fut impossible de l'y déposer. Ils ne voulurent ni le montrer ni l'exposer en public. Ainsi, leur offrande paraîtrait-elle plus somptueuse quand on la placerait en son temps, dans le sanctuaire de JUPITER TRÈS BON ET TRÈS GRAND et aussi plus éclatante, quand elle se montrerait aux regards des hommes dans sa beauté neuve et inviolée.

Ils décidèrent de remporter le candélabre avec eux, en Syrie, avec l'intention, quand ils apprendraient la dédicace de la statue de JUPITER TRÈS BON ET TRÈS GRAND d'envoyer une ambassade qui apporterait, avec les autres offrandes, au Capitole, ce présent exceptionnel et splendide.

L'affaire parvint, je ne sais comment, aux oreilles de Verrès. En effet, le roi avait voulu tenir la chose secrète, non qu'il craignît ou soupçonnât quoi que ce fût, mais pour qu'il n'y eût pas nombre de gens à voir le candélabre avant le peuple romain.

Verrès demande au roi, il le supplie, avec un flot de paroles, de le lui envoyer. Il déclare qu'il désire l'examiner et qu'il ne laissera personne d'autre y jeter les yeux.

65. — Antiochus, en jeune homme qu'il était, en âme royale, ne soupçonna rien de la malhonnêteté de Verrès. Il donne l'ordre à ses gens de le lui porter, aussi hermétiquement enveloppé que possible. Une fois arrivés, les housses enlevées, ils le posent devant Verrès.

Lui, de s'écrier que l'offrande est digne d'être un présent royal, digne du Capitole. Et, en effet, son éclat, dû aux pierreries

---

1. Le Capitole avait brûlé en 83. Sa réfection n'était pas terminée.

splendides, d'une si belle eau, la richesse du travail étaient tels que l'art y semblait lutter avec la richesse. Quant à sa grandeur, à la voir, on pouvait comprendre que ce n'était pas un objet destiné à l'usage des mortels, mais à l'ornement du plus majestueux des temples.

Comme il semblait l'avoir suffisamment examiné dans tous ses détails, les serviteurs commencent à le soulever pour le remporter. Verrès leur dit qu'il voulait contempler ce chef-d'œuvre encore et toujours plus ; il n'était nullement rassasié de le voir. Il leur donna l'ordre de s'en aller et de laisser le candélabre. C'est dans ces conditions que les serviteurs rentrent chez Antiochus, les mains vides.

IMPUDENTE DEMANDE DE VERRÈS
SES MENACES AU ROI

XXIX. – 66. — Le roi d'abord, de ne rien craindre, de ne rien soupçonner. Un jour passe, un autre, plusieurs jours ; le candélabre n'est pas rapporté. Alors, il fait demander au préteur de bien vouloir le lui rendre. Celui-ci dit de revenir un autre jour. La réponse paraît surprenante au roi. Il envoie de nouveau ses gens ; sans succès. Il fait venir lui-même notre homme ; il lui demande de lui restituer le candélabre. Voyez le front de cet individu, son effronterie ! Alors qu'il savait très bien, pour l'avoir appris du roi lui-même, que cette offrande devait être placée dans le Capitole, qu'il le voyait destiné à JUPITER TRÈS BON ET TRÈS GRAND, au peuple romain, il se mit à lui demander, à le supplier avec véhémence de lui en faire cadeau. Comme le roi répondait que ses devoirs religieux envers JUPITER CAPITOLIN et l'opinion publique également le lui interdisaient — beaucoup de peuples, en effet, étaient au courant de l'existence et de la destination de ce chef-d'œuvre — ce misérable passe violemment aux menaces. Lorsqu'il voit qu'elles sont aussi inutiles que les prières, subitement, il ordonne au roi de quitter la province avant la nuit. Il affirme avoir appris que des pirates, venus de son royaume, allaient faire voile vers la Sicile.

LE ROI PREND À TÉMOIN
LES SICILIENS DU SACRILÈGE

67. — Le roi, au milieu d'une grande foule assemblée, à Syracuse, en plein forum (je ne veux pas laisser croire, par hasard, qu'il s'agit d'une accusation obscure et que j'invente quelque histoire sur de vagues soupçons), en plein forum, le roi, je le répète, à Syracuse, tout en larmes et prenant à témoin les dieux et les hommes, se mit à crier qu'un candélabre orné de pierres précieuses qu'il se réservait d'envoyer au Capitole, dont il voulait que, placé dans le plus illustre des temples, il fût, pour le peuple romain, le témoignage éternel de son alliance et de son amitié, ce candélabre, Verrès le lui avait volé ; pour les autres œuvres d'art en or et pierreries que le préteur avait gardées, il ne s'en souciait pas : mais, le vol de ce candélabre était un malheur, une indignité. Déjà auparavant, dans sa pensée, sa volonté et celles de son frère, il était consacré ; cependant, devant cette foule de citoyens romains, il déclarait de nouveau le donner en offrande, le dédier, le consacrer à Jupiter très bon et très grand et prenait à témoin Jupiter lui-même de sa volonté expresse et de son dessein religieux.

XXX. — Quelle voix, si profonde et si forte qu'elle soit, serait capable de soutenir la plainte de cette seule accusation ? Le roi Antiochus, qui était resté à Rome, sous nos yeux à tous, pendant deux ans avec une escorte et un appareil presque royal, lui qui était l'ami et l'allié du peuple romain, dont le père avait été notre très fidèle ami, tout comme ses ancêtres, rois anciens et illustres, possesseur d'un royaume très riche et immense, a été chassé précipitamment d'une province du peuple romain !

68. — La réaction des nations étrangères, au bruit de cet indigne traitement, celle des autres royaumes et des terres les plus éloignées, quand leur parviendrait le bruit de ton exploit — les as-tu imaginées ? — quand ils apprendraient qu'un préteur du peuple romain, dans sa province, avait fait violence à un roi, volé un hôte, chassé un allié et un ami du peuple romain ? Sachez, messieurs les juges, que votre nom et celui du peuple romain seront l'objet d'une haine amère pour les nations étrangères si l'injure monstrueuse de ce misérable reste impunie. L'opinion générale surtout, lorsque cette réputation de la cupidité violente de nos gouverneurs se sera répandue, c'est que ce forfait n'est pas imputable à un seul homme, mais à ceux aussi qui l'auront approuvé. Beaucoup de rois, beaucoup de cités libres, beaucoup de simples particuliers, riches et opulents, ont assurément l'intention d'orner ainsi le Capitole comme il convient à la dignité de ce temple et de notre empire. Qu'ils comprennent à quel point le détournement de ce présent royal vous a affectés et ils penseront que vous et le peuple romain accueillerez avec faveur leur zèle à l'orner et leurs présents ; s'il en est autrement, si, dans le cas d'un roi si célèbre, d'un présent si exceptionnel, d'un affront si cruel, vous avez négligé le châtiment, ils ne seront pas assez fous pour apporter leur concours, leur peine, leur argent pour des offrandes qui, apparemment, ne vous sont pas agréables.

ADJURATION À L'ARCHITECTURE DU TEMPLE

XXXI. – 69. — Au point où je suis arrivé, Catulus[1], c'est à toi que je m'adresse, car je parle de ton fameux et splendide monument. Dans cette accusation, tu dois avoir, certes, la sévérité du juge, mais aussi, pour ainsi dire, celle de l'ennemi personnel et de l'accusateur. Grâce à la bienveillance du Sénat et du peuple romain, ton honneur est attaché à ce temple illustre, le souvenir éternel de ton nom est consacré en même temps que le temple lui-même, c'est toi qui dois veiller sur lui, c'est toi qui as la charge de ce grand œuvre du Capitole ! tu dois mettre ton soin à ce que, reconstruit avec plus de magnificence, il soit aussi plus richement orné qu'auparavant de façon que cette flamme de l'incendie paraisse avoir surgi, par l'ordre de la divinité, non pour détruire le temple de JUPITER TRÈS BON ET TRÈS GRAND, mais pour exiger qu'il soit plus brillant et plus magnifique.

70. — Tu as entendu les paroles de Q. Minucius[2] : le roi de Syrie, Antiochus, étant descendu chez lui à Syracuse, il savait que le candélabre avait été porté chez Verrès, il savait que celui-ci ne l'avait pas rendu ; cela, tu l'as appris et tu trouveras des gens qui faisaient partie de la foule assemblée à Syracuse pour te dire qu'ils avaient entendu de leurs propres oreilles le roi Antiochus le vouer et le consacrer à JUPITER TRÈS BON ET TRÈS GRAND.

Si tu n'étais pas juge et que ce fait te fût rapporté, c'est toi de préférence qui devrais requérir, être le demandeur et porter plainte. Aussi, ne douté-je pas du sentiment qu'en qualité de juge tu dois éprouver au sujet de ce crime ; toi qui, si c'était un autre qui fût juge, devrais te montrer un plaignant et un accusateur beaucoup plus véhément que je ne suis.

---

1. Catulus, chargé de la direction des travaux de réfection du Capitole, était au nombre des juges de Verrès.
2. La déposition de ce témoin a déjà été évoquée au paragr. XXVII, 62.

LE CANDÉLABRE DE JUPITER
ÉCLAIRERA LES TURPITUDES DE VERRÈS

XXXII. – 71. — Quant à vous, messieurs les juges, est-il un forfait qui puisse vous paraître plus odieux, plus insupportable ? Verrès possédera, dans sa propre demeure, le candélabre de Jupiter — chef-d'œuvre d'or et de pierreries. Cette offrande dont l'éclat devait illuminer, éclairer de sa lumière le temple de JUPITER TRÈS BON ET TRÈS GRAND sera placé, chez lui, dans des festins qui brûleront du feu des scandales et des turpitudes de sa vie privée. C'est dans la maison de cet infâme entremetteur, au milieu des autres ornements hérités de Chelidon[1] que seront placés les ornements du Capitole ? Que restera-t-il de sacré, de religieux, selon vous, dans l'homme qui n'est pas capable, en ce moment, de se sentir étouffé par un si grand forfait, qui vient dans un tribunal où il ne lui est même pas possible de prier JUPITER TRÈS BON ET TRÈS GRAND et de lui demander son assistance, selon la coutume générale, dans l'homme à qui les dieux immortels réclament aussi leurs propres biens devant un tribunal que les hommes ont créé pour leurs propres revendications. Comment s'étonner qu'il ait outragé, à Athènes, Minerve, à Délos, Apollon, à Samos, Junon, à Pergame, Diane, et dans toute l'Asie beaucoup d'autres dieux, lui qui n'a pu s'empêcher de porter la main sur le Capitole. Ce temple que de simples particuliers ornent et continueront à orner, de leurs propres deniers, Verrès n'a pas permis à des rois de contribuer à sa parure.

72. — Aussi, après avoir conçu un tel forfait, il estima, par la suite, qu'il n'y avait rien de sacré, ni de religieux, dans la Sicile entière ; pendant trois ans, il exerça sa préture de manière

1. Cf. sur cette courtisane la note 13.

à laisser croire qu'il avait déclaré la guerre non seulement aux hommes, mais même aux dieux immortels.

UN AUTRE VOL SACRILÈGE :
LA DIANE DE SÉGESTE

XXXIII. — Ségeste est une ville de Sicile fort ancienne, messieurs les juges. C'est Énée fuyant de Troie et venant dans ces lieux qui, dit-on, l'aurait fondée. Aussi, les Ségestains s'estiment-ils liés à jamais au peuple romain non seulement par les liens de l'amitié et de l'alliance, mais aussi par ceux de leur origine commune. Cette ville, au moment où elle faisait la guerre avec les Carthaginois, en son propre nom et de sa propre initiative, fut prise et détruite par eux et toutes les œuvres d'art qui ornaient le ville furent emportées à Carthage.

Il y avait à Ségeste une statue de Diane en bronze, objet, depuis la plus haute antiquité, d'un très grand culte : œuvre unique et d'un art parfait. Cette statue, transportée à Carthage, avait changé seulement de peuple, elle y conservait du moins ses fidèles adorateurs. En effet, sa très grande beauté, même aux yeux des ennemis, la faisait paraître digne de la plus grande vénération.

73. — Quelques siècles après, P. Scipion, lors de la troisième guerre punique, prit Carthage. Au moment de cette victoire (voyez la scrupuleuse intégrité du héros, pour vous réjouir des exemples extraordinaires de vertu donnés par nos concitoyens et juger par là, d'autant plus digne de haine, l'impudence de Verrès), Scipion convoque tous les Siciliens ; il n'ignorait pas en effet, que la Sicile avait été très longtemps et à plusieurs reprises l'objet de pillages de la part des Carthaginois. Il fait rechercher tout ce qui leur a été enlevé ; il promet d'apporter un grand soin à ce que chaque ville sicilienne recouvre ses propres

biens. Ce fut alors que les objets volés naguère à Himère[1]
et dont j'ai parlé plus haut furent rendus aux Thermitains[2] ;
c'est alors qu'on en restitua les uns aux habitants de Gela,
d'autres aux habitants d'Agrigente, parmi lesquels se trouvait
ce fameux taureau, que l'on dit avoir appartenu au plus cruel
des tyrans, Phalaris[3] ! il avait l'habitude, en guise de supplice,
d'y jeter des condamnés pour les brûler vifs en mettant le
feu dessous. Comme Scipion rendait le taureau aux habitants
d'Agrigente, il leur dit, paraît-il, qu'il leur proposait un juste
sujet de méditation. Valait-il mieux, pour les Siciliens, être
les esclaves de leurs propres concitoyens ou obéir au peuple
romain ? Cela, maintenant qu'ils possédaient, par cet objet
mémorable, la preuve à la fois de la cruauté d'un des leurs et
de notre propre générosité.

XXXIV. – 74. — C'est à ce moment-là que cette même
Diane, dont nous parlons, est restituée avec le plus grand soin
aux Ségestains ; on la transporte à Ségeste ; on la remet à
son ancienne place, au milieu des marques les plus vives de
reconnaissance et de joie des concitoyens. Elle était érigée à
Ségeste sur un piédestal très élevé, sur lequel on avait gravé,
en grands caractères, le nom de SCIPION L'AFRICAIN et, en entier,
cette inscription qu'après la prise de Carthage, il l'avait rendue
à la ville. Elle était, pour les citoyens, un objet de culte et tous
les étrangers allaient la voir. Quand j'étais questeur en Sicile,
ce fut la première chose que me montrèrent les habitants de
Ségeste.

---

1. Himère : sur la côte nord de la Sicile, détruite par les Carthaginois.
2. Thermitains : les habitants des Thermes, ville fondée à la place d'Himère.
3. Phalaris : tyran d'Agrigente (570-554). Cicéron rappelle, à son propos, que sa
cruauté allait jusqu'à faire brûler ses ennemis dans un taureau d'airain.

PRÉSENTATION DE LA DIANE DE SÉGESTE

C'était une statue de grandes dimensions, très haute, vêtue d'une longue robe. Mais cependant, en dépit de sa grandeur, l'âge et l'air étaient ceux d'une jeune fille. Des flèches étaient suspendues à son épaule ; dans la main gauche, elle tenait un arc, dans la droite, elle portait, vers l'avant, une torche ardente.

VERRÈS REÇOIT LE COUP DE FOUDRE

75. — À sa vue, cet ennemi, ce pilleur de tous les biens sacrés et religieux, immédiatement, comme s'il avait reçu un coup de ce brandon enflammé, se mit à brûler d'un désir insensé ; il commande aux magistrats de la desceller et de la lui donner ; il déclare que rien ne peut lui être plus agréable.

Eux, de lui répondre que c'est un acte sacrilège : leurs profonds sentiments religieux et aussi la crainte extrême des lois et des tribunaux leur lient les mains. Lui, alors, passe de la demande à la menace : tantôt, il leur fait de grandes promesses, tantôt, il essaie de les terroriser. De temps à autre, ils tentaient de lui opposer le nom de Scipion l'Africain, de lui dire que cette statue appartenait au peuple romain. Ils n'avaient aucun droit sur un objet dont le plus illustre des généraux, après la prise d'une ville ennemie, avait voulu qu'il fût le témoignage éternel de la victoire du peuple romain.

76. — Comme ce misérable, loin d'apporter quelque rémission dans ses instances, y mettait encore plus de véhémence, on traita de l'affaire dans le sénat municipal. Protestation générale. Au moment donc de son premier séjour, on lui oppose un refus formel. À la suite de ce refus, toutes les charges possibles, qu'il s'agît d'exiger des matelots et des rameurs, des livraisons de blé, il les imposait à Ségeste plus qu'à toutes les autres villes,

un peu au delà de ses possibilités. En outre, il convoquait les magistrats de la ville, faisait venir les meilleurs des citoyens, les plus notables, les traînait, de forum en forum, dans la province : il menaçait chacun en particulier de sévir contre lui, l'ensemble des citoyens, de détruire de fond en comble leur cité.

C'est pourquoi, à la fin, les Ségestains réduits à se soumettre par le nombre des brimades, terrorisés, décidèrent qu'il leur fallait obéir à l'ordre du préteur. Au milieu de grandes marques de tristesse, des gémissements de la ville entière, au milieu des flots de larmes, des lamentations des hommes et des femmes, on se voit contraint de mettre en adjudication l'enlèvement de la statue de Diane.

DÉSESPOIR DES SÉGESTAINS
AU DÉPART DE LEUR DIANE

XXXV. — Voyez la grandeur de leurs sentiments religieux. Vous devez savoir, messieurs les juges, qu'on ne trouva personne à Ségeste, pas un homme libre, pas un esclave, pas un citoyen, pas un étranger, pour oser toucher à cette statue. Ce furent, sachez-le bien, des ouvriers barbares qu'on amena de Lilybée. Ceux-ci, qui ne connaissaient rien de l'affaire et de son caractère religieux, procédèrent enfin, contre salaire, à l'enlèvement de la statue.

Au moment où on la sortait de la ville, vous pouvez imaginer quelle était la foule des femmes, quels étaient les pleurs des gens âgés, dont certains conservaient le souvenir de ce jour fameux où cette même fameuse Diane, rapportée de Carthage à Ségeste, avait annoncé, par son retour, la victoire du peuple romain ! Quelle différence entre cette journée et l'autre si magnifique ! Ce jour-là, un général du peuple romain, un héros illustre, rapportait aux Ségestains les dieux de leurs pères, après les avoir repris à la ville ennemie. Aujourd'hui, un préteur du même peuple, le plus infâme, le plus misérable des hommes arrachait, d'une ville alliée, ces mêmes dieux, par un forfait sacrilège. Quoi de plus connu dans la Sicile entière que ce fait ! toutes les matrones, toutes les jeunes filles de Ségeste, au moment où l'on emportait Diane de leur ville, s'étaient rassemblées, l'avaient enduite de parfums, couverte de couronnes et de guirlandes de fleurs, avaient brûlé des parfums et l'avaient accompagnée, jusqu'aux limites du territoire !

78. — Ce sentiment religieux si grand, s'il ne t'inspirait pas de crainte à ce moment où tu étais revêtu du pouvoir de ta charge, en raison de ton avidité passionnée, ne te fait-il pas trembler même aujourd'hui où toi-même et tes enfants courez un si grand danger ? Quel est l'homme, d'après toi, quel est même le dieu, après un pareil outrage aux objets religieux, qui, bravant les dieux immortels, viendra à ton secours ? Cette célèbre Diane n'a provoqué en toi aucun respect religieux, en pleine paix, en pleine tranquillité, elle qui, après avoir vu les deux villes où elle était placée, prises et incendiées fut deux fois préservée de la flamme et du fer ; elle qui, changeant de résidence, après la victoire de Carthage, ne se vit pas privée cependant du culte dont elle était l'objet et qui, grâce à la vertu de l'Africain, retrouva en même temps que son premier emplacement, le culte de ses premiers adorateurs.

Après la perpétration de ce crime, le piédestal vide de la statue portait toujours gravé le nom de l'Africain : l'inscription paraissait à tous inconvenante, intolérable. Non seulement Verrès avait bafoué la religion, mais encore, il avait réussi à supprimer le glorieux souvenir du héros courageux que fut l'Africain, le monument éternel de sa victoire.

79. — Comme on parlait du socle et de l'inscription à Verrès, il estima que les gens oublieraient mieux toute l'affaire si on supprimait aussi ce piédestal qui était comme la preuve de son

crime. C'est pourquoi, sur son ordre, on mit en adjudication son enlèvement. Cette mise en adjudication vous a été lue, dans la première action du procès, d'après les actes officiels des Ségestains.

INTERPELLATION À SCIPION NASICA,
AMI DE VERRÈS

XXXVI. — C'est à toi, maintenant, que je m'adresse, P. Scipion, toi dont la jeunesse et la noblesse sont parées de tous les dons ; je ne te demande pas, je ne te presse pas d'assumer la charge de l'accusation, ce qu'exigeraient ta race et ton nom. Pourquoi luttes-tu en faveur de celui qui a dépouillé votre famille de sa gloire et de son honneur ? Pourquoi veux-tu qu'on le défende ? Pourquoi est-ce moi qui joue ton rôle, qui exerce ton office, pourquoi est-ce Marcus Tullius (Cicéron) qui réclame les monuments de Scipion l'Africain ? Et Publius Scipion (Nasica) qui assure la défense de celui qui les a supprimés ? Alors que la tradition de nos ancêtres veut que chacun de nous défende les monuments des siens au point de ne pas y laisser figurer le nom d'un autre, toi, tu assistes cet individu qui ne s'est pas contenté de toucher à une partie quelconque du monument de Scipion, mais l'a détruit et renversé de fond en comble ?

80. — Qui donc, par les dieux immortels ! protégera la mémoire de Scipion mort, qui protégera les monuments et les témoignages de sa vertu, si toi, tu les abandonnes et les trahis, si non seulement tu acceptes qu'on les dérobe, mais encore assumes la défense de celui qui les a volés et outragés.

Voici les Ségestains, tes clients, les alliés du peuple romain et ses amis ; ils te font savoir que l'Africain, après la destruction de Carthage, a fait rendre à leurs ancêtres une statue de Diane et qu'au nom du général, elle a été érigée et consacrée à Ségeste ; que Verrès l'a fait descendre et emporter ; quant au nom même de Scipion, il l'a fait complètement effacer et supprimer ; ils te supplient et te conjurent de leur rendre, à eux, l'objet de leur culte, à ta propre famille, son honneur et sa gloire, de faire en sorte que, ce qu'ils ont recouvré d'une ville ennemie, grâce à Scipion l'Africain, ils puissent, grâce à toi, le reprendre à la maison d'un bandit et le conserver.

XXXVII. — Que peux-tu honnêtement leur répondre ? Que peuvent-ils faire d'autre, sinon t'implorer, toi et ta justice ? Ils sont là et ils t'implorent.

Tu peux préserver, Scipion, la grandeur de ta gloire familiale ; ils sont considérables, en toi, les dons que le sort ou la nature départissent aux hommes ; je ne veux pas t'enlever le bénéfice de ce qui est ton devoir : je ne recherche pas pour mon avantage la gloire qui revient à autrui ; il ne convient pas à ma réserve, alors que P. Scipion est dans la force de l'âge et en pleine santé, de me proclamer le bouclier et le défenseur des souvenirs mémorables de l'Africain.

81. — C'est pourquoi, si tu te charges de patronner la gloire de ta famille, il me faudra non seulement garder le silence sur vos monuments mais encore me réjouir de ce que le destin de l'Africain, après sa mort, soit tel que ce soient les gens de sa famille qui défendent son honneur et qu'il ne requière aucune aide étrangère. Si, au contraire, l'amitié que tu as pour ce bandit t'empêche de le faire, si ce que je te demande, moi, ne relève pas, d'après toi, de ton devoir, je prendrai ta place pour remplir ton devoir, je me chargerai du rôle que je croyais être celui d'un autre accusateur.

Mais, alors, que ta fameuse classe patricienne cesse de se plaindre de ce que le peuple romain prenne des « HOMMES NOUVEAUX » dynamiques, qu'il les charge volontiers, qu'il les ait toujours chargés de l'honneur des magistratures. On ne doit

pas se plaindre de ce que, dans notre ville, que sa vertu fait la
maîtresse des nations, ce soit la vertu qui exerce les plus grands
pouvoirs. Je laisse à d'autres le privilège de posséder le buste de
Scipion l'Africain, de se parer, après sa mort, de ses mérites et
de son nom ; ce héros était d'une telle grandeur, il a tant mérité
du peuple romain que son honneur ne doit pas être confié à une
seule famille, mais à l'ensemble de la cité. C'est en quelque
sorte mon rôle d'homme, du fait que j'appartiens à cette cité
qu'il a agrandie, illustrée, rendue célèbre, du fait surtout que
je m'entraîne, pour ma part, à ces vertus où il a excellé : la
justice, le zèle, la modération, la défense des malheureux, la
haine des méchants. Cette parenté des goûts et des activités me
paraît un lien presque aussi étroit que celui du sang et du nom
dont vous faites votre fierté.

… AU NOM DE SCIPION L'AFRICAIN !

XXXVIII. – 82. — Je te réclame, Verrès, le monument de
Scipion l'Africain ; j'abandonne la cause des Siciliens dont je
me suis chargé ; laissons de côté, en ce moment, le procès relatif
aux restitutions pécuniaires ; laissons également les torts causés
aux Ségestains : j'exige que tu rendes le socle de P. Scipion,
que le nom du général invaincu y soit de nouveau gravé ; que
la splendide statue, qu'il a prise à Carthage, soit replacée en son
lieu. Ces exigences, ce n'est pas le défenseur des Siciliens, ce
n'est pas ton accusateur, ce ne sont pas les Ségestains qui les
formulent mais l'homme qui a pris la charge de protéger et de
sauver la mémoire glorieuse de Scipion l'Africain.

Je ne crains pas que ce devoir, qui est le mien, ne reçoive pas
l'approbation du juge Servilius[1], lui qui ne s'est pas contenté

---

1. P. Servilius, consul en 79. Vainqueur des pirates, à plusieurs reprises, avant Pompée.

de réaliser de grands exploits, mais s'emploie surtout à en fixer le souvenir mémorable et met à ce travail tout son soin. Assurément, il voudra en léguer la conservation non seulement à ses descendants, mais à tous les hommes de cœur, à tous les bons citoyens et non pas le laisser voler par les malhonnêtes gens.

Je ne crains pas, Q. Catulus, toi dont le monument est le plus grand et le plus illustre de l'univers, qu'il te déplaise que les monuments aient le plus grand nombre possible de protecteurs et que tous les gens de cœur considèrent que la défense de la gloire d'autrui est leur affaire.

83. — En vérité, tous les autres vols, toutes les autres turpitudes ne m'émeuvent qu'au point de m'arracher un blâme : mais, ce dernier outrage me cause une si grande douleur que rien ne me paraît plus odieux, plus insupportable. Verrès ornera sa maison pleine de débauches, pleine de hontes, pleine de scandales, avec les monuments de l'Africain ? Verrès placera le monument du héros le plus maître de lui, le plus saint, la statue de la vierge Diane dans la maison où règnent en permanence les turpitudes des courtisanes et des entremetteurs ?

XXXIX. – 84. — Mais, ce n'est pas le seul monument de l'Africain que tu aies outragé. Quoi ? N'as-tu pas enlevé, aux habitants de Tyndaris, un très beau Mercure que la bienveillance du même Scipion y avait fait placer ? Et de quelle façon, dieux immortels ! avec quelle audace ! quelle effronterie ! Vous avez entendu récemment les délégués de Tyndaris — des gens fort honorables, les notables de la cité — vous raconter les faits : un Mercure qui était célébré, chez eux, par des fêtes sacrées, chaque année, et qui était l'objet d'un très grand culte, un Mercure que Scipion l'Africain, après la prise de Carthage, leur avait donné non seulement comme le témoignage et la preuve de sa victoire personnelle, mais aussi de leur fidèle alliance, leur a été enlevé par la violence, la scélératesse, la tyrannie de Verrès.

Dès son arrivée dans cette ville, immédiatement, comme si l'imposaient non seulement les convenances mais la nécessité, comme si le Sénat lui en avait donné le mandat et le peuple romain l'ordre exprès, sur-le-champ il commanda le descellement de la statue et son transfert à Messine.

85. — Comme l'ordre semblait odieux aux gens qui étaient là, incroyable à ceux qui en entendaient parler, il renonça à sa tentative, lors de son premier séjour. Au moment de son départ, il exige du proagore Sopater dont vous avez entendu le témoignage, qu'il fasse le nécessaire. Sur son refus, il profère de violentes menaces et part aussitôt de la ville. Le magistrat en défère au sénat municipal. Protestation générale. Bref, ce misérable revient peu de temps après et, aussitôt, réitère sa demande. On lui objecte le refus du sénat ; la peine capitale est établie contre quiconque portera la main sur la statue, en contrevenant à son ordre ; en même temps, on fait appel à ses sentiments religieux. Alors, ce misérable : « Qu'est-ce que tu me racontes de religion ? de châtiment ? de sénat ? Je ne te laisserai pas vivant ; tu mourras sous les verges, si la statue ne m'est pas livrée. »

Sopater, en pleurs, retourne en déférer au sénat, il fait état de la violence et des menaces de Verrès. Le Sénat ne donne aucune réponse à Sopater, mais se sépare dans une émotion et un bouleversement profonds. Le magistrat, convoqué par un message du préteur, lui raconte la séance et déclare qu'il est impossible de lui donner satisfaction.

XL. — Et tout cela — rien, d'après moi, ne doit en effet être omis de son effronterie — tout cela se passait devant la foule, publiquement, de l'estrade élevée où était placée sa chaise curule.

UNE SCÈNE ODIEUSE DE TORTURE

86. — On était au fond de l'hiver, par un jour de forte tempête, comme vous l'avez entendu dire à Sopater ; une pluie glacée tombait en abondance quand Verrès ordonne à ses licteurs de se saisir de Sopater, du portique où il siégeait, de le précipiter dans le forum et de l'y laisser nu. À peine avait-il donné cet ordre qu'on pouvait voir le magistrat dépouillé de ses vêtements et serré entre les licteurs. Tout le monde pensait que c'était peut-être pour infliger à la malheureuse et innocente victime le supplice de la flagellation. C'était une erreur. Verrès ferait flageller sans motif un allié et un ami du peuple romain ? Il n'est pas injuste à ce point ; tous les vices ne se trouvent pas réunis dans un seul homme ; jamais il n'a été cruel. Il accueille notre homme, avec douceur et clémence. Au milieu du forum, se trouvent les statues équestres des Marcellus, comme il y en a dans presque toutes les villes de Sicile. Parmi celles-ci, il choisit la statue de C. Marcellus dont les services rendus à cette cité et à toute la province étaient les plus récents et les plus considérables. C'est sur cette statue qu'il fait écarteler et attacher Sopater, cet homme qui n'était pas seulement un personnage notable dans sa patrie mais qui s'y trouvait revêtu de la magistrature suprême.

87. — La torture qu'il subit — on l'imagine nécessairement — alors qu'il était ligoté nu, en plein air, dans la pluie et le froid. Et, cependant, Verrès ne mit pas fin à cette torture ignominieuse jusqu'à ce que le peuple et toute la multitude, bouleversée de pitié par l'atrocité du supplice, eût obligé le Sénat, par ses clameurs, à promettre à ce misérable la fameuse statue de Mercure. Ils criaient que les dieux immortels eux-mêmes se chargeraient de la vengeance ; il ne fallait pas, en attendant, laisser périr un innocent. Alors, le Sénat, en nombre, vient

trouver Verrès, lui promet la statue. C'est ainsi que Sopater, déjà presque entièrement paralysé par le froid, est enlevé de la statue de Marcellus, à demi mort.

EN PAREIL CRIME,
LES CHEFS D'ACCUSATION SONT MULTIPLES

Je ne pourrais séparer distinctement les chefs d'accusation, même si je le voulais. Il y faudrait non seulement du talent, mais aussi un art exceptionnel.

XLI. – 88. — Apparemment, il n'y a qu'une seule accusation — et je la présente ainsi — dans cette affaire du Mercure de Tyndaris ; en réalité, il y en a plusieurs, mais comment il serait possible de les distinguer et de les séparer, je l'ignore. C'est un cas de restitution pécuniaire, puisqu'il a enlevé, à des alliés, une œuvre d'art de grand prix ; c'est un vol à l'État, parce que, s'agissant d'une œuvre d'art, propriété du peuple romain, prise à l'ennemi à titre de butin, placée là au nom de notre général, il n'a pas hésité à la détourner à son profit ; c'est un acte de lèse-majesté puisqu'il a osé renverser et emporter les témoins mémorables de notre empire, de notre gloire, de nos exploits ; c'est un sacrilège puisqu'il a outragé les plus forts des sentiments religieux ; c'est un acte de sauvagerie, puisqu'il a imaginé contre un innocent, votre allié, votre nouvel ami, un genre de torture inouï et unique.

89. — Mais, cette façon d'agir à l'égard de la statue de Marcellus, je suis encore incapable d'en dire la nature, de lui donner un nom. Pourquoi ce geste ? Parce que Marcellus était le protecteur (des Siciliens) ? Et alors ? Quel est le sens de l'acte ? Le poids de ce titre devait-il servir à aider des clients et des hôtes ou à leur attirer des malheurs ? Agissais-tu ainsi pour montrer que, contre ta violence, il n'y avait pas de secours

à attendre des protecteurs ? Qui ne comprendrait que devant l'ordre d'un malhonnête homme présent, la violence l'emportait sur la protection des gens de bien absents ? Ou bien veux-tu par là signifier ton exceptionnelle insolence, ton orgueil, ton entêtement ? Sans doute, as-tu pensé enlever quelque chose à la grandeur des Marcellus ! Aussi, maintenant, ce ne sont plus les Marcellus qui sont les patrons des Siciliens : Verrès a pris leur place.

90. — Quelle n'est pas ta vertu, quel n'est pas ton honneur, selon ton estimation, pour tenter de faire passer de ton côté la clientèle d'une province si éclatante, si illustre, et de l'enlever à des patrons si sûrs et si anciens ? C'est avec ta méchanceté, ta stupidité, ta passivité, que tu te sens capable d'assurer la protection, je ne dis pas de la Sicile entière, mais du plus misérable des Siciliens ? La statue de Marcellus faisait-elle office de gibet pour les clients des Marcellus ? De ce monument, tu cherchais à faire un instrument de supplice contre ceux qui l'avaient élevé en son honneur. Et ensuite ? Quel sort imaginais-tu donc pour tes propres statues ? Est-ce celui qui leur est échu ? En effet, à Tyndaris, la statue de ce misérable, qu'il avait donné l'ordre de placer près de celles des Marcellus et même sur un piédestal plus élevé, les habitants l'ont renversée, aussitôt qu'ils ont appris le choix de son successeur.

XLII. — C'est donc la fortune des Siciliens qui t'a donné pour juge Marcellus. Aussi, veut-elle que nous te livrions à la justice de celui sur la statue duquel tu attachais les Siciliens, lié toi-même et couvert de chaînes.

91. — Et d'abord, messieurs les juges, il affirmait que les habitants de Tyndaris avaient vendu cette statue de Mercure à ce Marcus Marcellus Aeserninus, ici présent, et il espérait que M. Marcellus lui-même appuierait son affirmation pour

lui être agréable. La chose m'a toujours paru invraisemblable :
un jeune homme d'une si noble famille, patron de la Sicile,
prêterait son nom pour détourner de toi l'accusation ! Malgré
l'invraisemblance du fait, j'ai tout prévu et pris mes précautions,
au cas surtout où quelqu'un voudrait se charger de la faute, pour
que Verrès cependant n'en pût tirer profit. En effet, j'ai amené
des témoins, j'ai apporté des dépositions pour que personne ne
pût douter de sa culpabilité.

92. — Il y a des textes officiels relatifs au transfert à Messine
de ce Mercure, aux frais de la ville de Tyndaris ; le prix du
transport y figure ; le nom de l'homme chargé officiellement
de l'opération : Polea. Voyons ? Où est-il ? Le voici ! C'est un
témoin. L'ordre a été donné par le proagore Sopater. Qui est
ce Sopater ? C'est l'homme qui a été attaché à la statue. Vous
l'avez vu lui-même et vous avez entendu son témoignage. C'est
Demetrius, le directeur du gymnase où était placée la statue,
qui la fit descendre de son piédestal. Eh bien ? Est-ce nous qui
le disons ? Mais non, c'est lui-même, ici présent. Récemment,
à Rome, Verrès lui a promis, lui-même, de rendre la statue aux
légats si l'on faisait disparaître la mention du fait et si l'on prenait
les précautions voulues pour supprimer les témoignages. Voilà
ce qu'ont dit, devant vous, Zosippe et Ismenias, gens connus
et importants de Tyndaris.

L'APOLLON D'AGRIGENTE

XLIII. – 93. — Mais quoi ? À Agrigente, il y avait aussi
un souvenir mémorable du même Scipion, un très bel Apollon
qui portait sur la cuisse, gravée en petites lettres d'argent, la
signature de Myron : ne l'as-tu pas enlevé du temple si vénéré
d'Esculape ? Cet enlèvement, messieurs les juges, il l'avait
fait secrètement en employant, pour son vol sacrilège, des

chenapans comme guides et exécuteurs. Aussi, la ville fut-elle profondément bouleversée. En un seul moment, en effet, les habitants d'Agrigente perdaient à la fois un présent de l'Africain, un objet de culte, l'une des beautés de la ville, une preuve de la victoire romaine, un témoignage de leur alliance avec nous. C'est pourquoi les notables de la cité recommandent et donnent la charge aux questeurs et aux édiles de faire monter la garde, la nuit, près des temples sacrés. Et, en effet, à Agrigente, en raison, je crois, du nombre et du mérite de ses citoyens, en raison aussi du nombre considérable de colons romains, gens honnêtes et vertueux, qui vivent là en parfait accord avec les habitants eux-mêmes et font du commerce avec eux, ce bandit n'osait pas ouvertement demander ou voler ce qui lui plaisait.

TOUJOURS À AGRIGENTE :
L'ASSAUT DE NUIT MANQUÉ
CONTRE LE TEMPLE D'HERCULE

94. — On peut voir, à Agrigente, un temple d'Hercule non loin du forum, temple très sacré et lieu de culte vénéré chez eux. Là, se trouve une statue de bronze d'Hercule lui-même, dont je dirais facilement que je n'ai vu aucune œuvre d'art plus belle (il est vrai que ma compétence en cette matière n'est pas en rapport avec le nombre de celles que j'ai vues). C'est au point que les lèvres et le menton en sont un peu usés, parce que les adorateurs, dans leurs prières et leurs remerciements, ne se contentent pas de la vénérer, mais ont l'habitude de la baiser. C'est à ce temple — Verrès séjournait alors à Agrigente — que, sous la conduite de Timarchide, tout à coup, en pleine nuit, une bande d'esclaves armés arrive en courant lui donner l'assaut. Les sentinelles et les gardiens habituels poussent une clameur. Au premier abord, comme ils tentaient d'opposer une résistance, frappés à coups de massues et de bâtons, ils sont

repoussés. Ensuite, les verrous arrachés et les portes brisées, les assaillants tentent de descendre la statue et de la faire glisser sur des rouleaux.

Pendant ce temps, aux cris des gardes, le bruit se répand dans la ville entière que les dieux de la patrie sont enlevés d'assaut ; il ne s'agit pas d'une arrivée imprévue d'ennemis extérieurs ni d'une attaque subite de corsaires. Non, c'est de la maison du préteur et de sa cohorte qu'est venue une troupe de fugitifs équipée et armée.

95. — Il n'y eut personne à Agrigente de si accablé par l'âge, de si privé de forces qui, réveillé, cette fameuse nuit, par la nouvelle, ne se soit levé et emparé de la première arme venue.

Aussi, accourt-on rapidement de la ville entière. Depuis plus d'une heure déjà, une quantité de gens travaillaient à descendre la statue. Cependant, il n'y avait aucun signe d'ébranlement, malgré les tentatives des uns de la soulever, en plaçant dessous les rouleaux, pendant que les autres essayaient de l'entraîner avec des cordes nouées à tous les membres ; et, soudain, arrivent en foule les habitants d'Agrigente. Grêle de pierres qui met en fuite les soldats nocturnes de cet illustre général. Ils emportent pourtant deux très petites statuettes pour ne pas revenir, chez lui, complètement les mains vides.

Jamais, il n'arrive rien d'assez fâcheux aux Siciliens qu'ils ne trouvent un mot d'esprit approprié pour le qualifier ; ainsi, à propos de cette affaire, ils disaient qu'il fallait compter au nombre des travaux d'Hercule aussi bien ce « porc sauvage »[1] de Verrès que le sanglier d'Érymanthe.

---

1. Ce « porc sauvage ». Toujours le même jeu de mots sur le nom de Verrès. Le sanglier d'Érymanthe avait été tué par Hercule qui vient de triompher de Verrès à Agrigente.

LES GENS D'ASSORE REPOUSSENT AUSSI
UNE ATTAQUE DE NUIT SACRILÈGE

XLIV. — Ce courage des Agrigentins, les habitants d'Assore l'ont imité par la suite : ce sont des gens braves et loyaux, mais leur ville est loin d'être aussi importante et aussi connue. Une rivière, le Chrysas, coule à travers leur territoire. Ils la considèrent comme une divinité et lui rendent un très grand culte. Son sanctuaire se trouve dans un champ près de la route même qui mène d'Assore à Henna. Il renferme une très belle statue de Chrysas en marbre. Cette statue, en raison du caractère de vénération exceptionnelle du sanctuaire, Verrès n'osa pas la demander aux habitants d'Assore. Il charge de l'affaire Tlepolème et Hiéron. Ils viennent, de nuit, avec une petite troupe d'hommes armés, brisent les portes du temple ; les prêtres, les gardiens entendent rapidement le bruit. Ils donnent le signal, bien connu du voisinage, d'une sonnerie de trompettes. Les gens accourent des champs ; on sort Tlepomène du sanctuaire, on le met en fuite ; on n'eut à regretter aucun vol au sanctuaire de Chrysas, sauf celui d'une toute petite statuette de bronze.

LES BRONZES DE LA GRANDE DÉESSE D'ENGYUM
PASSENT DANS LES COLLECTIONS DE VERRÈS

97. — Il existe à Engyum un sanctuaire de la GRANDE MÈRE. Je me vois maintenant obligé non seulement de parler brièvement de chaque méfait particulier, mais même d'en passer sous silence un très grand nombre, pour en arriver aux vols et aux crimes de ce genre, les plus importants et les plus connus.

Dans ce sanctuaire, se trouvaient des cuirasses et des casques d'airain ciselés en métal de Corinthe, de grandes aiguières de la même matière, aussi admirablement travaillées. C'était le même illustre Scipion, cet homme éminent à tous les égards, qui les y avait placées, avec son nom gravé. Pourquoi en dire plus à ce sujet ? Pourquoi gémir ? Toutes ces œuvres d'art, messieurs les juges, il les a dérobées. Dans un sanctuaire si vénéré, il n'a rien laissé, sauf les traces de sa profanation et le nom de Scipion.

Les dépouilles des ennemis, les souvenirs glorieux des généraux, les belles œuvres d'art, parures des sanctuaires, après avoir perdu ces noms fameux, seront catalogués dans la vaisselle et le mobilier de Verrès.

98. — Apparemment, tu es le seul à apprécier les vases de Corinthe, le seul à savoir examiner savamment l'alliage de leur bronze, les lignes du travail ! Il n'y entendait rien, ce fameux Scipion, cet homme d'une si haute culture ! Toi, qui es dénué de toute bonne qualité, de toute culture, de tout talent, toi qui es étranger aux belles-lettres, tu es seul à les comprendre et à les apprécier ? Prends garde à ce fait : ce héros ne s'est pas contenté de l'emporter sur toi par sa modération, mais encore il te domine par son intelligence de ces choses, toi et ceux qui veulent se dire des gens raffinés.

En effet, il comprenait tellement combien ces œuvres étaient belles que, pour cette raison précise, il les jugeait faites non pour le luxe des individus, mais pour l'ornement des sanctuaires et des villes de manière que nos descendants les regardent comme des monuments sacrés.

ET MAINTENANT, LA CÉRÈS DE CATANE !

XLV. – 99. — Maintenant, messieurs les juges, apprenez sa cupidité inouïe, son impudence, sa folie, quand il s'agit surtout de souiller les statues sacrées auxquelles il n'est pas permis de toucher de ses mains, bien plus d'outrager en pensée.

Il existe, à Catane, un temple de Cérès, où la déesse reçoit le même culte qu'à Rome, que partout ailleurs, dans tout l'univers.

Au fond de ce sanctuaire, se trouve une très ancienne statue de Cérès, dont les hommes ignoraient l'aspect et même l'existence. En effet, eux, ils n'ont pas accès à ce sanctuaire ; ce sont des femmes et des jeunes filles qui accomplissent, de façon habituelle, les rites sacrés.

Cette statue, les esclaves de Verrès l'enlevèrent, de nuit, secrètement, de ce lieu très sacré et très ancien.

Le lendemain, les prêtresses de Cérès et les grandes prêtresses de ce temple, femmes âgées, de vertu éprouvée, très connues, en réfèrent de ce vol aux magistrats. Tout le monde regardait la chose comme un malheur, une indignité, un sujet de deuil public.

100. — Alors, Verrès, très ennuyé par le côté abominable de l'affaire, veut écarter de lui tout soupçon. Pour cela, il charge celui qui était son hôte de lui trouver un individu quelconque, que l'on pût accuser du crime, et de s'employer à le faire condamner pour ne pas tomber lui-même sous le coup de l'accusation. Aussi, après son départ de Catane, on défère au tribunal un esclave. On l'accuse du crime, on fournit de faux témoins. C'était l'ensemble du Sénat de Catane qui jugeait l'affaire, selon les lois de la ville. On fait venir les prêtresses ; à huis clos, dans la curie, on leur demande leur opinion sur les faits, sur la manière dont la statue a été enlevée. Elles répondent qu'on a vu, sur les lieux, des esclaves du préteur. L'affaire qui déjà auparavant ne présentait guère d'obscurités, commence à être parfaitement claire, grâce au témoignage des prêtresses. On passe au vote. L'esclave innocent bénéficie d'un non-lieu, rendu à l'unanimité, cela pour vous rendre plus facile de condamner Verrès, vous aussi, à l'unanimité.

101. — Que réclames-tu, en effet, Verrès ? Qu'espères-tu ? Qu'attends-tu ? Quel dieu, quel homme viendra, crois-tu, à ton

secours ? Tu as osé envoyer des esclaves pour dépouiller un sanctuaire où il n'était même pas permis aux hommes libres d'aller pour y prier ? Tu n'as pas hésité à porter la main sur ces objets sur lesquels les lois religieuses te défendaient de porter même les regards. Ce n'est même pas leur vue qui t'a séduit et fait tomber dans cette machination criminelle et sacrilège. Tu as désiré violemment ce que tu n'avais jamais vu, que dis-je, tu t'es épris de ce que tu n'avais jamais aperçu auparavant. C'est par ouï-dire que tu as conçu une passion ardente au point de ne se laisser contenir ni par la crainte, ni par la religion, ni par la vengeance des dieux.

102. — Mais, tu tenais tes informations, je crois, d'un homme de bien tout à fait sûr. Comment serait-ce possible, puisque tu n'as pu en entendre parler, même par un homme quelconque ? Tu as donc été renseigné par une femme, puisque les hommes ne pouvaient ni l'avoir vue, ni la connaître. Or, quelle est, à votre avis, messieurs les juges, cette femme-là ! Comme elle était pudique la femme qui avait un entretien avec Verrès ! Comme elle était pieuse celle qui était capable de lui indiquer la manière de dépouiller le sanctuaire ! Faut-il s'étonner que le même culte sacré qui se déroule par les soins de jeunes filles et de femmes très chastes, ait été souillé par la honteuse impudeur de ce misérable ?

PROFANATIONS DANS L'ÎLE DE MALTE

XLVI. — Quoi donc ? Est-ce la seule chose qu'il se soit mis à désirer rien qu'à en entendre parler, sans l'avoir vue lui-même ? Pas du tout ! Il y en a bien d'autres ! Parmi les vols de ce genre, je vais en retenir un seul commis au détriment d'un sanctuaire fameux et très ancien. Des témoins vous en ont déjà parlé dans la première action du procès. Aujourd'hui, écoutez ces mêmes faits, apportez-leur votre attention comme vous l'avez fait précédemment.

103. — L'île de Malte, messieurs les juges, est séparée de la Sicile par un bras de mer assez large et périlleux. Dans l'île, il y a une ville du même nom où Verrès n'est jamais allé ; cependant, il y posséda, pendant trois ans, un atelier de tissage pour exécuter des vêtements de femmes. Non loin de la ville, sur un promontoire, se trouve un sanctuaire de Junon très ancien, objet de grande vénération. C'est au point que non seulement, lors des fameuses guerres puniques qui, presque dans ces lieux, ont vu manœuvrer et opérer des forces navales, mais encore, malgré la quantité actuelle de pirates, il est toujours resté inviolé et sacré. Bien plus, la tradition veut que naguère une flotte du roi Masinissa[1] ait abordé à cet endroit, que le préfet du roi ait soustrait, au temple, des dents d'ivoire, d'une incroyable grandeur, les ait portées au roi et lui en ait fait présent. Le roi avait été d'abord charmé de ce don ; ensuite, dès qu'il en avait appris l'origine, il envoya aussitôt des hommes sûrs dans une quinquérème pour les restituer au temple. C'est pourquoi, il y fut gravé, en caractères puniques, que le roi Masinissa les avait acceptées, sans savoir leur provenance. Une fois connue, il avait pris soin de les faire reporter et remettre à leur place.

Il y avait, en outre, une grande quantité d'ivoires, de beaux objets, parmi lesquels des Victoires en ivoire, d'un travail ancien et parfait.

104. — Toutes ces œuvres d'art — pour ne pas m'attarder sur beaucoup d'autres — Verrès par un seul ordre, par un seul assaut d'esclaves du temple de Vénus, chargés de la chose, a pris soin de les faire enlever et de se les faire apporter.

---

1. Masinissa : roi des Numides, ami et allié des Romains.

XLVII. — Au nom des dieux immortels ! De quel homme suis-je l'accusateur ? Sur quel homme exercé-je des poursuites, au nom des lois et des droits des alliés ? Une délégation officielle de Malte déclare que le temple de Junon a été dépouillé de ses ornements, que Verrès n'a rien laissé dans ce sanctuaire si vénéré ; ce lieu où les flottes ennemies ont souvent abordé, où les pirates ont coutume, chaque année, d'hiverner, sans que jamais auparavant aucun d'eux, aucun ennemi de l'extérieur ait porté la main sur le temple, ce seul brigand l'a dépouillé au point de n'y laisser absolument rien. Appellerons-nous aujourd'hui cet homme, un accusé, et moi, son accusateur et ce que nous faisons, un procès ? En effet, de deux choses l'une, ou il est convaincu de crimes ou il est cité en justice comme suspect. On trouve des statues de dieux emportées, des temples profanés, des villes pillées entièrement. Or, tous ces crimes, il ne s'est laissé aucun moyen de les nier, aucune possibilité de défense. S'agissant de tous ces faits, je démontre sa culpabilité, les témoins le confondent ; son propre aveu l'accable ; il demeure ligoté encore par l'évidence de ses forfaits et son silence reconnaît avec moi ses actes.

RANIMEZ VOTRE ATTENTION, MESSIEURS LES JUGES

105. — Il semble excessif que je passe tant de temps sur un seul genre de crimes ; je sens, messieurs les juges, qu'il faut parer à la satiété de vos oreilles et de votre sensibilité. C'est pourquoi je passerai beaucoup de choses ; mais pour celles que je vais vous dire, ranimez votre attention, messieurs les juges, je vous en prie au nom des dieux immortels — ceux-là même dont le culte est, depuis longtemps, le thème de mon discours — le temps que je vous rappelle le forfait que voici et que je vous expose ce qui a bouleversé la province entière. Si, à son

propos, je vous parais remonter un peu trop haut et rappeler de trop loin l'origine d'un culte, veuillez me le pardonner. La grandeur de l'affaire ne me permet pas d'étouffer, en peu de mots, l'atrocité du crime.

... CAR, IL S'AGIT DE LA CÉRÈS D'HENNA

XLVIII. – 106. — C'est une vieille croyance, messieurs les juges, qui ressort des écrits et des souvenirs les plus anciens des Grecs que l'île entière de la Sicile est consacrée à Cérès et à Libera[1]. Ce n'est pas seulement une opinion étrangère, ce sont surtout les Siciliens eux-mêmes qui ont, semble-t-il, cette conviction innée et naturelle. En effet, ces déesses, pensent-ils, sont nées dans leur pays, tout comme c'est là que l'agriculture a été découverte pour la première fois ; c'est chez eux qu'eut lieu l'enlèvement de Libera — qu'on appelle aussi Proserpine — dans le bois d'Henna, lieu situé au milieu de l'île et que l'on nomme le nombril de la Sicile. Comme Cérès, voulant la retrouver, cherchait ses traces, elle enflamma, dit-on, des torches avec les flammes qui jaillissent du cratère de l'Etna. En les brandissant devant elle, elle aurait parcouru tout l'univers.

107. — Or, Henna où, d'après la légende, eurent lieu les faits que je rapporte, est située sur une montagne très élevée. Au sommet, un plateau et des eaux intarissables ; son accès est interdit de tous côtés par des roches à pic. Tout autour, on peut voir des lacs, des forêts nombreuses, des fleurs très belles, en toute saison ; ainsi, le lieu semble-t-il annoncer visiblement le rapt de la vierge Proserpine, tel que nous l'avons appris dès l'enfance. Et, en effet, il y a, tout près, une caverne tournée vers l'Aquilon (le nord) d'une profondeur sans limites d'où

---

1. Libera : Proserpine, fille de Cérès, enlevée par Pluton, devint reine des Enfers.

le dieu Pluton aurait surgi tout à coup, dit-on, avec son char, l'aurait saisie, emportée et aurait pénétré subitement, sous terre, non loin de Syracuse : là, serait apparu, subitement, un lac où jusqu'à notre époque, les Syracusains célèbrent les jours de fête annuels au milieu d'un grand concours d'hommes et de femmes.

XLIX. — L'antiquité de cette croyance — on trouve, en effet, dans ces lieux des traces et pour ainsi dire le berceau des divinités — a fait naître un culte étonnant, privé et public, dans toute la Sicile, pour la Cérès d'Henna. Et, en effet, de nombreux prodiges manifestent souvent la puissance de cette déesse : à beaucoup de gens, dans des circonstances critiques, elle a prêté son secours si bien que cette île semble non seulement aimée, mais habitée par Cérès et l'objet de sa protection.

108. — Et ce ne sont pas seulement les Siciliens, mais tous les autres peuples, toutes les autres nations qui honorent particulièrement la Cérès d'Henna. En effet, si l'on recherche avec ardeur les lieux sacrés des Athéniens chez lesquels, dit-on, Cérès dans sa poursuite se rendit, à qui elle apporta l'Agriculture, quel ne doit pas être le culte de ceux dont une tradition constante veut qu'elle soit née, chez eux, et qu'elle y ait inventé cette même agriculture. C'est pourquoi, du temps de nos pères, dans une conjoncture tragique et difficile, — c'était après le massacre de Tiberius Gracchus et des présages inspiraient la terreur, sous le consulat de P. Mucius et de L. Calpurnius — on eut recours aux Livres Sibyllins : et là, on put trouver qu'il fallait apaiser la plus ancienne des Cérès. Alors, des prêtres du peuple romain, choisis dans le collège décemviral le plus important, bien qu'il existât à Rome un temple de Cérès splendide, d'une grande magnificence, se rendirent cependant jusqu'à Henna. Tel était, en effet, le prestige et l'ancienneté de ce culte que, en allant là-bas, ils paraissaient se rendre non au temple de Cérès, mais près de Cérès en personne.

109. — Je ne vous fatiguerai pas plus longtemps. Et, en effet, je crains depuis longtemps que mon discours ne vous paraisse bien éloigné de la méthode des tribunaux et de l'usage quotidien du barreau. Ce que j'affirme, c'est que cette Cérès elle-même si ancienne, si vénérée, la source de tous les rites sacrés que l'on célèbre dans tous les peuples, dans toutes les nations, a été enlevée par Verrès de son temple et de sa ville. Vous qui êtes allés à Henna, vous avez vu une statue de Cérès en marbre et, dans un second temple, une statue de Libera. Elles sont très grandes, très belles, mais ne sont pas si anciennes. Il y en avait une, en bronze, d'une grandeur moyenne et d'un art unique d'une haute antiquité avec des torches, de beaucoup la plus ancienne de toutes celles qui sont dans ce temple. C'est celle-là qu'il a enlevée et, pourtant, ce butin ne lui a pas suffi.

110. — Devant le temple de Cérès, dans un emplacement largement découvert, il y a deux statues, l'une de Cérès, l'autre de Triptolème, très belles et très hautes. Leur beauté était un grand risque, leur grandeur les sauva, parce que les descendre et les transporter paraissait trop difficile. Dans la main droite de Cérès, il y avait une grande statue de la Victoire d'une très belle facture. Verrès la fit arracher de la main de Cérès et se la fit apporter.

L. — Quels sont donc les sentiments de ce misérable, en ce moment, au souvenir de ses crimes, alors que le seul fait de les évoquer non seulement m'émeut, moi, au fond du cœur, mais me fait physiquement frémir d'horreur ? Cela, à la pensée de ce sanctuaire, de ce lieu, de ce culte fameux ; tout est devant mes yeux : le jour de mon arrivée à Henna, les prêtres de Cérès étaient là avec leurs bandelettes et des rameaux sacrés ; la foule des citoyens assemblés, pendant que je leur parlais, versait tant de larmes, exhalait tant de gémissements que le plus affreux des deuils semblait s'être abattu sur la ville. Ce n'était pas les dîmes qu'il leur avait imposées, le pillage de leurs biens, ses jugements iniques, ses débauches inacceptables, ses violences, les brimades dont il les avait tourmentés et accablés qui provoquaient leurs plaintes ; ce qu'ils voulaient, c'est que la divinité de Cérès, l'antiquité de ses cérémonies, le culte de son sanctuaire fussent vengés par le supplice de cet impie le plus criminel et le plus éhonté qui soit. Leur douleur était si grande qu'on aurait cru qu'un second Orcus[1] était venu à Henna et avait enlevé, au lieu de Proserpine, la déesse Cérès en personne.

Et, en effet, cette ville semble moins une ville que le temple de Cérès. Les habitants pensent qu'ils habitent chez Cérès elle-même. Ainsi, pour moi, ne sont-ils pas les citoyens de cette cité fameuse, mais tous, les prêtres, les ministres, les pontifes de Cérès.

112. — Tu osais enlever la statue de Cérès, tu as tenté d'arracher de la main de Cérès une Victoire, une déesse à une autre déesse. On n'a vu oser rien violer, rien toucher de ces statues, des hommes bien plus près, par toute leur nature, du crime que de la piété. Sous le consulat de P. Popilius et de P. Rupilius, ce lieu fameux s'est trouvé aux mains d'esclaves, de fugitifs, de barbares, d'ennemis. Mais ils étaient moins les esclaves de leurs maîtres que toi de tes passions ; ils fuyaient moins leurs maîtres que tu ne t'écartes du droit et des lois, ils étaient moins barbares par la langue et la nation que tu ne l'es par ta nature et tes mœurs, ils étaient moins les ennemis de l'humanité que tu n'es l'ennemi des dieux immortels. Quel recours lui reste-t-il, lui qui a vaincu les esclaves en indignité, les fugitifs en témérité, les barbares en atrocités, les ennemis en cruauté ?

1. Orcus, autre nom de Pluton.

LI. – 113. — Vous avez entendu Théodore, Numenius et Nicasion, délégués d'Henna déclarer officiellement que leurs concitoyens leur avaient donné la mission d'aller trouver Verrès et de lui redemander la statue de Cérès et celle de la Victoire : s'ils obtenaient satisfaction, alors, pour observer l'antique coutume d'Henna, ils s'engageaient officiellement, malgré les souffrances infligées à la Sicile et conformément aux traditions de leurs ancêtres, à ne pas témoigner contre lui ; sinon, alors ils seraient présents au procès, ils informeraient les juges des sévices subis, mais leurs plaintes principales auraient pour objet le sacrilège. Ces plaintes, n'allez pas les dédaigner, au nom des dieux immortels, n'allez pas, messieurs les juges, les mépriser et les négliger. Ce procès a pour objet les torts faits à des alliés, la force des lois, la réputation d'intégrité de nos tribunaux. Tout cela est très important, mais voici ce qui est le plus important : un tel sentiment de piété étreint la province entière, une si grande inquiétude religieuse, après ce forfait, s'est emparée de l'esprit de tous les Siciliens, que tous leurs malheurs privés ou publics, quels qu'ils soient, ils en font remonter la cause à ce forfait.

114. — Vous avez entendu les gens de Centuripe, d'Agyrium, de Catane, d'Etna, d'Herbita et beaucoup d'autres vous dire la solitude des campagnes, leur dévastation, la fuite des laboureurs. Ils vous ont dit à quel point tout était déserté, inculte, abandonné. À vrai dire, ces faits résultent des exactions nombreuses et de tout ordre de Verrès. Cependant, dans la pensée des Siciliens, ce qui pèse le plus dans la balance, c'est, selon eux, l'attentat commis contre Cérès qui a voué à l'anéantissement, dans ces lieux, toutes les cultures et toutes les récoltes.

Secourez, messieurs les juges, la piété de nos alliés, préservez la vôtre. En effet, cette dévotion à Cérès n'est pas, pour vous, un culte extérieur et étranger. Que s'il en était ainsi et que vous refusiez de l'adopter, il conviendrait cependant que vous veuilliez punir celui qui l'a profanée.

115. — Mais, en réalité, quand il s'agit d'un culte commun à tous les peuples, de rites sacrés que nos ancêtres ont fait venir des nations étrangères et adoptés, de ces rites qui étaient en réalité et qu'ils ont voulu appeler grecs, comment pourrions-nous montrer de la lâcheté et de la négligence, même si nous le voulions ?

LE PILLAGE DE SYRACUSE

LII. — Je vais rappeler aussi et vous présenter le pillage de la plus belle de toutes les villes, la plus riche en œuvres d'art, Syracuse, pour apporter enfin à mon discours sur les œuvres d'art, sa fin et sa conclusion.

Il n'est, pour ainsi dire, personne d'entre vous qui n'ait appris la manière dont M. Marcellus s'empara de Syracuse, personne qui ne l'ait même parfois lu dans nos Annales. Je vous invite à comparer la paix d'aujourd'hui avec la guerre de ce temps-là, l'arrivée de ce préteur d'aujourd'hui, avec la victoire de ce général d'autrefois, son escorte impure, avec l'armée invaincue de cet homme illustre, ses débauches avec la réserve de celui-là ; vous direz que le fameux général qui l'a prise à été son fondateur, celui qui l'a trouvée tout établie, son conquérant.

116. — Et encore, je passe sous silence ce que je dirai ou que j'ai déjà dit en nombre d'endroits : le forum de Syracuse, laissé intact, à l'abri du massacre[1], lors de l'entrée de Marcellus, a regorgé, à l'arrivée de Verrès, du sang de Siciliens innocents ; le port de Syracuse qui était resté fermé, alors, à nos flottes et à celle des Carthaginois, a été ouvert, pendant la préture de Verrès, aux vaisseaux légers des Siciliens et à ceux des pirates ;

---

1. En réalité, Marcellus livra à ses soldats le quartier d'Achradine où il y eut un horrible massacre.

je laisse de côté ses violences contre des hommes de condition libre, les outrages aux mères de familles, genre de crimes qui n'avait pas été commis autrefois, après la prise de la ville, par la haine d'une armée ennemie, la licence soldatesque et qui sont liés aux coutumes de la guerre et au droit du vainqueur ; je laisse de côté, dis-je, tous ces forfaits qu'il y a perpétrés pendant trois ans ; ceux qui sont du même ordre que tout ce qui précède, apprenez-les bien.

DESCRIPTION DE SYRACUSE, LA VILLE AUX QUATRE VILLES

117. — Syracuse est la plus grande des villes grecques, la plus belle de toutes, vous l'avez souvent entendu dire. Elle est, messieurs les juges, égale à sa réputation. En effet, sa situation naturelle est forte, mais surtout, elle offre, de tous côtés, par terre ou par mer, un accès magnifique et des ports enfermés pour ainsi dire au milieu des édifices et comme embrassés par l'enceinte de la ville — les ports ont une entrée opposée, cependant ils débouchent l'un dans l'autre en mêlant leurs eaux. Leur conjonction isole une partie de la cité qu'on appelle l'ÎLE. Séparée du reste par un bras de mer, elle est reliée et rattachée à la ville par un pont étroit.

LIII. — La ville est si grande qu'elle comprend, dit-on, quatre très grandes villes. L'une d'elles, c'est l'Île dont j'ai parlé, entourée des deux ports, elle avance jusqu'à l'embouchure et l'accès de l'un et de l'autre. C'est dans l'Île que se trouve ce qui fut le palais du roi Hiéron, dont les préteurs ont l'habitude de faire leur résidence. Dans cette île, on voit de nombreux temples sacrés, mais surtout deux qui l'emportent de beaucoup sur les autres, celui de Diane et un second qui était, avant l'arrivée de Verrès, le plus richement orné, celui de Minerve. Dans cette île, tout à son extrémité, il y a une source d'eau douce, que l'on nomme Aréthuse[1], dont la nappe est d'une grandeur incroyable ; elle regorge de poissons et serait recouverte tout entière par le flot de la mer si elle n'en était séparée par une grande digue de pierres.

119. — La seconde ville, à Syracuse, c'est l'Achradine. On y trouve un très grand forum, de très beaux portiques, un prytanée magnifiquement orné, une très importante curie et un célèbre temple de Jupiter Olympien ; toutes les autres parties de la ville que traverse de bout en bout une large voie unique, avec de nombreuses rues transversales, renferment exclusivement des maisons particulières.

La troisième ville porte le nom de Tycha, du nom d'un ancien temple de la Fortune ; on y voit un important gymnase et plusieurs temples sacrés : ce quartier est très fréquenté et très habité.

Quant à la quatrième, comme elle a été construite la dernière, on l'appelle Neapolis[2] : au sommet, se trouve un très grand théâtre ; en outre, il y a deux temples célèbres, l'un voué à Cérès, l'autre à Libera, un d'Apollon, qu'on appelle Temenitès, très grand et très beau, qu'il n'aurait pas hésité à emporter si la statue avait été transportable.

L'ÉTONNANTE MODÉRATION DE MARCELLUS VAINQUEUR DE SYRACUSE

LIV. — Maintenant, je vais revenir à Marcellus pour ne pas paraître vous avoir rappelé tout cela sans raison.

Après qu'il se fut emparé de vive force, par le moyen des armes, d'une ville si célèbre, Marcellus ne jugea pas qu'il

---

1. Aréthuse était la nymphe de la fontaine d'Ortygie qui savait conduire ses ondes, à travers les eaux marines, sans les y mêler.
2. Neapolis, en grec : nouvelle ville.

convînt à la gloire du peuple romain, de détruire et d'anéantir une telle beauté, d'autant plus qu'elle ne présentait aucun péril.

C'est pourquoi il épargna tous les édifices publics, privés, sacrés, profanes, tout comme s'il était venu avec son armée pour les protéger, non pour les prendre d'assaut. À l'égard des beautés de la ville, il observa les règles de la victoire et celles de l'humanité. Il convenait, pensait-il, à sa victoire, de faire transporter à Rome beaucoup d'œuvres d'art de nature à orner la Ville ; aux sentiments d'humanité, de ne pas dépouiller entièrement la cité, qu'il avait voulu conserver.

121. — Dans ce partage de belles œuvres, la victoire de Marcellus ne fit pas la part plus belle au peuple romain que son humanité ne la fit aux Syracusains. Ce qui fut transporté à Rome, nous le voyons devant le temple de l'Honneur et de la Vertu et aussi dans d'autres lieux sacrés. Il ne fit rien placer dans sa maison particulière, rien dans ses jardins, rien dans sa villa suburbaine ; il jugea que s'il ne plaçait aucun ornement dans sa propre demeure, c'est sa propre demeure qui serait un ornement pour la Ville. Quant à Syracuse, il y laissa un très grand nombre d'œuvres uniques, il n'outragea aucune divinité, il ne porta la main sur aucune d'elles.

Comparez avec lui Verrès, non pour comparer un homme avec un homme — n'allez pas faire injure à un tel mort — mais la paix avec la guerre, le temps des lois avec celui de la violence, le temps de la juridiction avec celui de l'épée et des armes, l'arrivée de Verrès avec celle d'une armée victorieuse.

LES TABLEAUX DU TEMPLE DE MINERVE

LV. - 122. — Le temple de Minerve se trouve dans l'Île dont j'ai parlé. Ce temple, Marcellus n'y toucha pas : il le laissa plein de ses ornements. Ce même temple, Verrès l'a dépouillé et pillé, non comme peut le faire un ennemi extérieur quelconque qui garderait, en temps de guerre, le respect religieux et celui du droit des gens, mais souillé semble-t-il, comme par des pirates barbares. Il y avait des tableaux remarquables représentant un combat équestre du roi Agathoclès[1] ; ces tableaux couvraient les murs intérieurs du temple. Rien de plus connu que ces peintures, rien à Syracuse que l'on ne se crût tenu d'aller voir de préférence. Ces tableaux, bien que sa glorieuse victoire donnât à tout un caractère profane, Marcellus, arrêté par un scrupule religieux, les laissa en place. Verrès lui, qui savait qu'une longue paix et leur fidélité avaient fait de ces peintures, pour les Syracusains, des objets sacrés, religieux, il les leur prit toutes ; les murs, dont ils étaient restés l'ornement tant de siècles, que tant de guerres avaient laissés intacts, il les laissa nus et hideux.

123. — Et, Marcellus qui avait fait vœu, s'il prenait Syracuse, de consacrer deux temples dans Rome, ne voulut pas que ce qu'il avait l'intention d'édifier reçût des ornements dont il se serait emparé ; Verrès, lui qui ne devait pas d'ex-voto à l'Honneur et à la Vertu, comme cet homme illustre, mais à Vénus et à Cupidon, entreprit de dépouiller le temple de Minerve. Celui-là se refusa à orner les dieux avec les dépouilles des dieux, celui-ci a transféré les parures de la vierge Minerve dans la demeure d'une courtisane. Il a enlevé, en outre, du même temple, vingt-sept tableaux d'une grande beauté : c'étaient les portraits des rois et des tyrans de Sicile qui charmaient non seulement à cause du talent des peintres, mais parce qu'ils rappelaient et faisaient connaître les traits de ces personnages. Et, voyez combien ce tyran a été plus odieux pour les Syracusains que l'un quelconque de leurs précédents tyrans puisque ceux du passé ont tout de même orné les temples des dieux immortels,

1. Agathoclès : roi de Sicile, de 317 à 289.

tandis que celui d'aujourd'hui a enlevé ce que les premiers avaient laissé comme un souvenir d'eux et une parure.

ET LES MERVEILLEUSES PORTES
DU MÊME TEMPLE

LVI. — Et, maintenant, que dire des portes de ce temple fameux ? Je crains que ceux qui ne les ont pas vues ne pensent que j'exagère et que j'embellisse tout. Cependant, personne ne doit me soupçonner d'être assez passionné pour vouloir que tant d'hommes de premier rang, qui se trouvent au nombre des juges, qui ont séjourné à Syracuse, qui ont vu ces portes, me convainquent d'exagération et de mensonge. Je puis affirmer, hardiment, messieurs les juges, que des portes plus somptueuses en or et en ivoire, plus parfaites, il n'y en eut jamais dans aucun temple. Ce que de nombreux Grecs ont écrit sur la beauté de ces portes est incroyable. Peut-être les admirent-ils trop, les portent-ils trop aux nues, soit ! Il est pourtant plus honorable pour notre République, messieurs les juges, que ces objets qui leur semblent si beaux, notre illustre général les leur ait laissés en temps de guerre que de voir un préteur les emporter en temps de paix. Il y avait, sur ces portes, des sujets sculptés dans l'ivoire, avec un soin parfait : Verrès les fit tous enlever. Il fit arracher et emporter une admirable tête de Gorgone ceinte de serpents. Et cependant, il montra bien qu'il était poussé dans ses vols non seulement par le travail, mais la valeur marchande. En effet, il n'hésita pas à enlever tous les clous d'or des portes, qui étaient nombreux et d'un grand poids : ce n'était pas le travail, mais leur poids qui le charmait. C'est pourquoi, alors que les portes d'autrefois étaient surtout un ornement, celles qu'il a laissées semblent maintenant faites uniquement pour la clôture du temple.

MÊME LES PIQUES DE BAMBOU ![1]

125. — Il y a encore les piques de bambou (je vous ai vus vous agiter à ce seul mot, quand le témoin en parlait, car il semblait suffisant de les avoir vues une seule fois) ; ces lances sans art, sans beauté, n'avaient pour elles que leur grandeur énorme, il suffisait d'en entendre parler ; les voir plus d'une fois, c'était trop ; même cela a excité ta convoitise !

VOL D'UNE SAPPHO, À L'HOTEL DE VILLE

LVII. — Quant à la Sappho enlevée du Prytanée, elle te donne une excuse raisonnable : on se voit obligé de te concéder ce vol et de le pardonner. Une œuvre de Silanion si parfaite, si élégante, si travaillée, un simple particulier et même un peuple pouvait-il la posséder de préférence à Verrès, cet homme si raffiné et si connaisseur ? Rien d'étonnant à ce qu'on ne puisse rien dire là-contre. Chacun d'entre nous, en effet, qui ne sommes pas aussi riches que Verrès, qui ne pouvons être aussi délicats, s'il veut voir une œuvre de cette valeur, n'a qu'à aller au temple de la Félicité, au monument de Catulus, au portique de Metellus, il n'a qu'à essayer d'être admis dans la villa de quelqu'un de ces connaisseurs, à Tusculum, qu'à contempler le forum orné, quand Verrès aura prêté un objet de ses collections aux édiles. Verrès posséderait chez lui, Verrès aurait sa maison pleine, ses villas pleines des ornements des temples et des villes ! Vous tolérerez encore, messieurs les juges, les goûts et les plaisirs de ce grossier manœuvre, lui qui est né, a été élevé de façon à paraître, d'âme et de corps, plus préparé à porter ces statues qu'à les emporter.

---

1. Il s'agit de piques mises, en guise de sceptres, dans la main des statues de dieux, notamment Jupiter et Minerve.

127. — Le vol de cette Sappho, ce qu'il a laissé de regrets peut à peine être dit. En effet, la statue était non seulement d'un art remarquable, mais il y avait surtout une inscription en grec, très connue, gravée sur le piédestal, que ce connaisseur, ce disciple des Grecs qui juge de ces choses avec subtilité, qui est seul à les comprendre, s'il avait su un seul mot de grec, à coup sûr, il l'aurait enlevée. Maintenant, en effet, l'inscription placée sur le socle vide indique ce qui s'y trouvait et qui a été volé.

… D'UN PÉAN

Eh quoi ? N'as-tu pas volé un Péan, au temple d'Esculape, d'une très belle facture, statue sacrée, objet de culte ? Cette statue, tout le monde allait le voir pour sa beauté, la vénérer pour son caractère religieux.

… ET D'UN ARISTÉE

128. — Quoi ? Une statue d'Aristée n'a-t-elle pas été volée publiquement au temple de Bacchus, sur ton ordre ?

… ET D'UN JUPITER IMPERATOR

Quoi ? Du temple de Jupiter, n'as-tu pas fait enlever la statue très sacrée de Jupiter Imperator, que les Grecs nomment Urios, d'une très grande beauté artistique ?

… ET D'UN BUSTE AU TEMPLE DE LIBERA

Quoi ? Du temple de Libera, as-tu hésité à enlever le très beau buste en marbre de Paros que nous avions l'habitude d'aller voir ?

Et ce Péan était honoré chaque année par des sacrifices en même temps qu'Esculape ; Aristée (qui d'après les Grecs, est le fils de Bacchus) a inventé, dit-on, l'olivier : on le vénérait à Syracuse, en même temps que son père Bacchus, dans le même temple.

LVIII. – 129. — Quant à Jupiter Imperator, quel était d'après vous le culte dont il était l'objet dans son propre temple ? Vous pouvez l'imaginer, si vous voulez bien vous souvenir combien était vénérée cette fameuse statue dont les traits et la beauté étaient semblables, que T. Flaminius avait rapportée de Macédoine et placée dans le Capitole. Et, en effet, on racontait qu'il y avait trois statues, dans l'univers, de Jupiter Imperator parfaitement belles et identiques, l'une, celle de Macédoine, que nous avons vue dans le Capitole, l'autre, à l'entrée et dans le détroit du Pont-Euxin, la troisième, qui se trouvait à Syracuse, avant Verrès. La première, Flaminius l'a enlevée de son premier emplacement de façon à la placer dans le Capitole, c'est-à-dire dans la demeure terrestre de Jupiter.

130. — Pour celle qui se trouve à l'entrée du Pont-Euxin, alors que tant de guerres ont surgi de cette mer éloignée, que tant de guerres y ont été portées, elle a été conservée jusqu'à ce jour, intacte et inviolée.

Cette troisième statue qui se trouvait à Syracuse, que Marcellus armé et victorieux avait vue, qu'il avait laissée au culte, que les citoyens et les colons avaient l'habitude non seulement d'aller voir, mais aussi de vénérer, Verrès, lui, l'a enlevée du temple même de Jupiter !

131. — Pour revenir encore à Marcellus, sachez, messieurs les juges, que les Syracusains ont perdu plus de dieux par l'arrivée de Verrès que d'hommes par la victoire de Marcellus. Et, en effet, on raconte que ce dernier fit rechercher cet illustre

Archimède, dont le génie et la science étaient éminents ; ayant appris qu'il avait été massacré, il en éprouva une peine profonde ; Verrès, lui, tout ce qu'il a fait rechercher, ce n'était pas pour le sauver mais pour se le faire apporter.

SANS COMPTER LE RESTE :
MARBRES ET BRONZES DE TOUTE BEAUTÉ

LIX. – Maintenant, les vols qui vous paraîtront de moindre importance, pour cette raison même, je les passerai sous silence : les tables de Delphes en marbre, les très beaux cratères de bronze, l'énorme quantité de vases de Corinthe qu'il a pris, à Syracuse, à tous les édifices sacrés.

LES GUIDES MONTRENT L'ENDROIT
OÙ IL Y AVAIT QUELQUE CHOSE

132. — Aussi, messieurs les juges, les guides qui, d'ordinaire, mènent les étrangers dans la visite des chefs-d'œuvre — on les appelle des mystagogues — ont maintenant changé complètement leur méthode. En effet, alors qu'auparavant, ils présentaient partout les œuvres d'art qui s'y trouvaient, maintenant, ils montrent partout la place d'où elles ont été enlevées.

LA DOULEUR DES SYRACUSAINS

Quoi encore ? Pensez-vous qu'elle soit légère la douleur des Syracusains ? Non, messieurs les juges, d'abord, parce qu'ils sont religieux et que, dans leur pensée, les dieux de la patrie, qu'ils ont reçus de leurs ancêtres, ils doivent mettre tout leur soin à les honorer et à les conserver. Ensuite, cette parure de leur ville, ces œuvres d'art, ces statues, ces tableaux charment infiniment les Grecs d'origine. C'est pourquoi, nous pourrions comprendre, à leurs plaintes, qu'elles leur sont profondément amères ces pertes qui, à nous, peut-être semblent légères et méprisables. Croyez-moi, messieurs les juges, et bien que vous le sachiez, je le répète, si nos alliés et les nations étrangères, pendant ces dernières années, ont subi de nombreux torts et malheurs, les Grecs ne supportent et n'ont supporté rien de plus terrible que le pillage de leurs temples et de leurs villes.

133. — Il peut toujours ce misérable affirmer qu'il a acheté ces œuvres d'art — c'est son habitude, croyez-moi, messieurs les juges. Jamais aucune cité, dans l'Asie tout entière, dans la Grèce tout entière, n'a vendu de son propre gré, à personne, une seule statue, un seul tableau, une seule parure, enfin, de sa Ville ; à moins que, par hasard, vous n'estimiez que, depuis que les tribunaux de Rome ont cessé d'être sévères, les Grecs se sont mis à vendre ces chefs-d'œuvre, eux qui, au moment où la justice suivait son cours, non seulement ne les vendaient pas, mais encore les achetaient en bloc ; à moins que vous ne pensiez encore que L. Crassus, Q. Scaevola, C. Claudius, gens si puissants, dont, nous l'avons vu, l'édilité fut pleine de magnificence, n'ont pas fait commerce de ce genre de choses avec les Grecs, tandis que ceux qui furent édiles, depuis l'abolition de la justice, ont pu opérer des transactions.

LX. – 134. — Il a été encore plus amer, sachez-le, pour les cités, ce faux achat, cette simulation d'achat que s'il y avait eu une soustraction secrète ou un enlèvement et un vol à découvert. En effet, le comble de l'infamie, selon eux, c'est de voir écrit dans des registres officiels que la cité a été amenée, à prix d'argent, et pour une faible somme, à vendre et à aliéner les œuvres d'art qu'elle avait reçues des ancêtres. Et, en effet, il est incroyable l'engouement des Grecs pour ces œuvres d'art que nous méprisons. C'est pourquoi nos ancêtres supportaient facilement que les Grecs d'autrefois possèdent, en quantité considérable, ces œuvres d'art, que des alliés, dans notre propre empire, en fussent si abondamment pourvus et si riches ; qu'à des gens assujettis à des redevances sur leurs terres ou à des impôts en argent, ils laissaient ces objets pour que ceux à qui est agréable ce qui nous semble frivole, eussent cette douceur et cette consolation à leur servitude.

135. — À quel prix, croyez-vous, les habitants de Rhegium, qui sont déjà citoyens romains, se feraient-ils payer, pour se laisser enlever leur fameuse Vénus de marbre ? Et les Tarentins, pour perdre leur Europe sur le taureau, le Satyre qui se trouve dans leur temple de Vesta et tout le reste ? Et les Thespiens, leur statue de Cupidon (la seule chose pour laquelle on aille dans leur ville), et les Cnidiens, leur Vénus de marbre[1], Cos, le tableau où elle est peinte, les Éphésiens, leur Alexandre, les Cyzicènes, leur Ajax ou leur Médée, les Rhodiens, leur Ialysus[2], les Athéniens, leur Iacchus de marbre[3], leur peinture de la Paralienne[4], leur vache en bronze de Myron ? Il serait trop long et ce n'est pas nécessaire de rappeler les merveilles à voir dans chacune des cités de toute l'Asie et de toute la Grèce ; mais, l'énumération qui précède tend à vous faire juger qu'une douleur inouïe affecte ceux qui les voient arracher à leurs villes.

LXI. – 136. — Et, pour laisser les autres de côté, apprenez ce qu'il en est des Syracusains. À mon arrivée chez eux, je croyais d'abord, moi, — d'après ce que j'avais appris à Rome des amis de Verrès — que la cité de Syracuse, à cause de l'héritage d'Heraclius, lui était aussi favorable que Messine l'est, pour sa complicité dans ses vols et ses pillages. En même temps,

---

1. Cnide : ville de Carie, possédait un temple de Vénus.
2. Ialysus. Il s'agit du portrait du fondateur de la ville d'Ialysus, dans l'île de Rhodes.
3. Iacchus, une torche à la main. Statue de Praxitèle qui se trouvait dans le temple de Déméter, à Athènes.
4. La Paralienne était l'une des deux galères sacrées qui servaient pour le transport des théories à Delos.

je craignais que la faveur à son égard, des jolies femmes de la noblesse, au caprice desquelles il avait exercé sa préture pendant trois ans, et des hommes, leurs maris, si pleins de bienveillance et de libéralité à son égard, je ne sois en butte à des attaques, au cas où je porterais mon enquête dans les registres de Syracuse.

137. — C'est pourquoi, à Syracuse, je restais avec les citoyens romains, j'enquêtais dans leurs registres, je cherchais à connaître les dommages qu'ils avaient subis. Lorsque j'avais consacré assez de temps au soin de cette affaire, pour me reposer et me détendre, je revenais aux fameux registres de Carpinatius ; là, avec l'aide des chevaliers romains, les plus honorables, de cette colonie, je cherchais l'explication de ces mots de Verrucius[1] dont j'ai déjà parlé. De la part des Syracusains, je n'attendais directement aucune aide ni privée, ni officielle, et n'avais pas l'intention de les solliciter dans ce sens.

Pendant mon enquête, Heraclius vient tout à coup me trouver, c'était alors à Syracuse un magistrat bien connu, qui avait été prêtre de Jupiter, la charge la plus honorifique qu'on puisse recevoir dans cette ville. Il me propose, ainsi qu'à mon cousin Quintus, de venir, si nous le voulions bien, à la séance de leur Sénat : les sénateurs y étaient en nombre et c'était, sur leur ordre, qu'il me demandait de venir.

L'ENQUÊTEUR CICÉRON
DEVANT LE SÉNAT DE SYRACUSE

LXII. – 138. — D'abord, nous nous demandions ce que nous devions faire, mais rapidement, nous eûmes la conviction que nous ne devions pas refuser de nous présenter en ce lieu et devant cette assemblée : aussi, nous rendons-nous à la Curie.

---

1. Verrucius : faux nom sous lequel se cachait Verrès.

Respectueusement, toute l'Assemblée se lève ; le magistrat nous invite à nous asseoir. Alors, prend la parole le Sénateur le plus éminent par l'âge, le prestige et, à ce qu'il me sembla, par l'expérience des affaires, Diodore, fils de Timarchide. Voici ce que fut d'abord la substance de son discours : le Sénat et le peuple de Syracuse avaient peine à supporter qu'après avoir informé, dans les autres villes de Sicile, le Sénat et le peuple, de ce que je faisais pour leur intérêt et leur salut, après avoir reçu, de toutes, des plaintes des délégations, des preuves écrites, des témoignages, je ne fisse rien de pareil à l'égard de leur illustre cité. J'ai répondu que, lors de la venue à Rome des Siciliens, qui me demandaient par une décision commune de toutes les délégations, mon assistance et me confiaient la cause de la province entière, les représentants de Syracuse n'étaient pas là. D'autre part, on ne pouvait me demander de prendre une décision contre Verrès dans la curie où je voyais placée la statue dorée de Verrès.

139. — Après cette réponse, on entendit de tels gémissements, à la vue et au rappel de la statue, qu'elle semblait placée dans la curie comme le témoignage mémorable de ses crimes, non de ses bienfaits.

Alors, chacun de son côté, dans la mesure où il pouvait le faire en paroles, se mit à me raconter ce que je vous ai rappelé peu auparavant : le pillage de la ville, les vols des sanctuaires ; l'héritage qu'Heraclius avait laissé aux maîtres de gymnastique, Verrès s'en était adjugé la plus grande partie ; on ne pouvait exiger qu'il chérisse les gymnases, l'homme qui avait volé la statue même de l'inventeur de l'huile[1] ; et cette statue n'avait pas été érigée sur les fonds publics au nom de l'État : c'étaient les bénéficiaires de l'héritage pillé qui avaient pris soin de

---

1. Aristée passait pour avoir fait connaître aux hommes la culture de l'olivier. Les athlètes se frottaient les membres d'huile.

la faire exécuter et ériger ; l'ambassade, à Rome, se trouvait formée de ceux qui avaient été les auxiliaires de ses crimes, les associés de ses rapines, les complices de ses scandales : bonne raison pour que je ne dusse pas m'étonner de les avoir vus rester étrangers à la décision commune des légats et négliger le salut de la Sicile.

LXIII. — Une fois la certitude acquise que le ressentiment des torts qu'ils avaient subis n'était pas moins violent que celui de tous les autres Siciliens, alors, je leur ai exposé mes sentiments à leur égard, le motif et le plan de toute l'enquête que j'avais entreprise ; je les ai exhortés à ne pas se dérober à la cause du salut commun, à annuler cet éloge que, sous la contrainte et la violence, disaient-ils, ils avaient rédigé quelques jours auparavant. En conséquence, messieurs les juges, voici ce que firent les Syracusains, les clients et les amis de Verrès. D'abord, ils me sortent les registres officiels qu'ils tenaient cachés dans un coffre secret. Ils me montrent dans ces registres, la liste complète des richesses qui leur ont été enlevées, notées en détail et plus nombreuses que je n'ai pu vous le dire. Les mentions étaient ainsi rédigées : tel objet manque au temple de Minerve, tel au temple de Jupiter, tel au temple de Bacchus (les vols avaient été notés en détail par les gens chargés de leur garde et de leur conservation). Comme selon la loi, ils devaient en rendre compte et transmettre intact ce qu'ils avaient reçu, ils avaient demandé à n'être pas inquiétés pour les objets manquants ; c'est pourquoi, à leur sortie de charge, ils avaient été innocentés et déchargés de toute responsabilité. Pour moi, j'ai pris soin de mettre, sur ces registres, le sceau public et d'assurer leur transport.

141. — Quant à l'éloge, on m'en a donné l'explication suivante. D'abord, Verrès leur avait écrit, peu avant mon arrivée, à propos de cet éloge ; aucune décision n'avait été prise ; ensuite,

comme quelques-uns de ses amis insistaient dans ce sens, leur demande fut repoussée par des clameurs et des injures ; puis, comme mon arrivée était proche, le magistrat investi du pouvoir suprême leur avait donné l'ordre de décréter l'éloge : le décret fut pris de manière à faire à Verrès plus de mal que de bien. C'est ce dernier point, précisément, messieurs les juges, que vous allez apprendre tel qu'ils me l'ont exposé.

LXIV. — C'est la coutume à Syracuse, pour toute affaire déférée au Sénat, que chacun dise son avis, si bon lui semble. Personne n'est interrogé nommément ; cependant, c'est le sénateur le plus âgé et le plus honorable qui, ordinairement parle spontanément le premier, les autres lui concèdent ce droit. Si, par hasard, personne ne prend la parole, alors, on tire au sort l'ordre de parole.

Selon cette coutume, on propose au Sénat la question de l'éloge de Verrès. Là-dessus, d'abord, a fin de retarder la décision, nombre de sénateurs interpellent ; d'abord, au sujet de Sex. Peducaeus[1], qui avait si bien mérité de cette cité et de toute la province ; alors qu'ils avaient appris qu'il était l'objet d'une accusation et qu'ils désiraient le louer officiellement pour ses mérites nombreux et éminents, Verrès le leur avait interdit ; c'était une injustice, bien que Peducaeus maintenant n'eût pas besoin de leur éloge ; cependant, il était juste de faire passer le décret qui le concernait avant celui qu'ils étaient contraints de voter. Clameurs et approbation générale de cette façon de procéder.

143. — On propose donc le décret relatif à Peducaeus. Les sénateurs les plus âgés et les plus honorables parlent chacun à leur tour. Apprenez ce qu'ils ont dit d'après le senatus-consulte lui-même : en effet, ils ont l'habitude d'enregistrer en détail l'avis des principaux sénateurs :

---

1. Sex. Peducaeus, préteur en 76-75.

(Au greffier :) Lis « Motion relative à Sextus Peducaeus. »
(On dit qui sont les premiers à avoir proposé l'éloge.) Adoptée.

Ensuite, on passe à Verrès. (Au greffier :) Dis, s'il te plaît,
comment les choses se sont passées : MOTION relative à C. Verrès.
Quelle est la suite ? Comme personne ne se levait pour donner
son avis — Eh bien ? — on tire au sort. Pourquoi ? Personne
ne voulait se porter volontaire pour louer ta préture, te défendre
dans le danger que tu courais, surtout alors que cette attitude
pouvait lui valoir la faveur du nouveau préteur ! Personne ? Les
propres invités de tes festins, tes conseillers, tes complices, tes
associés n'osent pas élever la voix. Dans la curie où se dressait
ta statue et celle de ton fils nu, il n'y eut personne qui se sentît
ému même à la vue de ton fils nu dans la province mise à nu.

144. — Et voici ce que l'on m'apprend encore : le
senatus-consulte décrétant l'éloge fut rédigé de manière à
faire comprendre à tout le monde que ce n'était pas un éloge
mais un sarcasme destiné à rappeler le caractère infâme et
catastrophique de sa préture. Et, en effet, voici le texte : POUR
N'AVOIR FRAPPÉ PERSONNE DE VERGES — quand, vous l'avez appris,
il a frappé de la hache les hommes les plus éminents et les plus
parfaitement innocents. POUR AVOIR ADMINISTRÉ AVEC SOIN LA
PROVINCE — quand il est avéré que toutes ses veilles s'étaient
consumées dans la débauche et l'adultère. POUR AVOIR ÉCARTÉ
LES PIRATES DE LA SICILE — quand il les avait accueillis même
dans l'Île de Syracuse.

LXV. – 145. — Une fois muni, par les sénateurs, de ces
informations, j'ai quitté la curie avec mon cousin, pour qu'ils
puissent voter librement, en notre absence. Leur première décision
est de faire partager à mon cousin l'hospitalité officielle, parce
qu'il avait manifesté aux Syracusains autant de bienveillance que
moi-même. Ce décret, ils ne l'ont pas seulement gardé par écrit,

mais encore, ils ont voulu nous le donner gravé sur le bronze. Par Hercule, tes chers Syracusains, dont tu as constamment le nom à la bouche, te chérissent tendrement, eux qui estiment que, pour se lier d'amitié avec ton accusateur, c'est une raison suffisante qu'il ait l'intention de t'accuser et qu'il soit venu ici pour enquêter sur toi. Ensuite, ils décident — et cela sans opposition, mais pour ainsi dire à l'unanimité — d'annuler le décret d'éloge pris en faveur de Verrès.

146. — Après que la chose eut été non seulement votée mais encore rédigée et reportée entièrement sur les registres, on en appelle au nouveau préteur. Mais, qui en appelle ? Un magistrat quelconque ? Nullement. Un sénateur ? Pas même — Quelqu'un des Syracusains ? Pas du tout. Qui donc en appelle au préteur ? Celui qui avait été le questeur de Verrès, P. Caesetius. Ô geste ridicule ! ô homme abandonné, homme perdu, homme délaissé ! Contre le magistrat sicilien, pour tenter d'empêcher les Siciliens de prendre ce décret, d'appliquer leur droit, selon leurs coutumes et leurs lois, ce n'est pas un ami de ce misérable, ni un hôte, ni enfin un Sicilien quelconque, mais c'est le questeur du peuple romain qui en appelle au préteur. Qui a vu pareille chose ? Qui a entendu rien de tel ? Le préteur « juste et sage » fait lever la séance[1]. Alors, accourt vers moi une multitude considérable. D'abord, les sénateurs crient qu'on leur arrache leurs droits, qu'on leur arrache la liberté ; le peuple loue le Sénat, le remercie : les citoyens romains restent près de moi. Ce jour-là, rien ne fut plus pénible pour moi — quel travail ! — que d'empêcher les voies de fait contre le fameux questeur qui en avait appelé au préteur.

---

1. Le nouveau préteur était L. Metellus. Il se solidarisait avec Verrès par esprit de caste. Cf. le livre des Supplices.

147. — Comme nous étions allés trouver le préteur à son tribunal, il imagine une façon astucieuse de se prononcer. En effet, avant que je n'ouvre la bouche, il se lève de son siège et s'en va. C'est pourquoi — le soir tombait déjà — nous quittons le forum.

LXVI. — Le lendemain matin, je demande au préteur de permettre aux Syracusains de me donner le senatus-consulte qu'ils avaient pris la veille. Lui, refuse, il déclare que c'est une monstruosité que j'aie pris la parole, moi, dans un Sénat grec. Que j'aie parlé en grec, devant des Grecs, c'était une chose parfaitement intolérable ! J'ai répondu à notre homme comme je l'ai pu, comme je l'ai dû, comme je l'ai voulu. Parmi beaucoup de choses, je me souviens surtout de lui avoir dit qu'il était facile de voir la différence entre lui et ce fameux Metellus Numidicus[1], le vrai, l'authentique Metellus : celui-ci avait refusé d'aider par l'éloge qu'il en ferait, L. Lucullus[2], le mari de sa sœur, avec lequel il s'entendait fort bien ; lui, au contraire, procure les éloges des cités, par la violence et la terreur, cela à un homme qui lui est parfaitement étranger.

PUGILAT AVEC UN FOU AUTOUR DES REGISTRES

148. — Dès que j'eus compris que c'étaient des lettres récentes, non pas des lettres de recommandation, mais des lettres de change qui avaient sur lui une si grande influence, sur la demande des Siciliens eux-mêmes, je m'empare vivement des registres où le senatus-consulte était entièrement consigné. Nouvelle mêlée, coups échangés, cela dit pour que vous ne pensiez pas que Verrès est complètement dénué, à Syracuse, d'amis et d'hôtes, qu'il est tout à fait délaissé et abandonné.

---

1. Metellus Numidicus : c'est le consul qui fut chargé de la guerre contre Jugurtha.
2. Lucullus avait été accusé de concussion après sa propréture en Sicile.

Un nommé Theomnaste tente de retenir les registres ; c'est un personnage complètement ridicule que les Syracusains appellent Theoracte[1] ; l'un de ces individus que les enfants poursuivent, dont tout le monde, quand il commence à parler, se moque. Cependant, sa folie qui est risible pour d'autres, me fut alors très pénible. En effet, la bouche écumante, les yeux étincelants, il criait de toutes ses forces que je lui faisais violence : nous tenant l'un l'autre, nous arrivons enfin au tribunal.

149. — Là, je me mis à demander qu'il me fût permis de sceller les registres et de les emporter ; lui, de faire opposition, de déclarer nul le senatus-consulte dans lequel on en appelait au préteur, de déclarer qu'on ne devait pas me le donner. Moi, de lire le texte de loi qui me donnait le pouvoir de prendre possession de tous les registres et de tous les documents écrits. Lui, furieux, d'objecter que nos lois ne le concernaient pas. L'intelligent préteur de déclarer qu'il lui déplaisait de me voir emporter à Rome un senatus-consulte qui ne devait pas être ratifié. Bref, si je n'avais pas menacé violemment notre homme, si je ne lui avais pas donné lecture des sanctions et des châtiments prévus par la loi, je n'aurais pas pu prendre possession des registres. Or, ce fou qui avait crié avec tant de véhémence en faveur de Verrès et contre moi, voyant qu'il n'avait pas réussi à ses fins, pour rentrer en grâces avec moi, je pense, me donne un livret dans lequel se trouvaient consignés en détail les vols de Verrès à Syracuse, vols que je connaissais déjà et que j'avais appris, auparavant, d'autres personnes.

---

1. Theoracte, le nom grec signifie : frappé de folie par les dieux.

CONCLUSION

LXVII. — Ils peuvent maintenant faire ton éloge, les Mamertins, puisque, de toute la province, ils sont les seuls à vouloir ton salut. Qu'ils te louent, cependant, comme pourrait le faire Heius, le chef de leur délégation, et en se tenant prêts à répondre à mon interrogatoire. Et, pour qu'ils ne succombent sous l'avalanche subite de mes questions, voici ce que je vais leur demander : sont-ils redevables d'un navire au peuple romain ? Ils devront en convenir — L'ont-ils fourni, pendant la préture de Verrès ? Ils diront que non — Ont-ils fabriqué, aux frais de la cité, un énorme bateau de transport qu'ils ont donné à Verrès ? Ils ne pourront le nier. Combien ont-ils fourni de soldats et de matelots pendant trois ans ? Aucun, diront-ils. Que Messine ait été la recéleuse de toutes ses rapines et de ses brigandages, ils ne pourront le nier. Un immense butin est parti de là sur de nombreux navires ; enfin, cet énorme vaisseau de transport, donné par les Mamertins, ils devront bien l'avouer, est parti avec Verrès, lourdement chargé.

150. — C'est pourquoi, conserve-le bien, ce fameux éloge des Mamertins. Quant à la cité de Syracuse, les sentiments que tu as eus pour elle, nous voyons qu'elle te les rend bien, au point d'avoir même supprimé ces honteuses fêtes en l'honneur de Verrès. Et, en effet, il convenait vraiment que les honneurs des dieux fussent rendus à celui qui avait volé les statues des dieux ! On pourrait même, par Hercule, adresser de justes blâmes aux Syracusains si, après avoir supprimé un de leurs jours de fêtes, très sacré et qui attirait une grande foule, celui de l'anniversaire de la prise de Syracuse par Marcellus — ils fêtaient ce même jour le nom de Verrès alors que cet individu leur avait ôté tout ce que ce jour de deuil leur avait laissé. Et, voyez l'impudence éhontée de l'homme, messieurs les juges,

qui, non seulement a établi ces fêtes honteuses et risibles, en son honneur, avec l'argent d'Heraclius, mais encore a imposé la suppression des fêtes en l'honneur de Marcellus. Ainsi, chaque année, célébreraient-ils l'homme qui avait fait disparaître leurs fêtes sacrées et leurs dieux nationaux, renonceraient-ils à célébrer la fête de la famille (de Marcellus) à laquelle ils devaient d'avoir gardé tous leurs autres jours de fête.

LES SUPPLICES

DES SUPPLICES.
LE « GÉNÉRAL » VERRÈS.

I. – 1. — Personne, je vois, messieurs les juges, ne met en doute que Verrès n'ait, très ouvertement, en Sicile, pillé tous les édifices sacrés et profanes, comme simple particulier ou à titre officiel, qu'il se soit livré, sans l'ombre de scrupule religieux et même sans se cacher, à toute espèce de vols et de pillages. Mais, on m'oppose, pour le défendre, un système grandiose et éclatant. Comment je vais le réfuter, messieurs les juges, il me faut le prévoir longtemps d'avance. En effet, on se place sur le terrain que voici : la province de Sicile, grâce au courage de Verrès, à sa vigilance exceptionnelle, a été sauvée en des circonstances critiques et effrayantes des dangers de la guerre des fugitifs[1].

2. — Que faire, messieurs les juges ? Où porter l'effort de mon accusation ? Où me tourner ? À toutes mes attaques, en effet, on m'oppose, comme un rempart, le nom du bon général. Je connais le raisonnement ; je vois dans quel sens

---

1. La révolte des esclaves, la plupart Thraces et Gaulois, dirigée par Spartacus et qui dura de 75 à 71, fut difficilement réprimée. Le terme de fugitifs leur était appliqué parce qu'ils s'étaient enfuis de chez leurs maîtres.

va se jeter Hortensius[1]. Il rappellera les périls de la guerre, les circonstances où se trouvait la République, la pénurie des généraux ; tantôt, il vous suppliera, tantôt, en vertu même de son droit, il vous demandera avec insistance de ne pas laisser enlever un tel général au peuple romain sur des témoignages de Siciliens, de ne pas consentir à l'écrasement de la gloire de son commandement sous le poids d'accusations de cupidité.

3. — Je ne puis vous le cacher, messieurs les juges, je crains que ce mérite exceptionnel, à titre militaire, n'assure à Verrès une totale impunité. Je me souviens, en effet, lors du procès de Manius Aquilius[2] comme on a pu juger de l'autorité et du poids du discours de Marc Antoine[3]. Lui qui était à la fois un habile orateur, mais un homme courageux, arrivé à sa péroraison, il saisit lui-même Manius Aquilius et le plaça à la vue de tous, déchira sa tunique sur la poitrine, pour que le peuple romain et les juges pussent apercevoir les cicatrices des blessures qu'il avait reçues de face. En même temps, il parla longuement de cette fameuse blessure que le général ennemi lui avait portée sur la tête. Il les amena, par sa véhémence, à redouter qu'un héros, sauvé par la Fortune des coups de l'ennemi, sans s'être épargné lui-même, ne parût avoir été sauvé, non pour la gloire du peuple romain, mais pour la cruauté des juges.

4. — C'est le même plan, ce sont les mêmes moyens de défense que l'on va tenter, c'est le même résultat que l'on cherche. Admettons, diront-ils, que Verrès soit un voleur, un sacrilège, un exemple de toutes les hontes et de tous les vices.

---

1. L'aristocrate Hortensius passait pour le premier orateur de Rome. Spécialiste des procès de concussion, il s'était volontiers chargé de la défense de Verrès. Cf. Introduction.

2. Proconsul en Sicile de 101 à 98, il s'était distingué en luttant contre des esclaves révoltés. A son retour, il fut accusé de concussion.

3. M. Antoine, le plus célèbre des orateurs romains avant Hortensius et Cicéron. Consul en 99, il était le père du collègue de Cicéron.

Mais, c'est un bon général, un général heureux et il faut le conserver pour les circonstances critiques de la République.

JE VAIS SUIVRE LA DÉFENSE SUR SON TERRAIN : VERRÈS, BON GÉNÉRAL

II. — Je ne vais pas te traiter selon le droit strict ; je ne dirai pas (et cependant je devrais peut-être m'en tenir à cette position, puisque le procès porte sur une loi précise)[1] que tu dois nous instruire non de ta courageuse conduite militaire, mais de la façon dont tu as respecté le bien d'autrui ; je ne le ferai pas, te dis-je ; au contraire, je vais rechercher, comme tu le désires, je le comprends, quelles ont été tes opérations militaires et l'importance de ces opérations.

LE « BON GÉNÉRAL » DANS LA GUERRE DES ESCLAVES

5. — Que dis-tu ? La Sicile a été libérée de la guerre des esclaves fugitifs par ta valeur ? Grands éloges, propos qui te couvrent d'honneur ; mais voyons, de quelle guerre s'agit-il ? Nous savons, en effet, que depuis celle qui a été menée à bien par M. Aquilius, il n'y a eu, en Sicile, aucune guerre d'esclaves fugitifs. Mais, il y en a eu en Italie ! Je le confesse et, en vérité, une guerre importante et acharnée. Est-ce que, par hasard, tu tenterais de t'en faire un titre de gloire ? Est-ce que, par hasard, tu estimes devoir partager la gloire de cette fameuse victoire avec M. Crassus[2] ou

---

1. La loi Cornelia (81 av. J.C.), relative aux concussions, permettait à Cicéron de ne pas suivre Hortensius sur son terrain : les « mérites militaires » de Verrès.
2. Après de multiples échecs et la défaite de deux consuls, le Sénat envoya Crassus contre Spartacus. Une grande bataille eut lieu en Lucanie au cours de laquelle Spartacus fut tué.

Cn. Pompée[1] ? Je ne pense pas que ton impudence se prive d'oser quelque chose de ce genre. Tu t'es opposé, sans doute, au passage des esclaves fugitifs d'Italie en Sicile : où ? quand ? à quel endroit ? quand ils tentaient d'aborder à l'aide de radeaux ou de navires ? C'est que nous n'avons absolument rien appris de ce genre, mais, ce que nous savons, c'est que l'on doit à la valeur et au sang-froid du courageux M. Crassus l'opération qui interdit aux fugitifs le passage en direction de Messine, sur des radeaux attachés ensemble. On n'aurait pas eu tant de peine pour empêcher cette tentative si l'on avait pensé qu'il y eût en Sicile des troupes disposées à s'opposer à un débarquement[2].

6. — En réalité, bien que le théâtre de la guerre en Italie fût si près de la Sicile, cependant, il ne s'y trouva pas porté. Quoi d'étonnant ? Quand il y avait la guerre en Sicile, à pareille distance, aucune opération militaire ne passa en Italie.

LE DÉBARQUEMENT ?
IMPOSSIBLE À DES GENS SANS NAVIRES

III. — Et, en effet, à quelle fin parle-t-on de la proximité des lieux ? à cause de la faculté d'accès donnée à l'ennemi ou du risque de propagation de la guerre par contagion ? Tout accès, pour des gens sans navires, était non seulement coupé, mais fermé en sorte qu'il aurait été plus facile à ces gens proches de la Sicile de parvenir jusqu'à l'Océan que d'aborder à Pelore[3].

1. Les débris de l'armée de Spartacus se précipitant vers les Alpes rencontrèrent Pompée, de retour d'Espagne. Après leur avoir tué 5.000 hommes, il fit traquer les survivants : 6.000 d'entre eux expirèrent sur la croix.
2. Verrès était en Sicile depuis 73.
3. Le promontoire le plus proche de l'Italie, au nord-est de la Sicile.

PAS D'ESCLAVES ARMÉS EN SICILE
TES PRÉDÉCESSEURS Y ONT POURVU

7. — Quant à la contagion de la guerre des esclaves, pourquoi en parles-tu, toi plutôt que tous les autres gouverneurs de province ? Est-ce parce qu'il y a déjà eu en Sicile, auparavant, des guerres de fugitifs ? Mais, c'est la raison même pour laquelle ta province est et a été le moins exposée à ce danger. En effet, après le départ de Manius Aquilius, tous les préteurs ont établi des règlements et des édits pour interdire à tout esclave de porter une arme. L'exemple que je vais citer est ancien et, pour sa sévérité, n'est sans doute inconnu d'aucun de vous. On avait apporté à L. Domitius, préteur en Sicile, un énorme sanglier ; plein d'admiration, il demanda le nom du chasseur ; apprenant que c'était le berger d'un Sicilien, il le fit appeler : le berger se presse d'accourir avidement chez le préteur, comme pour recevoir compliments et récompense. À la question de Domitius sur la façon dont il avait abattu un pareil animal, l'autre répond : avec un épieu ; il fut aussitôt crucifié sur l'ordre du préteur. La sanction pourrait sembler dure ; pour moi, je ne la discute pas, je comprends seulement que Domitius a préféré paraître cruel en sévissant que trop faible en laissant passer cette désobéissance.

LES BONNES RELATIONS DES SICILIENS
AVEC NOS COLONS
ÉCARTENT TOUT RISQUE DE GUERRE

IV. — C'est pourquoi, grâce à ces règlements de la Province, au moment où la guerre sociale[1] mettait l'Italie

---

1. La guerre sociale faite à Rome par les Italiens ou alliés de 91 à 88. Elle eut pour causes les charges excessives qu'ils supportaient sans bénéficier des avantages des citoyens romains.

tout entière en feu; un homme qui n'était ni particulièrement dynamique, ni particulièrement courageux, C. Norbanus[1] y connut une parfaite tranquillité ; car, la Sicile se protégeait elle-même très facilement contre toute guerre intérieure. En effet, rien de plus uni que nos commerçants avec les Siciliens par leurs relations quotidiennes, leurs intérêts, leurs comptes, leur bon accord. Les Siciliens eux-mêmes ont des institutions qui leur rendent avantageux de vivre en paix ; d'autre part, ils aiment la domination du peuple romain au point de ne pas vouloir l'affaiblir ni la changer le moins du monde. Bien que les édits des préteurs et la discipline des maîtres aient prévu les dangers qui peuvent venir d'une guerre d'esclaves, il n'est aucun péril intérieur qui puisse avoir son origine dans la Province.

ET CEPENDANT, IL Y A EU ÇA ET LA DES DÉBUTS D'AGITATION D'ESCLAVES

9. — Quoi donc ? Il n'y a eu, dit-on, aucun soulèvement d'esclaves, en Sicile, sous la préture de Verrès, aucun complot ? Absolument rien qui soit parvenu au Sénat et au peuple romain, rien qui ait fait l'objet d'un rapport officiel de sa part à Rome ; et, cependant, je soupçonne qu'il s'est produit, en Sicile, sur quelques points, un début d'agitation d'esclaves. Cela, je le sais précisément moins par les événements que par les actes et les décisions de Verrès. Et, voyez combien j'ai l'intention de ne manifester aucune hostilité dans mon accusation ; c'est moi-même qui vais rappeler et vous exposer les faits qu'il cherche et dont vous n'avez jamais entendu parler.

1. C. Norbanus, préteur en Sicile, en 91 av. J.C.

C'EST MOI, BON PRINCE, QUI VAIS
FOURNIR DE L'EAU À LA DÉFENSE DE VERRÈS,

10. — Sur le territoire de Triocala[1], lieu que les fugitifs ont occupé déjà auparavant, les esclaves d'un certain Sicilien nommé Leonidas furent soupçonnés de complot. L'affaire lui fut déférée. Aussitôt, comme il était juste, sur son ordre, les hommes qui avaient été dénoncés furent arrêtés et amenés à Lilybée. Le maître fut assigné ; le procès eut lieu, ils furent condamnés.

LES ESCLAVES RÉVOLTÉS DE LEONIDAS
VONT ÊTRE EXÉCUTÉS

V. — Et ensuite ? Qu'est-il arrivé, d'après vous ? Peut-être attendez-vous quelque larcin ou quelque pillage ? N'allez pas chercher partout la même chose. Quand on craint la guerre, y a-t-il place pour le vol ? Même si quelque occasion s'est présentée, il l'a laissée tomber. Il aurait pu soutirer à Leonidas quelque argent au moment où il l'a cité en justice ; il y avait occasion de trafic — c'était assez dans ses habitudes — pour qu'il n'y eût pas procès ; il y avait aussi la possibilité de faire payer l'acquittement ; mais une fois la condamnation des esclaves prononcée, quel moyen possible d'extorquer des fonds ? Il faut nécessairement les mener au supplice. Il y a, en effet, des témoins : les membres du conseil ; témoins, les registres officiels ; témoin, la splendide ville de Lilybée ; témoin, l'assemblée énorme des citoyens romains. Il n'y a pas d'échappatoire possible, il faut les mener au supplice. Aussi, les fait-on sortir de prison et les attache-t-on au poteau d'exécution.

---

1. Localité à l'ouest de la Sicile dont le nom grec signifie les trois belles choses : sol, eaux, position.

LA GRÂCE MONNAYÉE DE DERNIÈRE HEURE

II. — Même encore maintenant, messieurs les juges, vous paraissez attendre la suite, car Verrès ne fait jamais rien sans quelque profit et butin. Qu'a-t-il pu faire en pareille circonstance ? Attendez le forfait aussi abominable que vous le voulez ; je surpasserai pourtant l'attente générale. Des hommes condamnés pour crime de conjuration, livrés pour le supplice, attachés au poteau tout à coup sous les yeux de plusieurs milliers de spectateurs, sont détachés et rendus à leur maître de Triocala.

Que peux-tu dire, en ce moment, ô le plus fou des hommes, — je ne te pose pas la question — sinon (ce qui est certain dans une pareille forfaiture et qui, si ce ne l'était pas, ne devrait même pas faire l'objet d'une enquête), ce que tu as reçu, combien et comment. Je te fais grâce de toutes ces questions et te libère du souci d'y répondre ; je ne crains pas, en effet, que l'on persuade à qui que ce soit, qu'un forfait auquel personne n'aurait pu être amené par aucune somme d'argent, tu aies entrepris de l'assumer gratuitement. Mais, je ne dis rien de ton plan de vol et de pillage, c'est de ta gloire de général que je traite maintenant.

PAS D'EXEMPLES D'UNE TELLE ILLÉGALITÉ

VI. – 12. — Que dis-tu, excellent gardien et défenseur de la Province ? Les esclaves dont tu avais établi par enquête qu'ils avaient voulu prendre les armes et faire la guerre en Sicile, que tu avais jugés sur l'arrêt de ton conseil, au moment où ils étaient livrés au supplice, selon la tradition de nos ancêtres, tu as osé les arracher du sein de la mort et les mettre en liberté ; ainsi, sans doute, cette croix que tu avais fait planter pour des esclaves condamnés, tu pourrais la réserver à des citoyens romains, frappés sans jugement. Les cités réduites à toute

extrémité quand leur situation est désespérée, ont l'habitude,
qui marque leur fin, de laver les condamnés de toute accusation,
de délier les prisonniers aux fers, de casser les affaires jugées.
Quand on en arrive là, il n'est personne qui ne comprenne que
cette république s'écroule, personne qui ne pense qu'il n'y a
plus d'espoir de salut.

13. — Et quand de pareilles dispositions sont prises, c'est
pour arracher à la mort ou à l'exil des citoyens populaires et
connus ; d'autre part, la mesure n'est pas prise par le tribunal qui
les avait condamnés, elle ne l'est pas immédiatement, elle ne vise
pas les responsables de crimes de droit commun qui attentent
à la vie et aux biens des citoyens. Ici, au contraire, cet attentat
nouveau est d'une telle nature que c'est la personne du coupable
plus que le fait même qui peut l'expliquer. Des esclaves, qu'il
avait jugés, en personne, il les a arrachés subitement au supplice
quand ils étaient condamnés pour un crime concernant la vie
et le salut de tous les hommes libres.

VERRÈS A D'ÉTRANGES FAÇONS DE PARER
AUX SOULÈVEMENTS D'ESCLAVES

14. — Ô le brillant général que l'on doit comparer non
plus au courageux Manius Aquilius, mais aux Paul-Émile, aux
Scipions, aux Marius ! Avoir eu tant de prévoyance, au milieu
des terreurs et des périls de la province ! Comme il voyait les
esclaves en Sicile, tenus en suspens par le déroulement de la
guerre des fugitifs en Italie, pour qu'aucun d'eux n'eût l'audace
de créer un soulèvement, quelle terreur il leur a inspirée ! Il
les fait arrêter ; lequel d'entre eux n'éprouverait une peur
profonde ? Il fait comparaître leurs maîtres ; quoi de plus
redoutable pour un esclave ? « La culpabilité paraît établie »,
déclare-t-il. L'incendie allumé, Verrès semble l'avoir éteint

par le supplice et la mort d'une poignée d'hommes. Qu'arrive-t-il ensuite ? La flagellation, les fers brûlants et ces supplices extrêmes qui inspirent la terreur à tous les autres, la torture et la croix ? Ils sont libérés de tous ces châtiments. Qui douterait que le cœur des esclaves n'ait été accablé d'une frayeur immense à la vue d'un préteur libéral au point de laisser racheter, par l'intermédiaire du bourreau lui-même, la vie des condamnés pour crime de complot.

L'EXTENSION DU SYSTÈME

VII. – 15. — Quoi donc ? N'as-tu pas agi de la même façon à l'égard d'Aristodame d'Apollonie[1] ? de Léon d'Imachara[2] ? Quoi ! ce soulèvement d'esclaves, cette crainte subite de guerre t'a-t-elle donc apporté un stimulant pour surveiller la Province ou un nouveau procédé de gains très malhonnêtes ? Eumenidas d'Halycies[3], homme connu et honorable, avait un intendant payé fort cher. Comme, à ton instigation, il avait été accusé, tu as reçu de son maître soixante mille sesterces — récemment, sous la foi du serment, il nous a appris la manière dont les choses s'étaient passées — Le chevalier romain, C. Matrinius était à Rome ; pendant son absence, tu lui as extorqué 600.000 sesterces parce que, disais-tu, ses fermiers et ses bergers avaient offert matière à soupçon. Celui qui l'a dit, c'est L. Flavius, le comptable de C. Matrinius qui t'a compté la somme, et C. Matrinius l'a confirmé lui-même ; l'illustre Cn. Lentulus, qui est censeur, l'affirme, lui qui, par considération pour Matrinius dans cette affaire récente, t'a écrit et fait écrire par d'autres personnes.

---

1. Apollonie : ville du nord de la Sicile.
2. Imachara : ville située à l'intérieur des terres au sud-est d'Henna.
3. Halycies : ville située à l'est de Lilybée.

L'AVENTURE HUMILIANTE
D'APOLLONIUS DE PALERME

16. — Eh quoi ! Est-il possible de passer sous silence ce qui est arrivé à Apollonius, fils de Diocles, de Palerme[1] surnommé Geminus ? Y eut-il, dans la Sicile entière, fait plus connu, plus odieux, plus manifeste ? Dès son arrivée, à Palerme, Verrès le convoque et, du haut de son tribunal, le fait comparaître au milieu d'une grande affluence et d'une assemblée nombreuse de citoyens romains. Chacun de se dire aussitôt : « je m'étonnais de ce qu'Apollonius, qui est si riche, soit resté si longtemps à l'abri des mains de Verrès ; le préteur a imaginé je ne sais quoi ; assurément un homme fortuné n'est pas cité en justice tout à coup par Verrès sans motif ». Tout le monde attendait impatiemment pour savoir ce qu'il en était, lorsque Apollonius arrive en courant lui-même, à demi mort, avec son fils adolescent ; en effet, son père, qui était fort âgé, était retenu au lit depuis longtemps.

17. — Verrès nomme un esclave qu'il disait être le chef des bergers ; il prétend que celui-ci a formé un complot pour soulever les esclaves. Or, cet homme ne faisait nullement partie des gens d'Apollonius. — Verrès ordonne de présenter l'esclave — Apollonius affirme n'avoir aucun serviteur de ce nom. Verrès le fait arracher du tribunal et jeter en prison. Lui, de crier pendant qu'on l'entraînait, qu'il n'avait rien fait, le malheureux, qu'il n'avait commis aucun crime, qu'il avait de l'argent en créances, mais pas en espèces actuellement. Au moment où il protestait devant la foule énorme rassemblée, pour faire comprendre à tous que c'était pour n'avoir pas donné d'argent qu'on lui infligeait pareille humiliation, au moment

1. Palerme (anc. Panhorme) grand port au nord-ouest de la Sicile.

précis où, comme je le dis, il poussait ce cri relatif à l'argent, il fut jeté dans les fers.

VIII. – 18. — Voyez la fermeté du préteur, de ce préteur que l'on ne défend pas, dans ces circonstances, comme un préteur médiocre, mais que l'on exalte comme le meilleur des généraux. Alors qu'on redoutait une guerre d'esclaves, c'est aux maîtres qu'il infligeait, sans condamnation, le supplice dont il libérait les esclaves condamnés. Apollonius, cet homme si riche qui, dans l'éventualité d'une guerre d'esclaves en Sicile, perdrait des biens considérables, il l'a jeté en prison sans procès, sous couleur d'une guerre d'esclaves ; les esclaves qu'il a jugés lui-même, sur l'arrêt de son conseil, pour avoir fomenté la guerre, ce fut, sans révocation de l'arrêt, de lui-même qu'il les a exemptés de tout supplice.

19. — Eh quoi ! si réellement Apollonius a commis quelque faute qui l'a fait punir à bon droit, allons-nous traiter l'affaire comme si nous jugions que c'est un motif d'accusation et de haine, contre Verrès, d'avoir jugé Apollonius avec trop de sévérité. Je ne serai pas si dur ; je ne suivrai pas l'habitude des accusateurs en taxant de faiblesse tous les actes de clémence, de cruauté tous les jugements sévères. Telle ne sera pas ma méthode ; j'accepterai tes jugements, je défendrai ton autorité aussi longtemps que tu le voudras — Dès que tu auras commencé toi-même à casser tes arrêts, cesse de prendre feu contre moi. Comme c'est mon droit, je prétendrai que celui qui s'est condamné par son propre jugement doit l'être aussi par l'arrêt de juges assermentés.

20. — Je ne défendrai pas la cause d'Apollonius, mon ami et mon hôte, de peur de paraître casser ton jugement ; je ne dirai rien de la sobriété de cet homme, de son courage, de son zèle ; je passerai sous silence ce que j'ai déjà dit, qu'il avait

une fortune si bien établie, des esclaves, du bétail, des fermes, des créances, telles que nul n'avait moins d'intérêt à ce qu'il y eût en Sicile aucun trouble, aucune guerre civile ; je ne dirai même pas que, sa culpabilité eût-elle été réelle, à l'égard, cependant, d'un homme si honorable, d'une cité si honorable, un châtiment si grave ne devait pas être appliqué sans procès.

21. — Je n'exciterai pas contre toi la haine, même par l'évocation des conditions de l'affaire : un tel homme en prison, dans l'obscurité, la saleté, les ordures, en vertu de tes ordres tyranniques le refus absolu opposé à son vieux père et à son fils adolescent d'aller voir ce malheureux. Je passerai encore sous silence cet autre fait : chaque fois que tu es venu à Palerme, cette année-là, pendant ces six mois — ce fut la durée de l'incarcération d'Apollonius — chaque fois, le Sénat de Palerme est venu te trouver en suppliant, avec les magistrats et les prêtres officiels, te prier et t'adjurer de libérer enfin ce malheureux, cet innocent, d'une pareille épreuve. Je laisse tout cela ; si je voulais poursuivre, je montrerais facilement que ta cruauté envers les autres a fermé, pour toi, tous les accès à la pitié.

IX. – 22. — Tout cela, je te l'accorderai, je ne le retiendrai pas. Je prévois enfin ce que va dire Hortensius pour ta défense. Il proclamera que la vieillesse d'un père, la jeunesse d'un fils, les larmes de tous les deux ont pesé moins pour toi que l'intérêt et le salut de la province ; il dira que la chose publique ne peut-être administrée sans inspirer la crainte et sans sévérité ; il demandera pourquoi on porte les faisceaux devant les préteurs, pourquoi on leur donne la hache, pourquoi on bâtit une prison, pourquoi on a établi, selon la coutume des ancêtres, tant de supplices contre les criminels. Quand il aura dit tout cela avec gravité, avec sévérité, je lui demanderai pourquoi le même Verrès a donné l'ordre, tout à coup, d'élargir Apollonius sans aucun fait nouveau, sans justification, sans motif, j'affirmerai que, sur ce point de l'accusation, il y a tant d'éléments suspects que je laisse aux juges eux-mêmes, sans argumenter, se représenter, conjecturer combien cette dernière forme de pillage paraît être malhonnête, indigne, immense et sans limites par l'énormité des sommes rapportées.

23. — En effet, en ce qui concerne Apollonius, apprenez d'abord brièvement le nombre et l'importance de ses abus de pouvoir ; ensuite, pesez ces faits et évaluez-les en argent : vous trouverez, de façon précise, que ces exactions n'ont été organisées tant de fois contre un homme si riche que pour donner à tous les autres gens fortunés, la crainte de pareilles brimades et un échantillon des périls qu'ils pouvaient encourir. D'abord, il y a cette accusation soudaine d'un crime capital et odieux ; établissez l'importance de la somme et le nombre de gens qui s'en sont rachetés. C'est ensuite une accusation sans accusateurs, un arrêt sans délibération, une condamnation sans défenseur ; estimez le prix de tout cela et méditez sur ce fait que, seul, Apollonius est resté englué dans ces difficultés, que tous les autres, assurément en grand nombre, se sont libérés à prix d'argent de ces tourments. Enfin, les ténèbres, les fers, la prison, le supplice de la prison loin de la vue de ses parents et de ses enfants, la privation de l'air libre et de la lumière notre bien commun, tout cela dont on peut bien se racheter même au sacrifice de la vie, je suis incapable de l'évaluer en argent.

24. — De toutes ces horreurs, Apollonius s'est racheté tard, quand il était à bout de chagrin et de souffrances, mais pourtant il a appris à tous les autres à prévenir la cupidité criminelle de Verrès à moins que, par hasard, vous ne pensiez qu'un homme si riche a été choisi, sans perspective de gain, pour être l'objet d'une pareille accusation, qu'il ait été ensuite soudain élargi, sans que joue le même motif ou que ce genre de pillage ait été appliqué et tenté par Verrès sur cette seule victime, sans

que son exemple ait apporté et inoculé la terreur chez tous les riches Siciliens.

À QUELLE ESPÈCE DE GRANDS GÉNÉRAUX APPARTIENT VERRÈS

X. – 25. — Puisque je parle de sa gloire militaire, messieurs les juges, je désire qu'il me mette sous les yeux les faits que je pourrais laisser de côté ; en effet, je crois en avoir terminé maintenant avec tous ceux de ses exploits qui se rapportaient à un soupçon de guerre des esclaves ; à coup sûr, à ma connaissance, je n'ai rien oublié. Vous connaissez les plans de Verrès, son activité, son zèle, sa protection, et sa défense de la Province. L'essentiel pour vous c'est que vous sachiez, puisqu'il y a différentes espèces de généraux, à laquelle il appartient, de peur que, dans une si grande pénurie d'hommes courageux, on puisse ignorer plus longtemps un tel général. N'allons pas songer à la sagesse de Q. Maximus,[1] à la rapidité d'action de l'illustre Scipion l'Africain, au sang-froid exceptionnel du second Scipion,[2] à la tactique et à la discipline de Paul-Émile, à l'impétuosité et au courage de Marius. Non, il s'agit d'un autre genre de général à garder et conserver soigneusement. Je vous en prie, apprenez à le connaître.

LES « MARCHES MILITAIRES » DE VERRÈS

26. — En premier lieu, il y a le travail des marches qui, en matière militaire, est peut-être le plus important et, en Sicile surtout, particulièrement nécessaire : apprenez comme il se l'est rendu facile et agréable, grâce à sa méthode et à sa sagesse.

---

1. Fabius Cunctator (Le Temporisateur). Dictateur pendant la 2ᵉ guerre punique.
2. Scipion Émilien, second Africain.

D'abord, pendant la saison d'hiver, contre la rigueur du froid et la violence des tempêtes et des torrents, voici le remède qu'il s'était préparé : il avait fait choix de Syracuse, dont le site et le climat sont tels, dit-on, qu'il n'y eut jamais de jour si mauvais, si sombre, que l'on n'y ait vu le soleil, à un moment quelconque. C'est là que vivait ce bon général, les mois d'hiver, dans des conditions telles qu'on l'a difficilement aperçu seulement hors de sa demeure, mais même hors de son lit. Ainsi, la brièveté des journées était-elle occupée par des festins, la longueur des nuits par des débauches scandaleuses.

27. — Mais, quand commençait le printemps, dont il ne fixait pas le début d'après le Favonius[1], ou le mouvement de quelque constellation, non, quand il avait vu fleurir la rose, — c'était pour lui le début du printemps. — il se donnait au travail des marches. Il s'y montrait endurant et actif au point que personne ne l'a jamais vu à cheval.

XI. — En effet, selon la coutume des rois de Bithynie, il se faisait porter dans une litière à huit porteurs où se trouvait un coussin de Malte transparent bourré de roses. Quant à lui, il avait, sur la tête, une couronne, au cou, une autre guirlande et il approchait de ses narines un petit sac de lin très fin, à mailles minuscules, plein de roses. La marche ainsi terminée, lorsqu'on était arrivé près de quelque ville, il se faisait porter, avec la même litière, jusqu'à sa chambre à coucher. C'est là que venaient les magistrats de Sicile, les chevaliers romains, ce que vous avez appris de nombreux témoins assermentés. On lui déférait, en secret, les litiges ; peu après, on emportait ouvertement ses arrêts. Ensuite, au bout d'un petit moment, quand il avait distribué ses sentences dans sa chambre, non pas

---

1. Favonius ou Zéphyr, vent d'ouest qui souffle au printemps.

selon l'équité, mais à prix d'argent, il estimait que le reste du
temps était dû maintenant à Vénus et à Bacchus.

LES FESTINS DE VERRÈS

28. — À cet endroit, il ne faut pas négliger, me semble-t-il,
la façon dont s'exerçait la préture de cet illustre général d'une
activité exemplaire et exceptionnelle. Sachez, en effet, qu'il n'y
a en Sicile, aucune de ces villes, où les préteurs ont l'habitude de
s'arrêter et de tenir une assemblée, où on ne lui ait choisi pour
ses plaisirs une femme d'une famille quelconque assez connue.
Quelques-unes d'entre elles lui étaient présentées publiquement,
pour son festin — celles qui étaient plus réservées venaient
au moment propice et elles évitaient le jour et la foule — Or,
ces festins ne se passaient pas dans le silence qui convient aux
préteurs et aux généraux du peuple romain, ni dans la tenue
habituelle aux repas des magistrats, mais au milieu de grands
cris et d'invectives ; quelquefois même, on en venait aux mains
et aux coups. En effet, ce préteur austère et zélé, lui qui n'avait
jamais obéi aux lois du peuple romain, obéissait scrupuleusement
à ces lois fameuses qui régissent le nombre des coupes[1]. Aussi,
la fin des festins voyait-elle emporter l'un des convives comme
d'un champ de bataille, tandis que l'autre était laissé comme
mort et que la plupart gisaient à terre, totalement inconscients.
C'est au point qu'à voir ce spectacle, on aurait pu penser qu'il
s'agissait non pas du repas d'un préteur, mais de la bataille de
Cannes de la débauche.

---

1. Le « roi » du festin, élu par les autres convives, leur imposait le nombre des
coupes à boire.

LE « CAMP D'ÉTÉ » DE VERRÈS À SYRACUSE

XII. – 29. — Mais, lorsque commençait le fort de l'été, période que tous les préteurs de Sicile ont toujours eu l'habitude de consacrer à des marches parce que, pensent-ils, le moment de parcourir la province, c'est surtout celui-ci, où les blés sont sur l'aire. En effet, les esclaves sont groupés, ils voient clairement le poids de leur servitude, ils sont accablés de fatigue, l'abondance de la récolte les engage à la révolte, le moment de l'année n'offre pas d'obstacle : au moment, dis-je, où les autres préteurs parcourent la province, ce général d'un genre nouveau faisait son camp d'été à l'endroit le plus beau de Syracuse.

30. — En effet, à l'entrée même et à l'ouverture du port, à l'endroit où le rivage s'écartant du large s'infléchit vers la ville, il plaçait sa tente couverte de voiles du lin le plus fin. C'est là qu'au sortir de cette fameuse demeure prétorienne, qui avait été celle du roi Hiéron, il se réfugiait de façon que, ces jours-là, personne ne pouvait le voir hors de ce lieu. — Là-même, il n'y avait accès pour personne si ce n'est pour quelque associé ou serviteur de sa débauche. — C'est là que toutes les femmes, ses habituelles relations, se réunissaient, dont le nombre à Syracuse était incroyable ; c'est là que venaient les hommes dignes de son amitié, dignes de ce genre de vie et de festins. Au milieu des hommes et femmes de cette espèce, se trouvait son fils déjà grand en sorte que, même si son tempérament n'était pas le même, l'habitude et l'exemple de son père le forçaient à lui ressembler. C'est là que cette fameuse Tertia, enlevée par la ruse d'un guet-apens à un joueur de flûte rhodien, forma, dit-on, de grandes troupes dans son camp, alors que la femme du Syracusain Cléomène, femme noble ainsi que l'épouse d'Eschrius, de noble naissance, supportaient difficilement de voir en leur compagnie la fille du mime Isidore. Or, notre

Hannibal lui, qui pensait que, dans son camp, il fallait lutter par la vertu non par la naissance, chérit tellement cette Tertia qu'il l'emmena avec lui quand il quitta la province.

PAS DE PROCÈS À SYRACUSE :
LES GENS RESPIRENT

XIII. — Et, pendant les journées que ce misérable passait, revêtu d'un manteau de pourpre et d'une tunique qui lui tombait sur les talons, dans des repas de femmes, les gens ne se plaignaient pas et supportaient sans peine que le magistrat fût absent du forum, que la justice ne fût pas rendue, qu'il n'y eût pas de procès. L'endroit du rivage là-bas retentissait tout entier de voix de femmes, de la musique d'un orchestre ; au forum, c'était le grand silence des procès et des débats judiciaires : cela, les gens le supportaient facilement. En effet, ce n'étaient pas le droit et la justice qui semblaient absents du forum mais la violence, la cruauté, le pillage, honteux et indigne, des biens.

MONTRE-NOUS, HORTENSIUS, LES CICATRICES
DE CE GLORIEUX SOLDAT

32. — C'est donc cet homme, Hortensius, que tu défends comme général ? Ses vols, ses rapines, sa cupidité, sa cruauté, son orgueil, ses crimes, son audace, tu essaies de les couvrir par la grandeur de ses exploits et sa gloire de général. À coup sûr, il faut craindre qu'à la fin de ta plaidoirie, tu n'emploies le vieux système d'Antoine et son exemple : faire lever Verrès, lui dénuder la poitrine, montrer ses cicatrices au peuple romain : celles des morsures des femmes, traces de sa débauche et de son infamie.

33. — Fassent les dieux que tu oses mentionner son art militaire, sa conduite à la guerre ! On connaîtra en effet, toutes ses vieilles campagnes militaires ; ainsi, comprendrez-vous le genre d'homme qu'il a été non seulement dans son commandement, mais encore quand il était sous les ordres des autres. On rappellera cette première campagne où il avait l'habitude d'être emmené hors du forum et non pas recherché comme il s'en vante ; on rappellera le camp du tenancier de jeux de Plaisance, dans lequel Verrès, malgré sa présence constante, fut cependant privé de sa solde ; on citera les nombreuses pertes de jeu, pendant ses campagnes, pertes dont il s'acquittait en trafiquant de sa jeunesse par compensation.

34. — Maintenant, après avoir enduré pareille infamie et y être devenu insensible en dégoûtant les autres sans se dégoûter lui-même, ce qu'il a été à l'âge d'homme, le nombre de remparts, de forteresses de la pudeur et de la chasteté qu'il a pris d'assaut, par la violence et l'effronterie, je n'ai pas besoin de le dire et de déshonorer d'autres personnes en rappelant ses scandales. Je ne le ferai pas, messieurs les juges ; je laisserai de côté toutes ces vieilles histoires ; je vous parlerai seulement, sans salir personne d'autre, de deux faits récents qui vous permettront d'imaginer le reste. Le premier a été manifeste et connu de tout le monde : pas un paysan, sous le consulat de Lucullus et de Cotta[1], n'est venu à Rome de son municipe pour comparaître en justice qui ait ignoré que tous les arrêts du préteur urbain étaient rendus selon le caprice et le bon plaisir de la petite courtisane Chelidon[2] ; voici le second : une fois sorti de la ville, revêtu de son manteau de général, après avoir formé des vœux solennels pour son commandement et pour l'intérêt public, il avait l'habitude de s'y faire reporter la nuit

---

1. En 74.
2. Voir n. 13 du livre des Œuvres d'Art.

sur une litière pour ses débauches avec une femme, mariée à un seul homme, livrée à tous, outrageant ainsi la religion, les auspices, toutes les lois divines et humaines.

QUELLE DIFFÉRENCE
ENTRE VERRÈS ET CICÉRON !

XIV. – 35. — Ô dieux immortels ! Qu'il peut y avoir de différence entre les dispositions et les pensées des hommes ! Puisse votre estime et celle du peuple romain approuver mes intentions et les espérances du reste de ma vie puisque les magistratures que m'a confiées le peuple romain, je les ai exercées en m'estimant lié par toutes sortes d'obligations religieusement respectées. Mon élection à la questure, c'était pour moi non seulement un honneur qui m'était accordé, mais une marque de confiance et une mission. La questure en Sicile, je l'ai exercée dans la pensée que tous les yeux étaient tournés vers moi, que ma charge et ma personne étaient en spectacle à l'univers, avec la volonté de refuser tout ce qui paraît agréable non seulement à ces passions extravagantes, mais à la nature même et à la nécessité.

36. — Maintenant, me voici édile désigné ; je me rends compte de la mission que j'ai reçue du peuple romain : c'est moi qui dois organiser, avec le plus grand soin et le plus grand appareil, les Jeux sacrés en l'honneur de Cérès, de Bacchus, de Libera, qui dois concilier au peuple romain, par l'éclat de ses jeux, la déesse Flore, qui dois célébrer les plus anciens des jeux dits romains, avec le maximum d'éclat et de piété, en l'honneur de Jupiter, de Junon, de Minerve. C'est à moi qu'est confiée l'administration des monuments sacrés, la protection de la ville entière. En contrepartie de la peine et du souci de ces charges, voici les avantages que j'ai reçus : le premier rang dans

le sénat pour exprimer mon avis, la toge bordée de pourpre, la chaise curule, le droit d'images[1] transmissible à ma postérité.

37. — Tous ces honneurs, messieurs les juges, — puissent les dieux m'être propices ! — me sont fort agréables. Cependant, j'en retire moins de plaisir que de soucis et de fatigues. Je veux, en effet, que cette édilité même paraisse moins avoir été donnée à un candidat quelconque, par nécessité, que bien placée et mise en lieu sûr, par obligation morale.

VERRÈS, LUI,
MANQUE TOTALEMENT DE CONSCIENCE

XV. – 38. — Toi, alors que tu étais proclamé préteur — par quels moyens, je veux l'ignorer et passer sous silence ce qui a eu lieu à ce moment — une fois proclamé, comme je l'ai dit, la voix même du héraut qui, tant de fois, a annoncé que les centuries des anciens et des jeunes te revêtaient de cet honneur, ne t'a pas réveillé — de façon à te faire penser qu'une partie de la République t'était confiée, que, pendant cette année importante, tu devais t'abstenir d'entrer dans la maison d'une courtisane ? Après avoir obtenu du sort le droit de rendre la justice, n'as-tu jamais pensé à la grandeur de ta fonction, à ta responsabilité ? Tu n'as pas réfléchi, si tu pouvais par hasard te tirer de ton engourdissement, que cette fonction difficile à exercer avec une sagesse et une intégrité exemplaires était échue à la suprême sottise et à la pire corruption ? Nullement : bien loin, pendant ta préture, d'exclure de ta maison Chelidon, tu as transféré toute ta préture dans la maison de Chelidon.

---

1. A Rome, tout patricien qui avait exercé une magistrature curule possédait les masques de cire de ses ancêtres, portés par des acteurs, lors de ses obsèques. C'est ce que l'on appelait « le droit d'images ».

Cicéron, « homme nouveau » avait obtenu, en principe, le droit, le premier de sa famille, d'avoir ce masque moulé, à sa mort, sur sa figure. On sait ce qu'il en fut.

39. — Ensuite, ta province a été désignée. Et là, il ne t'est jamais venu à l'esprit que les faisceaux et les haches, la puissance d'un si grand commandement, des attributs si honorifiques, ne t'étaient pas donnés pour briser, par leur force et leur prestige, toutes les barrières de la pudeur et du devoir, pour considérer les biens de tous comme ton butin, pour ne laisser aucune fortune à l'abri de tes mains, aucune demeure fermée pour toi, aucun rempart aux gens, pour leur vie ou leur pudeur ! Telle a été alors ta conduite que maintenant où tu es pris de tous les côtés, tu te réfugies dans la guerre des esclaves. Maintenant, aussi, tu comprends que, loin de te donner un moyen de défense, elle est à l'origine d'une foule d'accusations contre toi à moins que, par hasard, tu ne nous sortes les derniers vestiges de la guerre en Italie des fugitifs et l'affaire ennuyeuse de Tempsa[1]. Elle venait d'avoir lieu quand le hasard t'amena très opportunément, en Sicile, si tu avais eu quelque courage ou quelque activité : mais tu t'es montré pareil à l'homme que tu avais toujours été.

TU AS MANQUÉ UNE BELLE OCCASION
DE MONTRER TON COURAGE

XVI. – 40. — Les habitants de Valentia[2] étaient venus te trouver. Manius Marius, homme connu et fort éloquent, te demandait en leur nom de te charger de l'affaire de Tempsa et, puisque tu possédais le titre et l'autorité de préteur, de prendre la direction des opérations pour anéantir cette petite troupe. Non content de leur opposer un refus, au même moment, tu te trouvais au bord de la mer avec ta chère Tertia, que tu avais amenée avec toi, à leur vue à tous. À ces délégués de Valentia eux-mêmes, ces habitants d'un illustre municipe bien connu, qui te consultaient

---

1. Ville du Bruttium où s'étaient réfugiés les partisans de Spartacus.
2. Autre ville du Bruttium — proche de Tempsa.

pour des affaires si graves, tu leur as donné ta réponse avec la tunique sombre et le manteau grec des petites gens. Quelle a été, à votre avis, dans sa province, à son départ de Rome, la conduite de Verrès, quand vous le voyez, au moment où il la quittait, non pour recevoir le triomphe, mais pour comparaître devant votre tribunal, ne pas même éviter cette honte qu'il goûtait sans plaisir ?

41. — Ô murmure prophétique du Sénat, assemblée en nombre, dans le temple de Bellone ! Vous vous souvenez, messieurs les juges : le soir tombait et on venait d'apprendre cette affaire malheureuse de Tempsa ; on ne trouvait aucun général à envoyer là-bas ; comme quelqu'un avait dit que Verrès n'était pas loin de Tempsa, quel violent murmure général s'éleva, quelle opposition ouverte marquèrent les premiers orateurs ! Et, accablé qu'il est par tant de chefs d'accusation, par tant de témoignages, il a encore quelque espoir dans le suffrage de ceux qui, sans connaître l'affaire, l'ont tous ouvertement condamné !

LE BON GÉNÉRAL ET LES PIRATES

XVII. – 42. — Admettons le fait : la guerre des fugitifs ou le semblant de guerre ne lui a apporté aucune gloire parce qu'il n'y a pas eu de guerre de ce genre en Sicile, ni de risque de guerre ; d'autre part, il n'a pris aucune mesure préventive pour empêcher une rébellion quelconque. Mais, en revanche, en prévision d'une guerre des pirates, il a tenu une flotte équipée, il a manifesté, à ce sujet, un zèle extraordinaire. Aussi, la défense de la province a-t-elle été remarquablement assurée.

Je vais parler de la guerre des pirates[1], je vais parler de la flotte sicilienne, messieurs les juges, de façon à prouver dès

---

1. Les mers étaient infestées de pirates, magnifiquement équipés. Rome, menacée par eux de famine, avait multiplié en vain les expéditions contre eux depuis 79. Pompée, en 67, mit fin, au moins provisoirement, à leur activité.

maintenant qu'il cumule dans cet aspect de son activité toutes ses fautes les plus graves de cupidité, d'orgueil, de démence, de débauche, et de cruauté. Pour ce bel exposé, je vous en prie, veuillez m'écouter soigneusement comme vous l'avez fait jusqu'à maintenant.

43. — L'affaire des navires, c'est mon premier point, a été menée non pour défendre la province, mais, sous couleur de flotte, pour se procurer de l'argent. Les précédents préteurs avaient l'habitude d'imposer aux cités la fourniture de navires, d'une quantité déterminée de marins et de soldats ; de toutes ces obligations, tu as libéré complètement la très grande et très riche ville de Messine. C'est pour cela que les Mamertins t'ont donné, en secret, de l'argent ; si c'est nécessaire, par la suite, nous leur demanderons à eux-mêmes leurs registres et leurs témoignages.

UN BEAU NAVIRE GRATUIT POUR TRANSPORTER LE BUTIN DU GOUVERNEUR

44. — Un vaisseau de transport énorme, aussi grand qu'une trirème, très beau et parfaitement équipé, construit ouvertement aux frais de Messine, en ton nom, officiellement, cela au su de la Sicile entière, t'a été donné en présent par le magistrat et le Sénat de la ville, je puis l'affirmer. Ce navire chargé du butin recueilli en Sicile — navire qui faisait partie lui-même du butin — au moment précis de son départ de Sicile, aborda, à Vélie[1], avec une abondante cargaison, en particulier de tout ce qu'il n'avait pas voulu envoyer à Rome avec le reste de ses vols, parce qu'il s'agissait d'objets qui lui étaient spécialement chers et qui le ravissaient par-dessus tout. Ce navire, je l'ai vu

---

1. Ville de Lucanie, sur la mer Tyrrhénienne.

moi-même, récemment à Vélie et beaucoup d'autres gens avec moi, messieurs les juges, dans toute sa beauté et son parfait équipement. En vérité, il paraissait, à tous ceux qui l'ont aperçu, attendre déjà son exil et lui donner les moyens de fuir.

XVIII. – 45. — Que vas-tu me répondre là-dessus ? À moins que, par hasard, tu n'avances l'argument impossible à prouver mais inévitable dans les procès de concussion : « ce navire a été construit à mes frais ». Ose du moins faire cette réponse indispensable. Ne crains pas, Hortensius, de me voir demander qui a donné licence à un sénateur de construire un navire. Il y a des lois anciennes et mortes, comme tu as l'habitude de les qualifier, qui l'interdisent. Il y eut naguère une telle République, une telle sévérité des tribunaux que l'accusateur se croyait obligé de mettre une accusation de ce genre au nombre des plus graves. Qu'avais-tu à faire d'un navire, toi qui, pour les déplacements officiels, pour assurer ta protection et tes transports, te voyais fournir des bateaux aux frais de l'État ? Comme simple particulier, tu ne peux voyager ni faire venir des objets par mer de ces lieux où il ne t'est permis de rien posséder.

46. — Pourquoi as-tu commis une illégalité ? Cette accusation aurait du poids si l'on s'en tenait à ces antiques règles de sévérité et de dignité de la République. Aujourd'hui, je laisse tomber ce chef d'accusation et ne t'adresse même pas un reproche général. Tu n'as jamais pensé que ce serait pour toi un acte honteux, un motif d'accusation, un fait odieux d'avoir construit à un endroit si fréquenté, ouvertement, un navire de transport, dans la charge que tu occupais, avec ton autorité officielle de préteur ? Que disaient, d'après toi, ceux qui voyaient cela, qui en entendaient parler ? Que tu emmènerais vide un pareil bateau en Italie ? Que tu ferais le métier d'armateur, une fois rentré à Rome ? Personne ne pouvait même soupçonner que tu avais, en Italie, une terre en bordure de la mer et que tu équipais

un navire pour y porter ton butin. Tu as voulu que ce fût un objet de conversation sans mystère, de dire que tu préparais ce navire pour emporter ton butin de la Sicile et pour reprendre en plusieurs fois ce que tu y aurais laissé.

47. — Mais, toutes ces choses scandaleuses, si tu nous prouves que le navire a été construit à tes frais, je les laisse de côté et te les pardonne. Mais, ô le plus insensé de tous les hommes, ne comprends-tu pas que ce moyen de défense t'a été enlevé, dans la première partie de ce procès, par les Mamertins eux-mêmes, tes panégyristes ? En effet, Heius, le chef de la délégation envoyée pour faire ton éloge, a déclaré que le navire avait été fait pour toi, par des ouvriers travaillant au compte de la ville et qu'un sénateur de Messine avait présidé à sa construction. Reste le bois. Tu l'as commandé aux habitants de Rhegium[1] — ce sont eux-mêmes qui l'affirment — parce que les habitants de Messine n'en avaient pas.

LES HABITANTS DE MESSINE
COMPLICES DE VERRÈS

XIX. — Si le bois du navire et la main-d'œuvre que tu as réquisitionnés ne t'ont rien coûté, où se cache donc ce que tu dis avoir dépensé sur ton propre argent ?

48. — Mais, rien ne figure sur les registres des Mamertins. D'abord, je vois la possibilité pour eux de n'avoir rien donné du trésor public. En effet, même le Capitole, tel qu'il fut construit par nos ancêtres, a pu être entièrement édifié et achevé sans frais pour l'État par des artisans et des manœuvres réquisitionnés officiellement. Ensuite, ce que je vois clairement, ce que je montrerai par leurs propres

---

1. Rhégium, ville d'Italie située presque en face de Messine.

registres, quand j'aurai cité les Mamertins eux-mêmes, de fortes sommes y ont été inscrites payées à Verrès pour des adjudications inexistantes et sans objet. Maintenant, rien d'étonnant à ce que les habitants de Messine, qui avaient reçu de lui des dispenses énormes, et plus de preuves d'amitié qu'il n'en a manifesté au peuple romain, l'aient épargné dans leurs registres. Mais, si tu prouves que les Mamertins ne t'ont rien donné, puisqu'il n'existe aucune trace écrite, moi je prouve que le vaisseau ne te coûta rien puisque tu es dans l'impossibilité de produire une preuve matérielle de la somme payée pour les matériaux et la main-d'œuvre.

VERRÈS A DISPENSÉ MESSINE DE FOURNIR UN NAVIRE À ROME

49. — Mais, dit-on, tu n'as pas exigé un vaisseau des Mamertins, pour la raison précisément que ce sont des alliés. Puissent les dieux approuver cette déclaration. Nous avons un homme, bien instruit par les Feciaux[1] qui, plus que tous les autres gouverneurs, montre un respect scrupuleux et religieux à l'égard des traités officiels. Livrons tous les préteurs, qui t'ont précédé, aux Mamertins, pour avoir exigé un navire, cela, en opposition avec le pacte d'alliance. Mais alors, homme saint et religieux, pourquoi en as-tu exigé un de Tauromenium[2] qui est aussi une ville alliée ? Réussiras-tu à prouver que, la condition des deux villes étant la même, le droit a changé et le traitement a été différent, sans versement d'argent à ton profit ?

50. — Quoi ? Si je vous apprends, messieurs les juges, que les traités d'alliance de ces deux peuples comportent pour

---

1. Le collège des Féciaux était chargé spécialement des traités et du droit international.
2. Sur la côte est de la Sicile.

Tauromenium, nommément, une clause exceptionnelle qui la dispense de fournir un navire, pour Messine, l'obligation formelle, écrite en toutes lettres, d'en fournir un, que c'est donc en violation des traités que Verrès a imposé cette contribution à Tauromenium et qu'il en a dispensé Messine, y aura-t-il quelqu'un pour douter encore que, sous la préture de Verrès, le bateau de transport ait été plus utile aux gens de Messine que le traité à ceux de Tauromenium ?

Lisons le texte des traités.

XX. — Ainsi, par cet acte de bienveillance, comme tu l'appelles toi-même, par ce trafic d'argent, comme le démontrent les faits, tu as réussi à diminuer la majesté du peuple romain, à diminuer les forces auxiliaires de la république, à diminuer les ressources acquises par la vertu et la sagesse de nos ancêtres, tu as aboli les droits de l'empire, la condition des alliés, le souvenir du traité d'alliance. Ces alliés qui, d'après les clauses mêmes du traité, auraient dû, si nous le leur avions imposé, envoyer même jusqu'à l'Océan un navire armé et équipé, à leurs frais, à leurs risques et périls, ces gens, pour n'avoir pas à naviguer dans le détroit devant leur ville et leurs maisons, pour n'avoir pas à défendre leurs propres remparts et leur port, t'ont racheté, à prix d'argent, la clause du traité et le privilège de notre souveraineté.

51. — Au moment où ce traité fut conclu, quelle peine, quel travail, quel argent, les Mamertins auraient-ils dépensé, selon vous, pour n'être pas obligés de fournir ce vaisseau, s'ils avaient pu, par quelque moyen, obtenir cette dispense de nos ancêtres ? En effet, lorsque cette charge si lourde était imposée à leur cité, il y avait, je ne sais comment, dans ce traité d'alliance, comme une marque d'esclavage. Ce qu'ils n'ont pas réussi à obtenir à ce moment de nos ancêtres, en dépit de leurs services récents, quand la discussion était à son début, que le peuple romain ne

connaissait pas de difficultés, aujourd'hui, sans aucun service nouveau, après tant d'années, pendant lesquelles notre droit de souveraineté s'est exercé de façon permanente, quand il est si difficile de se procurer des navires, ils l'ont obtenu de Verrès, à prix d'argent. Et ce n'est pas la seule exemption dont ils aient bénéficié. Quel matelot, quel soldat, pour la flotte ou pour une garnison, les habitants de Messine ont-ils fourni pendant les trois ans de ta préture ?

IL A DISPENSÉ ÉGALEMENT MESSINE
DE SA FOURNITURE DE BLÉ

XXV. – 52. — Enfin, malgré le décret du Sénat et les lois Terentia et Cassia qui t'obligeaient à faire des achats de blé également dans toutes les villes de Sicile, tu as encore dispensé Messine de cette charge légère et générale. Tu diras que Messine ne devait pas de blé. Comment cela ? Veux-tu dire qu'ils ne devaient pas en vendre ? Il ne s'agissait pas, en effet, de ce blé qui est réquisitionné, mais de celui qui fait l'objet d'achats. Ainsi, sur ton initiative, et d'après ton interprétation du traité, Messine n'était pas tenue d'aider le peuple romain en lui ouvrant son marché et en lui procurant des vivres ?

53. — Quelle cité donc était obligée de le faire ? Pour ceux qui cultivent les domaines publics, la quantité de blé exigible est déterminée par le contrat des censeurs ; pourquoi as-tu exigé d'eux en supplément une prestation d'un autre genre ? Pourquoi ? Est-ce que, par hasard, les dîmeurs doivent autre chose d'après la loi de Hiéron que la dîme de leur récolte ? Pourquoi as-tu décidé, en outre, de la quantité de blé acheté qu'ils devraient fournir ! Et les cités exemptes de dîmes ? À coup sûr, elles ne doivent aucune prestation. Toi, au contraire, tu ne t'es pas contenté de l'exiger, mais encore, pour bien leur

faire donner au delà de leurs possibilités, tu y as ajouté les 60.000 mesures, dont tu avais dispensé les Mamertins. Et je ne dis pas que tu as eu tort d'exiger ce blé des autres villes, mais pour Messine, qui était dans le même cas, à qui tous tes prédécesseurs avaient imposé de fournir la même quantité de blé que les autres et qui avait reçu, de ce fait, l'indemnité prévue par le senatus-consulte et la loi, j'affirme que tu as eu tort de lui accorder cette dispense. Et pour fixer ce bienfait, par un clou de charpente, comme on dit, il instruit l'affaire des Mamertins avec son conseil et, sur l'arrêt de ce conseil, il déclare ne pas exiger d'eux leur fourniture de blé.

54. — Écoutez la décision du préteur mercenaire, d'après son propre registre, apprenez quelle était sa gravité dans la forme, son autorité dans l'établissement d'un droit.

(Au greffier) : Lis. Commentaire. Sur l'avis de son conseil, dit-il, il agit « volontiers » et il répète le mot, tout au long. Qu'aurions-nous pensé, si tu n'avais pas employé ce mot : « volontiers » ? Sans doute, que tu réalisais un profit malgré toi. Et ce, sur l'avis de son conseil ? La remarquable composition de ce conseil, vous l'avez apprise à la lecture, messieurs les juges. Aviez-vous l'impression, à entendre les noms, qu'il s'agissait du Conseil d'un préteur ou de la bande complice du dernier des bandits ?

55. — Voilà les interprètes des traités, les négociateurs de l'alliance, les représentants de la religion ! Jamais, il n'y a eu, en Sicile, d'achats officiels de blé sans qu'on exigeât des Mamertins leur quote-part, avant que ce misérable eût créé ce conseil illustre et choisi, pour recevoir d'eux de l'argent et rester semblable à lui-même. C'est pourquoi l'autorité de ce décret a eu le poids qu'il devait avoir venant d'un homme qui l'avait vendu aux gens à qui il aurait dû acheter du blé. En effet, aussitôt que L. Metellus eut pris sa succession, suivant

les règlements écrits de C. Sacerdos et de Sex. Peducaeus[1], il exigea des Mamertins leur fourniture de blé.

XXII. – 56. — Ils comprirent alors qu'ils ne pouvaient conserver plus longtemps le privilège qu'ils avaient acheté à un mauvais vendeur. Voyons donc : toi qui veux que l'on te regarde comme un interprète scrupuleux des traités, pourquoi as-tu exigé du blé des habitants de Tauromenium, de ceux de Netum[2], dont les deux cités sont nos alliées ? Et les habitants de Netum, en vérité, ne se sont pas fait défaut à eux-mêmes : aussitôt que tu as déclaré dispenser « volontiers » les Mamertins de leur fourniture, ils sont allés te trouver et t'ont informé que leur traité d'alliance était le même. Il ne t'était pas possible, pour une condition identique, de prendre une décision différente, tu déclares que la ville de Netum est exempte de fournir du blé et, cependant, tu exiges d'elle cette fourniture.

(Au greffier) — Montre-moi, du même préteur, le texte des décisions prises et du blé exigé. (Lecture du texte des décisions).

Que pouvons-nous tirer, messieurs les juges, d'une telle inconséquence, si honteuse sinon, fatalement, cette conclusion : de deux choses l'une, ou bien Netum ne lui a pas donné l'argent qu'il demandait ou bien cette décision avait pour but de faire comprendre aux Mamertins qu'ils avaient bien placé chez lui tant l'argent et de présents, puisque d'autres cités, pourvues des mêmes droits, n'obtenaient pas le même avantage.

UNE SEULE VILLE À FAIRE TON ÉLOGE !
LAMENTABLE ET NUL

57. — Verrès osera-t-il encore faire état de son panégyrique par les Mamertins ? Le nombre de points faibles qu'il comporte,

---

1. Ce sont les deux prédécesseurs de Verrès.
2. Non loin de la côte sud-est de la Sicile.

quel est celui d'entre vous qui ne le comprenne ? D'abord, devant les tribunaux, pour l'accusé qui ne peut fournir dix témoins pour son éloge, il est plus honorable de n'en fournir aucun que de ne pas donner le nombre complet demandé par la loi[1]. Il est tant de cités en Sicile dont pendant trois ans tu as été le gouverneur ; toutes les autres t'accusent, celles qui sont petites et faibles se taisent, une seule fait ton éloge. Qu'est-ce que cela signifie, sinon que tu comprends l'avantage d'un véritable éloge, mais que la manière dont tu as administré la province te prive nécessairement de cet avantage ?

ET ENCORE ! QUELLES RÉSERVES !

58. — Ensuite, ce que j'ai déjà dit ailleurs, quelle valeur a donc cet éloge, dont la délégation et les chefs qui en sont chargés ont déclaré deux choses : qu'un vaisseau avait été construit pour toi aux frais de la ville, d'autre part, que tu les avais, eux personnellement, dépouillés et pillés ! Enfin, que font-ils d'autre, puisqu'ils sont les seuls dans la Sicile à te louer, que de témoigner devant nous de tes largesses à leur égard, largesses faites aux dépens du bien public ! Quelle colonie, en Italie, a bénéficié d'une telle condition juridique, quel municipe a joui d'une telle immunité qu'ils aient connu, ces dernières années, une dispense de toute espèce de charges comparable à celle de la cité de Messine. Pendant trois ans, ce qu'ils devaient en vertu des traités, ils ne l'ont pas donné ; seuls, pendant la préture de Verrès, ils ont été exemptés de toute obligation ; seuls, sous son commandement, ils ont vécu dans une condition qui leur permettait de ne rien donner au peuple romain, de ne rien refuser à Verrès.

---

1. Dans les procès de concussion.

REVENONS À LA FLOTTE

XXIII. – 59. — Mais, pour revenir à la flotte — après cette digression — contrairement aux lois, tu as reçu des Mamertins un navire ; contrairement aux traités, tu les as dispensés de charges. Ainsi, à l'égard d'une seule cité, tu as été deux fois malhonnête : quand tu as donné des dispenses immorales et quand tu as reçu des avantages illicites. Moralement, tu aurais dû exiger un navire pour naviguer contre les pirates, non pour emporter du butin, pour empêcher le pillage de la province, non pour emporter les dépouilles de la province. Les Mamertins t'ont fourni, à la fois, une ville pour y apporter tes larcins de partout et un navire pour les exporter ; cette ville a été la recéleuse de tes pillages ; ces hommes ont été les témoins et les gardiens du produit de tes vols ; ils t'ont fourni, à la fois, pour ces vols, un lieu de dépôt et un moyen de transport. C'est pourquoi, même au moment où par ta cupidité et ta négligence, tu as perdu la flotte, tu n'as pas osé leur imposer la fourniture d'un vaisseau. À ce moment, dans une si grande pénurie de navires, dans un si grand malheur pour la province, même s'il avait fallu le leur demander comme une faveur, on aurait dû l'obtenir d'eux. Ce qui pesait sur ton autorité de gouverneur et tout essai de demande, c'était ce beau vaisseau, cette birème qui n'avait pas été donnée au peuple romain, mais offerte en présent au préteur ; ce fut la rançon de ton pouvoir souverain, des forces auxiliaires qu'ils te devaient, du droit, des coutumes, du traité d'alliance.

60. — Vous avez perdu l'appui solide d'une cité, appui vendu à prix d'argent. Apprenez maintenant la méthode nouvelle de pillage qu'il a imaginée le premier.

VERRÈS VOLE LES FONDS DE LA FLOTTE ET VEND DES CONGÉS

XXIV. — Tous les fonds nécessaires à la flotte pour le ravitaillement, la solde et le reste des dépenses, chaque cité avait l'habitude de les remettre au capitaine de son vaisseau. Celui-ci n'osait pas encourir le risque d'être accusé par les matelots, d'autre part, il devait rendre des comptes à ses concitoyens : aussi, dans l'exercice de toute cette charge n'avait-il que peine et danger. On avait toujours procédé ainsi, comme je le dis, non seulement en Sicile mais dans toutes les provinces, même pour la solde et l'entretien des alliés et des Latins, quand nous avions l'habitude d'utiliser leur concours. Verrès, depuis l'établissement de l'empire, fut le premier à exiger que tous les fonds lui fussent comptés par les cités pour être remis au capitaine qu'il aurait choisi. Qui pourrait douter du motif qui t'a fait changer la vieille coutume générale, négliger le grand avantage de faire manier l'argent par d'autres et te charger de pareilles difficultés, de tels désagréments, avec le risque d'accusation et de soupçons qu'ils entraînaient ? Ensuite, il crée d'autres sources de profits : rien que sur la question de la flotte, voyez leur nombre : recevoir de l'argent des cités, pour ne pas donner de matelots ; donner des congés aux matelots, moyennant finances ; garder la solde des marins licenciés, ne pas donner aux autres ce qui leur revenait. Apprenez tout cela d'après les témoignages des cités.

(Au greffier) Lis. LES DÉPOSITIONS DES CITÉS

XXV. – 62. — Quel homme, quelle effronterie, messieurs les juges, quelle audace ! Imposer aux cités des sommes d'argent proportionnelles à leur contingent, fixer au tarif de 600 sesterces

la libération des matelots. Celui qui les avait donnés avait volé
un congé de tout l'été ; Verrès gardait le bénéfice de la solde
et de la nourriture de ce matelot. Ainsi, le profit était double
pour un seul congé. Et l'insensé, c'était au moment de telles
incursions des pirates, d'un danger si grand pour la province qu'il
agissait ainsi ouvertement au point que les pirates eux-mêmes
en étaient informés et que toute la province en était témoin.

L'AFFAIRE DU BATEAU-PIRATE

63. — Du fait de son avarice, il y avait seulement, en
Sicile, une flotte, de nom, mais en réalité, des navires vides,
pour apporter le butin au préteur, non pour inspirer la crainte
aux corsaires. Cependant, comme P. Caesetius et P. Tadius[1]
naviguaient avec leurs propres navires, à effectifs réduits, ils
s'emparèrent d'un bateau de pirates ou plutôt, ils le remorquèrent
plein de butin : prêt à couler, sa charge en faisait une proie
facile. Ce navire était plein de beaux jeunes gens, plein d'argent
ciselé ou monnayé et d'une quantité d'étoffes précieuses. C'est
le seul navire qui fut, non pas pris mais trouvé par notre flotte,
devant Mégaris, à une faible distance de Syracuse. À cette
nouvelle, bien que Verrès fût couché ivre, sur le rivage, avec
de petites femmes, il se releva et envoya aussitôt au questeur et
à son lieutenant une certaine quantité de gardes, pour se faire
présenter, le plus vite possible, l'ensemble de la cargaison.

64. — Le navire aborde à Syracuse : tout le monde attend le
supplice des prisonniers. Lui, comme si c'était un transport de
butin, non une capture de brigands, considère comme ennemis
tous ceux qui étaient vieux et laids ; ceux qui avaient quelque
beauté, quelque jeunesse, quelque talent, il les fait mettre tous

---

1. Caesetius était le questeur de Verrès, Tadius, son lieutenant.

à l'écart, en distribue quelques-uns à ses secrétaires, à son fils, à sa cohorte ; il envoie à l'un de ses amis à Rome, en présent, six musiciens. Toute cette fameuse nuit se passe à vider le navire jusqu'à la cale. Personne ne voit le chef des pirates, lui-même, qu'il convenait de livrer au supplice. Aujourd'hui, tout le monde est persuadé (ce qui est digne de lui, vous devez le comprendre par conjecture), que Verrès a reçu de l'argent, en secret, des pirates, pour sauver leur chef.

POURQUOI VERRÈS N'A PAS MONTRÉ LE CHEF DES PIRATES

XXVI. – 65. — « C'est une hypothèse ». Il n'est pas de bon juge possible, s'il ne se laisse guider par un soupçon fondé. Vous connaissez l'homme, vous savez l'habitude générale de celui qui s'est emparé d'un chef de brigands ou d'ennemis, comme il le laisse volontiers publiquement sous les yeux de tous. Dans une ville aussi peuplée que Syracuse, je n'ai vu personne, messieurs les juges, pour me dire qu'il avait vu le chef des pirates capturé, alors que tous les gens — c'est la coutume — comme cela se fait toujours, accouraient en foule, le cherchaient, demandaient à le voir. Que s'est-il passé pour que cet homme fût dissimulé avec tant de soin de manière qu'il fût impossible, même fortuitement, de le voir ? Les gens de mer, à Syracuse, qui avaient entendu souvent le nom du pirate lui-même, qui l'avaient souvent redouté, alors qu'ils voulaient se repaître de ses tortures et de son supplice, en rassasier leurs regards et leur cœur, n'ont eu, aucun, la possibilité de l'apercevoir.

66. — À lui seul, Publius Servilius[1] a capturé plus de chefs de brigands en vie que tous les autres auparavant. Quand donc

1. Le consul P. Servilius (79) avait battu les pirates à plusieurs reprises. Il figurait au nombre des juges de Verrès.

priva-t-il quelqu'un de l'avantage et de la permission de voir un
pirate prisonnier ? Bien au contraire, partout où il se rendit, il
offrait ce spectacle, fort agréable à tous, des ennemis enchaînés et
prisonniers et il y avait une affluence telle de toutes parts que l'on
venait non seulement des villes, par où ils passaient, mais même
des régions voisines pour les voir. Quant au triomphe lui-même,
c'est la raison pour laquelle il fut le plus doux et le plus agréable
de tous au peuple romain. Comme rien n'est plus doux que la
victoire, il n'y en a pas de témoignage plus assuré que de voir ceux
que l'on a souvent redoutés, être conduits enchaînés au supplice.

67. — Cette satisfaction, pourquoi ne l'as-tu pas donnée ?
Pourquoi le pirate a-t-il été caché, comme si c'était une impiété
de l'apercevoir ? Pourquoi ne l'as-tu pas fait supplicier ? À quelle
fin l'as-tu conservé ? Est-ce que tu sais qu'il n'y a pas eu en Sicile
de chef de pirates capturé sans qu'il eût la tête tranchée ? Cite
un seul précédent de ta conduite, apporte-nous l'exemple d'un
seul cas. Tu conservais en vie le chef des pirates. Pourquoi ? En
vue du triomphe je pense, pour le mener devant ton char ; en
effet, il ne restait rien d'autre à faire, après la perte de la plus
belle flotte du peuple romain et la dévastation de la province,
que de te voir décerner le triomphe naval.

UNE EXCELLENTE PRISON :
LES LATOMIES DE SYRACUSE

XXVII. – 68. — Eh bien donc ! il a décidé, selon un usage
nouveau, de garder le chef des brigands plutôt que de lui trancher
la tête, pour l'exemple. Quels sont tes gardes ? Chez quels gens
est-il conservé et comment ? Vous avez tous entendu parler des
Latomies de Syracuse[1], la plupart d'entre vous les connaissent,

---

1. Carrières d'où les tyrans de Syracuse avaient fait extraire les pierres destinées
aux monuments de Syracuse. On y gardait les prisonniers.

c'est une œuvre énorme, grandiose des rois et des tyrans :
l'ensemble est formé d'un rocher creusé d'une profondeur
étonnante et taillé très bas par une foule d'ouvriers ; on ne peut
rien faire, rien imaginer de si fermé à l'évasion, de si fortifié
de tous côtés. C'est dans ces Latomies que doivent être gardés
tous les prisonniers d'État et amenés, par ordre, tous ceux des
autres villes de Sicile.

MAIS LE CHEF DES PIRATES N'Y FIGURE PAS

69. — Comme il avait jeté là de nombreux prisonniers, des
citoyens romains, qu'il y avait fait placer les autres pirates, il
comprit que s'il mettait, dans la même prison, un faux chef
de pirates, une foule de gens chercheraient le vrai dans les
Latomies. Aussi, n'ose-t-il pas confier l'homme à cette prison,
la meilleure, la plus sûre de toutes ; il redoute enfin Syracuse
tout entière. Il le renvoie. Où ? À Lilybée peut-être ? Je vois, il
ne redoute cependant pas tellement les gens de mer. Pas du tout,
messieurs les juges. À Palerme donc ? Je vous entends ; c'est
pourtant à Syracuse de préférence, puisque c'était à proximité
qu'avait eu lieu sa capture, qu'il aurait dû, sinon être supplicié,
du moins gardé en prison.

70. — Ce n'est pas non plus à Palerme. Où donc ? Où croyez-
vous qu'on l'a mis ? Chez les gens les plus étrangers à la crainte,
à l'idée même des pirates, les plus éloignés de toute navigation
et des choses de la mer, les habitants de Centuripe, en plein
centre des terres, de grands laboureurs, qui n'avaient jamais eu
à craindre le nom de brigand de mer, qui avaient redouté, sous ta
préture, le seul Apronius[1], chef de pirates en terre ferme. Et pour
faire bien voir qu'il a pris ses dispositions en vue de faciliter la

1. Agent de Verrès.

simulation au faux chef des pirates, il commande aux habitants de Centuripe de le traiter, pour la nourriture et le reste, le plus largement, le plus agréablement possible.

TOURS DE PASSE-PASSE AU DÉTRIMENT
DE CITOYENS ROMAINS

XXVIII. — Pendant ce temps, les Syracusains, gens d'expérience et de bon sens, parfaitement capables de voir ce qui crevait les yeux, mais encore de deviner ce qu'on leur cachait, faisaient le compte, tous les jours, des pirates à qui l'on tranchait la tête. Le nombre qu'il fallait, ils le conjecturaient d'après le tonnage du vaisseau capturé et le nombre des rames. Comme Verrès avait mis de côté et emmené tous les corsaires doués de quelque talent ou de quelque beauté, il devinait que s'il envoyait au poteau tout le reste, comme c'est l'habitude, il y aurait des clameurs dans le peuple. En effet, il en avait emmené beaucoup plus qu'il n'en avait laissé. Pour cette raison, il avait décidé de les mener au supplice, en plusieurs fois : malgré cela, il n'y avait pas un homme dans une si grande population, qui ne fît exactement le calcul des suppliciés et non content de regretter les absents, ne les réclamât et ne les exigeât vigoureusement.

72. — Comme il en manquait un grand nombre, alors ce misérable impie, aux pirates qu'il avait emmenés dans sa propre demeure, se mit à substituer, à mettre à leur place, des citoyens romains qu'il avait fait jeter auparavant en prison. Il prétendait que certains d'entre eux étaient d'anciens soldats de Sertorius ; fuyant l'Espagne, ils avaient abordé en Sicile ; les autres qui avaient été capturés par les pirates dans l'exercice de leur négoce ou au cours d'un voyage en mer pour un motif quelconque, Verrès affirmait qu'ils étaient avec les pirates, de leur propre gré. En conséquence, ceux qui étaient citoyens romains, la tête

couverte d'un voile, de peur qu'on ne les reconnaisse, étaient
arrachés à la prison pour être traînés au poteau et à la mort ; les
autres avaient beau être connus de nombreux citoyens romains,
ils avaient la tête tranchée en dépit des protestations générales.
De leur mort affreuse, de leur cruel supplice, je parlerai quand
j'aurai commencé à traiter ce thème et j'en parlerai avec une
telle véhémence que si, dans la plainte que je soutiendrai sur sa
cruauté et la mort très indigne de citoyens romains, je vois les
forces et même la vie m'abandonner, je regarderai cette mort
comme une gloire et une joie.

LE BILAN DE L'AFFAIRE

73. — Telle fut donc cette affaire, telle fut cette illustre
victoire : un brigantin capturé, son chef libéré, des musiciens
envoyés à Rome, des hommes beaux et jeunes, des artisans
habiles emmenés chez lui ; à leur place, un nombre égal de
citoyens romains envoyés comme des ennemis, à la torture et
à la mort ; toutes les étoffes volées, tout l'or et tout l'argent
pris et détourné !

XXIX. — Mais, comment s'est-il empêtré, dans la première
partie du procès ? Lui qui avait gardé le silence tant de jours, au
moment où un personnage en vue M. Annius[1] déclarait, dans
son témoignage, que c'était un citoyen romain et non le chef
des pirates qui avait eu la tête tranchée, soudain, il bondit : la
conscience de son crime, la folie née de ses mauvaises actions, le
firent se lever. Il déclara que, sachant qu'on l'accuserait d'avoir
reçu de l'argent et de n'avoir pas mis à mort le vrai chef des
pirates, c'était pour cela qu'il ne lui avait pas tranché la tête ;
il avait, disait-il, chez lui, deux chefs de pirates.

1. Chevalier romain établi à Syracuse.

74. — Ô clémence du peuple romain ou plutôt cas admirable et unique de patience ! Un citoyen romain a eu la tête tranchée : c'est un chevalier romain, M. Annius qui l'affirme ! tu gardes le silence ; il déclare que le chef des pirates n'a pas été mis à mort ; tu en conviens. Ce fut un gémissement et une clameur générale ; pourtant, le peuple romain se retint de te mettre à mort immédiatement, il réprima sa douleur et réserva le soin de son salut à la sévérité des juges.

Quoi ? tu savais qu'on t'accuserait ? Pourquoi le savais-tu ? Pourquoi le devinais-tu ? Tu n'avais aucun ennemi personnel ; au cas contraire, cependant, tu n'avais pas vécu de manière à avoir, devant les yeux, la crainte d'un procès. Est-ce le remords, ce qui arrive fréquemment, qui te rendait timide et soupçonneux ? Toi qui, donc, même au moment où tu étais revêtu du pouvoir absolu, as tremblé à la pensée d'une accusation et d'un procès, peux-tu, maintenant que tu es confondu par tant de témoignages, douter de ta condamnation ?

75. — Mais, si tu redoutais cette accusation d'avoir substitué au chef des pirates quelqu'un d'autre pour avoir la tête tranchée, quel était, selon toi, ton moyen le plus solide de défense : amener, sur ma demande, ma contrainte, devant des gens qui ne le connaissaient pas, si longtemps après, l'homme que tu déclares être le chef des pirates ? ou bien, quand l'affaire était récente, de lui trancher la tête, à Syracuse, devant des gens qui le connaissaient, sous les yeux pour ainsi dire de la Sicile entière ? Vois la différence entre les deux manières d'agir. La dernière ne prêtait à aucun blâme, la tienne n'offre aucun moyen de défense. C'est pourquoi, tous les gouverneurs ont suivi cette dernière méthode ; la tienne, qui, avant toi, qui, excepté toi, l'a employée, je te le demande ? Tu as gardé un pirate vivant. À quelle fin ? Tout le temps qu'a duré ton commandement. Pour quelle raison ? En vue de quel exemple ? Pourquoi si longtemps ? Pourquoi, dis-je, as-tu fait trancher

immédiatement la tête à des citoyens romains, que les pirates avaient capturés et as-tu donné aux pirates eux-mêmes un si long usage de la lumière ?

76. — Mais, soit ! Admettons que tu aies eu la liberté de les garder tout le temps que tu as eu le pouvoir suprême. Redevenu simple particulier, même accusé, même pour ainsi dire condamné, tu as gardé les chefs des ennemis dans ta maison particulière ? Un mois, un second mois, presque une année enfin, depuis le moment de leur capture, tu as eu chez toi des pirates. Ils y sont restés tant que je l'ai permis, c'est-à-dire tant que Manius Glabrion[1] l'a permis, lui qui, sur ma demande, a ordonné de les en faire sortir pour les mettre en prison.

BIZARRERIE DANGEREUSE QUE DE GARDER CHEZ SOI DES CHEFS ENNEMIS

XXX. — Quel est le droit, dans cette affaire, quelle est la coutume, quel est le précédent ? Un ennemi terrible et acharné du peuple romain ou plutôt un ennemi commun de toutes les nations et de tous les peuples, quel homme entre tous les mortels, quel simple particulier, pourra le garder entre les murs de sa propre maison ?

77. — Quoi ? Si la veille du jour où je t'ai contraint d'avouer qu'après avoir tranché la tête à des Romains, tu laissais vivre et habiter chez toi le chef des pirates, si, dis-je, la veille, il s'était enfui de chez toi et qu'il eût réussi à constituer une bande armée contre la République, que dirais-tu ? « Il a habité chez moi, il vivait avec moi ; c'est pour anéantir plus facilement l'accusation de mes adversaires que je l'ai gardé sain et sauf. » Vraiment ? Tu te défendras du danger que tu cours en mettant en péril tout

---

1. Préteur chargé de l'affaire qui présidait le tribunal.

l'État ? Les supplices que l'on doit à des ennemis vaincus, tu en marqueras la date, selon ton intérêt, non d'après celui de la République ? L'ennemi du peuple romain sera conservé sous la garde d'un simple particulier ? Mais, même ceux qui obtiennent le triomphe et conservent assez longtemps les chefs ennemis vivants pour que le peuple romain, les voyant figurer au triomphe, puisse jouir d'un très beau spectacle et apprécier les fruits de la victoire, cependant, lorsque leurs chars commencent à tourner du forum vers le Capitole, ils les font jeter en prison et la même journée met fin au commandement des vainqueurs et à la vie des vaincus.

78. — Et maintenant, je crois, on doute que tu eusses commis la faute — surtout convaincu, comme tu le dis, d'avoir à plaider ta cause — de ne pas trancher la tête du chef des pirates plutôt que de le laisser en vie, visiblement, à tes risques et périls. Si, en effet, il était mort naturellement, toi qui déclares avoir craint une accusation, je demande à qui tu pourrais prouver la vérité ? Il y avait un fait bien établi : personne à Syracuse ne l'avait vu — au grand regret général —, personne ne doutait que tu l'eusses libéré à prix d'argent ; la foule disait que tu lui avais substitué un autre individu que tu voulais faire passer pour lui ; après l'aveu d'avoir tant redouté auparavant cette accusation, si tu déclarais que l'homme est mort, qui te croirait ?

79. — Aujourd'hui que tu nous amènes un individu quelconque vivant, tu vois cependant qu'on se moque de toi. Quoi ? S'il s'était enfui, s'il avait brisé ses chaînes, comme Nicon, le pirate bien connu, que Servilius réussit à reprendre avec le même bonheur qu'il l'avait déjà capturé, que dirais-tu ? La vérité, la voici : si le vrai chef pirate avait eu la tête tranchée, tu n'aurais pas cet argent ; si l'homme substitué était mort naturellement ou s'était enfui, il n'était pas difficile de lui trouver un remplaçant. J'en ai dit plus que je ne voulais au

sujet de ce chef des pirates et cependant j'ai laissé de côté les preuves les plus authentiques de ce crime. Je veux, en effet, traiter l'accusation dans son ensemble. Il est un endroit précis, une loi précise, un tribunal précis, dont elle relève.

VERRÈS, LE LIBERTIN, DANS SON CAMP D'ÉTÉ

XXXI. – 80. — Avec cette proie précieuse, il se voit enrichi, en esclaves, en argenterie, en belles étoffes : il ne se montra pas, pour autant, plus empressé à équiper la flotte, à rappeler et entretenir des soldats. Et pourtant, cette activité, tout utile qu'elle fût au salut de la province, lui offrait en outre des occasions de butin. En effet, on était au fort de l'été. C'est le moment où les autres préteurs s'en allaient habituellement parcourir la province ou même, quand les pirates inspiraient une telle terreur et faisaient courir de tels dangers, prenaient eux-mêmes la mer. À ce moment-là, Verrès ne s'est pas contenté, pour sa luxure et ses plaisirs de sa propre demeure royale — le palais de Hiéron où les préteurs ont coutume de résider —, il a fait placer des tentes, selon son habitude en été, comme je l'ai déjà dit, tendues de lin très fin, sur le rivage situé à Syracuse dans l'Île, derrière la fontaine d'Aréthuse, près de l'entrée même du port, dans un endroit très agréable, à l'abri des témoins.

LES « PETITES FEMMES » DE VERRÈS

81. — C'est là que, pendant les jours d'été, le préteur du peuple romain, le gardien et le défenseur de la province vivait de la manière suivante : c'était tous les jours des repas de femmes, sans aucun convive masculin à part lui et son fils, encore enfant, (puisqu'ils y étaient seuls, j'avais bien raison de dire qu'il n'y avait aucun homme) ; quelquefois, on admettait aussi l'affranchi Timarchide ; quant aux femmes, elles étaient

mariées, nobles, sauf une seule, la fille du mime Isidore, qu'il avait enlevée, par amour, à un joueur de flûte rhodien. Il y avait une certaine Pipa, femme du Syracusain Eschrion : sur la passion de Verrès pour elle, on a écrit de nombreux vers qui couraient dans toute la Sicile.

COMMENT LE MARI SICILIEN DE NICÉ EST DEVENU CHEF DE LA FLOTTE ROMAINE

82. — Il y avait Nicé, très jolie femme, épouse de Cléomène de Syracuse. Son mari l'aimait, mais cependant, il ne pouvait ni n'osait s'opposer aux caprices de Verrès ; il se laissait vaincre aussi par les nombreux présents et les bienfaits de Verrès. Or, à ce moment-là, quelle que fût l'impudence du préteur, bien connue de vous cependant, tant que le mari se trouvait à Syracuse, il pouvait difficilement garder la femme tant de jours, sur le rivage, en toute liberté d'esprit. Aussi, imagine-t-il une chose unique. Les navires, que son lieutenant commandait, il les passe à Cléomène ! La flotte du peuple romain, c'est un homme de Syracuse, Cléomène, qu'il met à sa tête, avec ordre de la commander. Cette décision, il la prend pour que celui-ci non seulement fût écarté de chez lui tout le temps qu'il naviguerait, mais qu'il le fût volontiers, avec de grands honneurs et de grands avantages, tandis que lui, en l'absence du mari envoyé au loin, posséderait cette femme, non pas plus librement qu'auparavant (qui a jamais, en effet, fait obstacle à ses caprices ?), mais cependant avec plus de liberté d'esprit, comme s'il avait écarté non un mari mais un rival.

83. — L'homme qui reçoit donc les navires de nos alliés et de nos amis, c'est le Syracusain Cléomène !

XXXII. — Quelle accusation, quelle plainte vais-je d'abord formuler ? C'est à un lieutenant sicilien que l'on remet la fonction, l'honneur, l'autorité de questeur, de préteur. Si tu étais trop occupé par tes festins et tes femmes, où étaient les questeurs, tes lieutenants ? (Où étaient le blé estimé trois deniers, les mulets, les tentes, tant de si importantes fournitures remises et données aux magistrats et aux légats par le Sénat et le peuple romain ?), enfin, où étaient tes préfets et tes tribuns ? Si aucun citoyen romain n'était digne de cet emploi, n'y avait-il pas les citoyens des villes qui furent toujours les amis fidèles du peuple romain ? Ségeste, Centuripe ? villes qui sont liées au peuple romain par leurs services, leur fidélité, leur antiquité, mais aussi par la communauté d'origine.

84. — Ô dieux immortels ! Quoi ? Lorsque Cléomène de Syracuse a reçu l'ordre de commander les soldats, les navires et leurs capitaines de ces mêmes villes, n'a-t-il pas, par là, supprimé tout l'honneur dû au rang, à la justice, aux services rendus ? Est-ce que nous avons fait quelque guerre en Sicile sans avoir les habitants de Centuripe comme alliés, ceux de Syracuse, comme ennemis ? En réalité, je ne veux rappeler à votre mémoire que des faits très anciens et non pas insulter une cité. C'est pourquoi cet homme illustre, ce grand général, M. Marcellus, qui a pris Syracuse, par sa valeur, et l'a sauvée, par sa clémence, a voulu qu'aucun de ses habitants ne résidât dans le quartier qui s'appelle l'Île ; aujourd'hui, dis-je, il n'est pas permis à un Syracusain d'habiter ce quartier ; c'est une position, en effet, que l'on peut défendre même avec une poignée d'hommes. Donc, Marcellus n'a pas voulu se fier à des hommes qui n'avaient pas été fidèles à Rome pour la raison aussi que, de ce côté de la ville, l'accès est facile aux navires venant du large. C'est pourquoi ceux qui avaient, à plusieurs reprises, fermé cette porte à nos armées ne devaient pas, à son sens, en recevoir la garde.

85. — Vois la différence entre tes caprices et l'autorité des ancêtres, entre tes amours, ta folie et leur prudente sagesse.

Eux, ont enlevé aux Syracusains l'accès de leur propre rivage, toi, tu leur as accordé le commandement de la mer ; eux, n'ont pas voulu qu'un homme de Syracuse habitât à l'endroit où des navires pourraient aborder, toi, tu as voulu qu'un homme de Syracuse commandât la flotte et les vaisseaux ; ceux à qui Marcellus a enlevé une partie de leur propre ville, tu leur as donné une partie de notre commandement et ceux des alliés, qui nous ont assuré la soumission des Syracusains, tu leur as imposé d'obéir à un Syracusain.

VERRÈS REGARDE LA FLOTTE
SORTIR DE SYRACUSE

XXXIII. – 86. — Cléomène sort du port, dans la quadrirème de Centuripe ; à sa suite, on voit le navire de Ségeste, ceux de Tyndaris, d'Herbita, d'Heraclée, d'Apollonia, d'Haluntium, flotte apparemment splendide mais vide et faible, par suite des congés donnés aux soldats et aux rameurs. Pendant toute sa préture, ce préteur plein de zèle n'a vu la flotte que le temps qu'elle a longé son scandaleux festin ; quant à lui, qui était invisible depuis nombre de jours, il se présenta alors un moment à la vue des matelots. On vit debout, chaussé de sandales, le préteur du peuple romain, revêtu d'un manteau de pourpre et d'une tunique qui lui tombait aux talons, sur le rivage appuyé sur une petite femme. Ils sont forts nombreux, en effet, les Siciliens et les citoyens romains qui l'ont aperçu dans ce costume.

87. — Quand la flotte se fut avancée un peu en mer, et que le cinquième jour elle eut abordé à Pachynum[1], les marins, poussés par la faim, ramassaient des racines de palmiers sauvages, dont il y avait là, comme dans une grande partie de la Sicile,

1. Promontoire situé au sud-est de la Sicile.

une énorme quantité, et ces malheureux, à bout de forces, s'en nourrissaient ; quant à Cléomène, qui se croyait un autre Verrès, à la fois par ses débauches, son incapacité, mais aussi par sa qualité de chef suprême, il passait des journées entières à boire sur le rivage où il avait posé sa tente.

PENDANT QUE CLÉOMÈNE EST OCCUPÉ À BOIRE…

XXXIV. — Or, voici que, pendant que Cléomène était ivre et que les autres mouraient de faim, on annonce soudain la présence d'un navire de pirates dans le port d'Odyssée[1] — c'est en effet, le nom de l'endroit ; notre flotte se trouvait dans le port de Pachynum —. Des troupes de terre, il y en avait en nom, mais pas en fait : aussi, Cléomène crut-il pouvoir compléter, avec des soldats emmenés de cette place, l'effectif de ses marins et de ses rameurs. On découvrit alors que Verrès, dans sa cupidité, avait procédé pour les garnisons, comme pour la flotte : en effet, elles ne comprenaient que très peu de soldats, les autres étant en congé.

L'AMIRAL S'ENFUIT

88. — Le premier, Cléomène, sur sa quadrirème de Centuripe, ordonna de dresser le mât, de larguer les voiles, de couper les amarres et, en même temps, il fit donner le signal de le suivre au reste de la flotte. Ce navire de Centuripe était d'une rapidité incroyable à la voile ; en effet, au temps de la préture de Verrès, personne ne pouvait savoir ce que chaque navire était capable de faire à la rame ; cependant, le bateau-amiral, en raison de la dignité et de la faveur de Cléomène, ne manquait pas d'un nombre important de rameurs et de soldats. La quadrirème,

1. Au nord de Pachynum.

dans sa fuite, était déjà, pour ainsi dire, hors de vue que les autres navires, restés au même endroit, en étaient encore à tenter de partir.

89. — Les marins abandonnés ne manquaient pas de courage ; en dépit de leur petit nombre, et de la façon dont l'affaire se présentait, ils criaient qu'ils voulaient combattre : ce que la faim leur avait laissé de vie et de forces, ils préféraient le perdre par le fer. Si Cléomène ne s'était pas enfui tellement avant eux, il y aurait eu quelque possibilité de résistance. Son navire, en effet, était le seul qui fût ponté, le seul assez grand pour pouvoir servir de rempart à tous les autres ; s'il s'était trouvé sur le lieu de la bataille des pirates, il aurait donné l'impression d'une ville, au milieu de leurs brigantins. Mais alors, abandonnés qu'ils étaient, sans ressources, par leur chef et préfet de la flotte, ils se mirent nécessairement à suivre sa route.

90. — C'est du côté d'Helore[1], comme Cléomène lui-même, que faisait voile le reste de la flotte : ils fuyaient moins l'attaque des pirates qu'ils ne tentaient de suivre leur commandant. À ce moment, c'étaient les derniers à fuir qui se trouvaient le plus en danger ; en effet, c'était toujours le dernier navire que les pirates attaquaient. Ainsi, le premier vaisseau capturé est celui d'Haluntium ; son commandant était un homme bien connu l'Haluntin Phylarque, que les habitants de Locres rachetèrent ensuite aux pirates, sur les fonds publics : dans la première partie du procès, vous l'avez entendu, sous la foi du serment, vous exposer toute l'affaire en détail. C'est le tour ensuite du vaisseau d'Apollonia et son capitaine Anthropinus est tué.

1. Au nord d'Odyssée.

LA FLOTTE ROMAINE EST INCENDIÉE
PAR LES PIRATES

XXXV. – 91. — Pendant ce temps, Cléomène était déjà parvenu au rivage d'Helore ; déjà, il était descendu précipitamment de sa quadrirème qu'il avait laissée en train de ballotter sur les flots. Les autres commandants, quand le général en chef eut débarqué, voyant qu'il n'y avait aucune possibilité de résistance, aucun moyen non plus de fuir par mer, font aborder leurs navires à Helore et suivent jusqu'au bout Cléomène. Alors, le chef des pirates, Heracléon, vainqueur, contre tout espoir, non par sa valeur, mais grâce à la cupidité et à l'incapacité de Verrès, pousse et rejette sur le rivage la plus belle flotte du peuple romain et, à la tombée de la nuit, il donne l'ordre d'y mettre le feu et de l'incendier complètement.

...ET VERRÈS DORT TRANQUILLEMENT
DANS SON PALAIS

92. — Ô moment malheureux et plein d'amertume pour la province de Sicile ! Quelle catastrophe pour beaucoup d'innocents voués à la mort ! Ô dépravation ! Ô honte inouïes ! En une seule et même nuit, le préteur brûlait de la flamme d'un amour honteux, la flotte du peuple romain, de la flamme incendiaire des pirates. On apporte, à Syracuse, en pleine nuit, la nouvelle de ce terrible malheur ; on court au palais du préteur où, au sortir de ce fameux festin, l'avaient ramené peu auparavant les femmes, au bruit des chants et des instruments de musique. Cléomène, bien qu'il fasse nuit, cependant, n'ose pas se montrer en public, il s'enferme chez lui ; sa femme n'était pas là pour le consoler dans le malheur...

93. — La discipline de cet illustre général dans sa maison était à tel point sévère que, s'agissant d'une affaire si importante, d'une nouvelle si grave, on ne laissait entrer personne, il n'y avait personne pour oser le réveiller s'il dormait ou le déranger, s'il était debout. À ce moment, l'affaire étant connue de tous, la foule accourait de tous côtés dans la ville entière. En effet, ce n'était pas, selon l'habitude de toujours, un feu montant d'un poste ou d'une hauteur qui signalait l'arrivée des pirates : c'était la flamme de l'incendie lui-même qui annonçait à la fois le désastre subi et le danger imminent.

VERRÈS ENFIN RÉVEILLÉ
PAR LA CLAMEUR POPULAIRE

XXXVI. — Comme on cherchait le préteur et qu'il était clair que personne ne lui avait annoncé la nouvelle, la foule accourt, en criant, et assaille sa demeure.

94. — Alors, réveillé, il apprend de Timarchide toute l'affaire. Il prend un manteau militaire — il faisait déjà presque jour — s'avance en public, hébété par le vin, le sommeil et la débauche. Il est reçu par une telle clameur de la foule que la vision d'un danger pareil à celui de Lampsaque[1] se présente à ses yeux. Le risque paraissait encore plus grand parce que, avec de pareils sentiments de haine, la foule était ici très considérable. Tantôt, elle lui rappelait la plage où il se tenait, tantôt ses honteux banquets ; tantôt, la multitude criait les noms des femmes ; tantôt, elle lui demandait ouvertement où il était, ce qu'il avait fait, tant de jours de suite pendant lesquels il était resté invisible ; tantôt, on réclamait le commandant qu'il avait mis à la tête de la flotte, Cléomène et peu s'en fallut que le sort d'Hadrien à

---

1. A Lampsaque, en Asie, Verrès avait failli être brûlé vif, dans une émeute qu'il avait provoquée, en voulant faire enlever la fille d'un des notables de la cité.

Utique ne se renouvelât à Syracuse et que deux tombeaux de préteurs ne fussent érigés, en deux provinces[1]. Mais, le peuple tint compte des circonstances, du trouble causé par les pirates, de ses liens d'honneur et de l'estime de la colonie romaine, liens vraiment dignes non seulement de cette province mais de toute la République.

95. — D'eux-mêmes, ils reprennent courage et, pendant que Verrès à demi ensommeillé restait encore hébété, ils saisissent leurs armes, investissent le forum entier et l'Île qui forme une grande partie de la ville.

Pendant cette seule mémorable nuit, les pirates restèrent à Helore. Après avoir laissé nos navires encore fumants, ils commencent à approcher de Syracuse. Comme ils avaient appris sans doute qu'il n'y avait rien de plus beau que les remparts et le port de Syracuse, ils avaient décidé qu'ils ne les verraient jamais, si ce n'était pendant la préture de Verrès.

LES PIRATES DANS LE PORT DE SYRACUSE

XXXVII. – 96. — Et d'abord, ils approchent de ce fameux camp d'été du préteur, dans la partie même du rivage où ce misérable avait, pendant ces jours-là, placé ses tentes et le camp de sa débauche. L'ayant trouvé vide et se rendant compte que le préteur avait décampé, aussitôt, sans aucune crainte, ils commencèrent à pénétrer dans le port lui-même. Lorsque je dis le port, messieurs les juges, (je dois des explications plus détaillées à ceux qui ignorent les lieux), je dis par là que les pirates ont pénétré dans la ville, dans l'intérieur de Syracuse. En effet, la ville n'est pas terminée par le port, c'est le port même qui est entouré et enfermé par la ville si bien que la mer

1. C. Fabius Hadrianus, légat en Afrique, avait été brûlé vif à Utique par la population exaspérée.

ne baigne pas l'extrémité des remparts, mais le port lui-même insinue ses eaux dans le cœur de la ville.

97. — C'est là que, sous ta préture, le pirate Heracléon, avec quatre petits brigantins, a évolué selon son bon plaisir. Dieux immortels ! Un bateau pirate, alors que l'autorité en titre et les faisceaux étaient, à Syracuse, ceux du peuple romain a pu accéder jusqu'à la place publique de Syracuse, à tous les quais de la ville, à un endroit où les glorieuses flottes de Carthage, à l'apogée de sa puissance maritime, en dépit de fréquentes tentatives, au cours de guerres nombreuses, n'ont jamais pu atteindre ; où la gloire des forces navales du peuple romain qui ne connaissait pas la défaite avant ta préture, n'a jamais pu pénétrer, au cours de tant de guerres contre Carthage et la Sicile : la position est si forte que des Syracusains auraient pu voir l'ennemi armé et victorieux, à l'intérieur de leurs remparts dans leur ville et sur leur place publique, avant de voir aucun navire étranger dans leur port !

98. — C'est là que, sous ta préture, de misérables embarcations de pirates sont parvenues à un endroit où, de mémoire d'homme, la seule flotte d'Athènes, forte de trois cents navires et d'une multitude d'hommes, a réussi à pénétrer et encore, là-même, la configuration des lieux et du port lui a valu une écrasante défaite. C'est là que, pour la première fois, cette illustre cité a vu sa puissance profondément atteinte ; c'est dans ce port, pense-t-on, qu'ont fait naufrage la notoriété d'Athènes, son empire et sa gloire.

LA PROMENADE DU BATEAU-PIRATE
DANS LE PORT DE SYRACUSE

XXXVIII. — Un pirate a donc pénétré à un endroit où, sitôt entré, il laissait sur ses flancs mais encore derrière lui, une grande partie de la ville ! Il a passé le long de l'Île tout entière, le quartier qui forme dans Syracuse une vraie ville par son nom et ses remparts, le quartier où nos ancêtres, comme je l'ai déjà dit, ont défendu à tout Syracusain d'habiter : occuper cette partie de la ville, ils le comprenaient, c'était tenir le port en son pouvoir.

99. — Mais, de quelle façon a-t-il fait son tour dans le port ? Les racines de palmiers sauvages que les corsaires avaient trouvées dans nos navires, ils les lançaient dans l'eau pour que chacun pût se rendre compte de la malhonnêteté de Verrès et du malheur de la Sicile. Les soldats siciliens, les fils de ces laboureurs dont les pères faisaient pousser, par leur travail, assez de blé pour ravitailler le peuple romain et l'Italie tout entière, ces hommes, nés dans l'île de Cérès où, dit-on, furent découvertes les céréales, ont donc utilisé une nourriture dont leurs ancêtres, par la découverte des céréales, ont détourné le reste des hommes ? Sous ta préture, les soldats siciliens se nourrissaient de racines de palmiers, les pirates, eux, de blé sicilien !

100. — Spectacle lamentable et plein d'amertume ! Ce qui était ridiculisé, c'était la gloire de Rome, le nom du peuple romain, une colonie et un peuple nombreux de gens parfaitement honorables et cela, par un brigantin de pirates ! Dans le port de Syracuse, un pirate conduit son triomphe sur la flotte du peuple romain, alors que les rames des pirates lançaient de l'écume jusqu'aux yeux du plus mou, du plus dépravé des préteurs !
Après que les pirates, non qu'ils eussent éprouvé la moindre terreur, mais parce qu'ils étaient satisfaits, furent sortis du port, alors les gens commencèrent à se demander la raison de ce si grand malheur. Chacun de dire et de soutenir ouvertement qu'il n'y avait pas lieu de s'étonner si, les rameurs et les soldats étant en congé, le reste de l'effectif, misérable et affamé, le préteur passant tant de journées à boire avec de petites femmes, on avait subi une si honteuse défaite.

101. — Or, ce blâme infamant était appuyé fortement par les propos des capitaines que leurs propres cités avaient préposés au commandement des navires : ceux d'entre eux qui avaient survécu à la perte de la flotte s'étaient réfugiés à Syracuse. Ils disaient quel était, pour leur propre navire, le nombre de marins en congé. Le fait était évident et l'audace de Verrès était rendue flagrante par des preuves, mais aussi par des témoins sûrs.

L'INIQUITÉ DU CRUEL PRÉTEUR

XXXIX. — Notre homme est informé qu'on ne fait rien d'autre, sur la place publique et dans la colonie romaine, que de questionner les navarques sur les conditions de la perte de la flotte ; ils répondent et informent chacun que le désastre est dû aux congés des rameurs, à la famine de ceux qui étaient là, à la peur et à la fuite de Cléomène. Instruit de ces propos, voici le plan qu'il commença d'établir.

Il était déjà sûr d'avoir à passer en justice, avant même d'être accusé, comme vous le lui avez entendu dire dans la première partie de ce procès. Si ces capitaines de navires étaient cités comme témoins, il voyait qu'il lui serait impossible, par aucun moyen, de se défendre de cette accusation. Il prend d'abord une décision assez folle, mais cependant empreinte de quelque indulgence.

102. — Il convoque chez lui les navarques : ils se présentent. Il leur reproche d'avoir tenu sur lui des propos de ce genre ; il leur demande d'y mettre un terme et d'affirmer qu'ils ont eu, chacun dans son propre navire, l'effectif convenable de marins sans qu'aucun d'entre eux fût en congé. Eux, de lui promettre satisfaction. Verrès, sans attendre le lendemain, fait venir aussitôt ses amis ; il demande à chacun en particulier le nombre de ses marins ; chacun répond, selon les instructions

reçues ; il note leurs réponses dans les registres, les revêt du sceau de ses amis, en homme qui se réservait sans doute en vue d'une accusation éventuelle, si un jour il en était besoin, le secours de ce témoignage.

103. — Il fut, je crois, cet insensé en butte aux plaisanteries de ses propres conseillers et averti que ces témoignages ne lui seraient d'aucune utilité, ils fortifieraient même l'accusation quand on verrait la précaution excessive du préteur. Déjà, en plusieurs occasions, il avait eu recours à ce procédé de fou : ordonner de faire arbitrairement des ratures ou d'ajouter des mentions même officiellement sur les registres des cités. Toutes ces finasseries, il comprend qu'elles ne lui sont d'aucune utilité, maintenant qu'il est accablé par des écrits, des témoins, des autorités authentiques.

XLV. — Lorsqu'il voit que la déclaration des capitaines, son propre témoignage, ses notes écrites, ne lui seront d'aucun secours, il forme un projet, non celui que pourrait imaginer un préteur malhonnête (ce qui, en vérité, serait acceptable), mais celui d'un tyran cruel et fou : il pensa que, pour atténuer l'importance de cette accusation, (la supprimer totalement lui semblait, en effet, impossible) il fallait qu'aucun des navarques, témoins de son crime, ne restât en vie.

COMMENT ÉPARGNER SON COMPLICE CLÉOMÈNE ?

104. — Une difficulté se présentait à son esprit : que faire de Cléomène ? Pourrai-je châtier ceux qui avaient reçu l'ordre de lui obéir, libérer ceux à qui j'ai confié la charge de la flotte et l'autorité suprême sur ces hommes ? Pourrai-je envoyer au supplice ceux qui ont suivi Cléomène et pardonner à Cléomène qui leur a donné l'ordre de fuir avec lui à sa suite ? Pourrai-je

m'acharner contre ceux qui avaient des navires non seulement sans rameurs, mais encore non pontés et user d'indulgence pour celui qui était seul à posséder un vaisseau ponté et assez bien pourvu d'équipage. Que Cléomène périsse avec eux ! Mais, l'amitié fidèle, les protestations affectueuses, les mains serrées, les embrassements, le partage de lit et de femme dans la campagne qu'ils faisaient sur le plus délicieux des rivages ? Il lui était impossible de ne pas épargner Cléomène !

105. — Il le fait venir : il lui fait part de sa décision de châtier tous les navarques ; l'intérêt de sa sûreté le comportait, l'exigeait ainsi : « Tu es le seul que j'épargnerai, j'accepterai d'être chargé de ta faute et taxé d'inconséquence plutôt que de me montrer cruel envers toi ou de laisser en vie, sains et saufs, tant de témoins si dangereux ».

Cléomène le remercie ; il approuve la décision de Verrès ; il déclare que c'est ainsi qu'il faut procéder ; il lui rappelle cependant un fait qui avait échappé à Verrès : il était impossible de sévir contre le navarque de Centuripe, Phalacre, parce que ce capitaine était avec lui, sur le vaisseau de Centuripe. Quoi donc ? Un homme, d'une cité si importante, un noble adolescent sera laissé comme témoin ? « Pour le moment, dit Cléomène, parce que c'est nécessaire ; mais ensuite, nous aviserons par quelque moyen à l'empêcher de nous faire du tort ».

… SUR LA PLACE PUBLIQUE DE SYRACUSE

XLI. – 106. — Après avoir décidé et réglé ces points, tout à coup Verrès sort de son palais, enflammé d'ardeur criminelle, de fureur, de cruauté ; il vient sur la place publique, fait appeler les navarques. Eux, sans la moindre crainte, ni soupçon, accourent aussitôt. Le misérable commande de jeter les malheureux innocents dans les fers. Eux, d'implorer la justice du préteur et de lui demander la raison de cet ordre. Alors, il déclare qu'on les met en prison pour avoir livré la flotte. Le peuple pousse des cris, il s'étonne de voir un homme assez impudent, assez effronté pour rejeter sur d'autres les responsabilités d'un désastre qui était dû entièrement à sa cupidité ou, quand on le regardait comme le complice des pirates, d'accuser les autres de trahison ; d'autre part, quinze jours s'étaient écoulés depuis la perte de la flotte et c'était seulement aujourd'hui qu'il formulait son accusation.

107. — Pendant que tout cela se passait, on se demandait où se trouvait Cléomène, non qu'il fût d'un caractère qui le fît juger digne du supplice pour cette affaire pénible ; en effet, qu'aurait pu faire Cléomène (je suis incapable d'accuser quelqu'un faussement) qu'aurait-il pu tellement faire, dis-je, avec des vaisseaux dégarnis par la cupidité de Verrès ? Et voici qu'ils le voient assis à côté du préteur en train, selon son habitude, de lui susurrer ses propos familiers à l'oreille. Alors vraiment, chacun jugea profondément indigne que des gens parfaitement honnêtes, choisis parmi leurs concitoyens, fussent jetés dans les fers tandis que Cléomène, du fait qu'il partageait ses hontes et ses turpitudes, restait l'ami intime du préteur.

108. — On n'en donne pas moins le rôle d'accusateur à un nommé Naevius Turpion qui, sous la préture de C. Sacerdos[1], avait été condamné pour diffamation ; personnage bien propre à servir l'audace de Verrès qui, dans les procès de dîmes, les affaires capitales, les imputations calomnieuses de tout genre, avait l'habitude de l'envoyer en éclaireur et en émissaire.

1. Prédécesseur de Verrès.

LES PARENTS DES CONDAMNÉS
ARRIVENT À SYRACUSE

XLII. — Arrivent à Syracuse les parents et la famille des malheureux jeunes gens bouleversés par la nouvelle subite de leur affreux malheur ; ils aperçoivent leurs fils enchaînés, supportant sur leur tête et leur cou le poids du châtiment dû à la cupidité de Verrès. Les voici, devant toi, défendant leurs enfants, poussant des cris, implorant ta justice dont on ne vit nulle part ni jamais aucune trace.

Il y avait là un père, Dexion, de Tyndaris, personnage bien connu, ton hôte. Tu avais séjourné dans sa maison, tu l'avais appelé ton hôte ; un homme de ce rang, tu le voyais abîmé dans le désespoir : ni ses larmes, ni sa vieillesse, ni le titre d'hôte et les liens qu'il crée n'ont réussi à rappeler en toi quelques sentiments d'humanité ?

109. — Mais, pourquoi rappeler les droits de l'hospitalité, quand il s'agit de cette bête sauvage ? Lui qui a vidé et mis à sac la demeure de son hôte Sthenius de Thermes pendant son séjour, qui a osé, malgré son absence, l'inscrire sur une liste de coupables, le condamner sans jugement à la peine capitale, pouvons-nous lui demander de respecter maintenant les règles et les devoirs de l'hospitalité ? Avons-nous affaire à un homme cruel ou à une bête sauvage et féroce ? Les larmes d'un père pleurant sur le danger de mort pour son fils innocent ne réussissaient pas à t'émouvoir ? Alors que tu avais laissé ton père à Rome, que tu avais ton fils à tes côtés, ni la présence de ton fils ne te parlait de l'amour dû à ses enfants, ni l'absence de ton père, de la tendresse paternelle ?

110. — L'homme qui portait des chaînes, c'était ton hôte lui-même Aristée, le fils de Dexion. Pourquoi ? — Il avait livré

la flotte. — En vue de quel profit ? — Il avait déserté. — Et Cléomène alors ? — Il avait été lâche. — Mais, tu lui avais décerné auparavant une couronne pour son courage. — Il avait mis en congé les matelots. — Mais, c'est toi qui avais reçu d'eux tous, une indemnité. Il y avait un autre père Eubulide d'Herbita, homme en vue, bien connu dans sa ville. Comme pour défendre son fils, il avait attaqué Cléomène, on le laissa presque nu. Que pouvait-on donc dire ou alléguer comme défense ? Il n'est pas permis de nommer Cléomène — Mais le procès contraint de le faire — Tu mourras, si tu cites son nom (jamais, en effet, Verrès n'y est allé légèrement dans ses menaces) — Mais, il n'y avait pas de rameurs — Tu accuserais le préteur ? Romps-lui le cou — S'il n'est pas permis de nommer le préteur ni l'émule du préteur, alors que l'affaire repose sur eux deux, que restera-t-il comme moyen de défense ?

LE CAS D'HERACLIUS

XLIII. – 111. — Heraclius de Ségeste est cité également en justice. C'est un homme bien connu dans sa patrie, d'une noble famille. Écoutez, messieurs les juges, dans la mesure où l'exigent vos sentiments d'humanité ; vous serez instruits, en effet, des vexations et des torts considérables infligés à nos alliés. Sachez que cet Heraclius a figuré dans ce procès, lui qu'une maladie grave de la vue avait empêché de prendre la mer, à ce moment, et qui, sur l'ordre de son commandant, était resté en congé à Syracuse. À coup sûr, il n'a pas livré la flotte, il n'a pas, sous l'empire de la frayeur, pris la fuite, ni déserté. Et, en effet, le moment où il aurait fallu châtier ces fautes, c'était celui où la flotte quittait Syracuse. Cependant, il a été cité en justice comme s'il avait été pris en flagrant délit de quelque action criminelle, lui, contre lequel il fut impossible de trouver un motif d'accusation.

UN JEUNE CONDAMNÉ BRAVE LE TYRAN

112. — Il y avait, parmi ces navarques, un nommé Furius d'Héraclée (les gens de ce pays ont quelques noms latins de ce genre) ; toute sa vie, il avait été, dans sa ville, un personnage en vue et bien connu ; mais il le fut après sa mort, dans la Sicile entière. Cet homme eut assez de courage pour attaquer librement Verrès (en effet, sachant qu'il devait mourir, il estimait qu'il ne courait aucun risque). Mais, aux approches de la mort, comme sa mère, en larmes, se tenait, nuit et jour, à ses côtés dans la prison, il écrivit sa propre défense. Il n'est maintenant personne en Sicile qui ne la possède, qui ne la lise, qui ne trouve dans ce discours le souvenir de ton crime et de ta férocité. Il y rappelle le nombre de matelots que Verrès a reçus de sa ville, le nombre de ceux qu'il a envoyés en congé et à quel prix, le nombre de ceux qu'il a gardés avec lui, il fait le même compte pour tous les autres vaisseaux. Pendant qu'il donnait ces précisions devant toi, on lui frappait les yeux à coups de verges. Celui-ci, sûr de mourir, supportait facilement la douleur physique ; il criait — ses protestations il les a laissées par écrit — que c'était un crime abominable que les larmes de la plus impudique des femmes[1] eussent plus de poids à tes yeux, pour le salut de Cléomène, que les larmes de sa mère, à lui, pour sa propre vie.

113. — Ensuite, je vois encore qu'il a tenu ce propos (si le peuple romain vous a choisis avec discernement, Furius a dit, de vous, la vérité, au moment même de la mort) : « Verrès, en faisant périr les témoins de ses crimes, ne peut anéantir ses crimes eux-mêmes. Devant des juges sages, lui Furius, serait, du fond des enfers, un témoin à charge plus écrasant que s'il était cité vivant devant un tribunal ; vivant, il pouvait témoigner

1. La femme de Cléomène.

seulement de la cupidité de Verrès ; quand il aurait été mis à mort, il témoignerait de son audace criminelle et de sa férocité. Écoutez maintenant, ces paroles fameuses : « Quand ton affaire viendra, ce n'est pas seulement une foule de témoins qui sera là, mais les Dieux Mânes de tes victimes qui enverront à ton procès les châtiments vengeurs des innocents et les Furies qui s'attachent aux criminels. Je me fais une idée plus douce de mon sort parce que j'ai déjà vu auparavant le tranchant de tes haches, le visage et la main de ton bourreau Sextius, lorsque dans la colonie romaine, des citoyens romains, sur ton ordre, avaient la tête tranchée. »

114. — Bref, messieurs les juges, la liberté que vous avez donnée à nos alliés, cet homme en a usé devant le supplice le plus affreux, réservé aux plus misérables esclaves.

XLIV. — Verrès les condamne tous, sur l'arrêt de son conseil ; cependant, dans une affaire si importante, qui concernait tant d'hommes, il n'appelle pas près de lui, T. Vettius, son questeur, pour lui demander son avis, ni P. Cervius, son lieutenant, homme énergique qui, pour avoir été son lieutenant pendant sa préture en Sicile, fut récusé le premier comme juge ; non, ce fut sur l'arrêt de bandits, son escorte de complices, qu'il condamne tous les accusés.

APRÈS LA CONDAMNATION !
L'ÉMOTION DANS TOUTE LA SICILE

115. — Alors, tous les Siciliens, les plus fidèles et les plus anciens de nos alliés, qui avaient reçu de nos ancêtres un si grand nombre de bienfaits, sont profondément bouleversés et remplis de crainte à la pensée du péril que couraient et leurs vies et leurs biens. Ils supportent difficilement que cette clémence, cette douceur fameuses de notre souveraineté soient changées en

une pareille cruauté, une pareille inhumanité, que tant d'hommes soient condamnés, en même temps, sans motif, qu'un préteur malhonnête cherche à couvrir ses vols par la mort très indigne d'innocents. Rien ne semble plus pouvoir être ajouté, messieurs les juges, à cette folie, à cette cruauté, et c'est à bon droit que l'on a ce sentiment ; en effet, s'il rivalise d'improbité avec d'autres malfaiteurs, il l'emportera de très loin sur eux tous.

116. — C'est avec lui-même qu'il entre en compétition : il s'y prend de manière à enchérir sur son précédent forfait, par un nouveau crime. J'avais dit que Cléomène avait mis à part Phalacre de Centuripe parce que c'était dans le vaisseau de celui-ci qu'il était lui-même transporté ; cependant, comme le jeune homme avait peur — il voyait que sa cause était la même que celle des autres innocents qui allaient mourir — Timarchide vient le trouver ; il lui affirme qu'il n'a pas à craindre d'avoir la tête tranchée ; il doit prendre des dispositions cependant pour n'être pas frappé de verges. Bref, vous avez entendu le jeune homme vous dire que, dans cette crainte, il avait donné de l'argent à Timarchide.

117. — Ce sont bagatelles, quand il s'agit de cet accusé. Le navarque d'une très noble cité se libère de la crainte des verges, à prix d'argent : c'est bien humain. Un autre, pour n'être pas condamné, a fait de même ; c'est un usage courant. Le peuple romain ne veut pas retenir des accusations ordinaires contre Verrès ; il en exige d'exceptionnelles ; il demande qu'elles soient inouïes ; dans sa pensée, ce n'est pas le procès d'un préteur de Sicile qui est en cours, mais celui d'un tyran sans foi ni loi.

UN ÉVENTAIL DE TORTURES RAFFINÉES

XLV. — On enferme en prison les condamnés ; on décide de leur supplice ; c'est à leurs malheureux parents qu'on l'inflige ;

on leur interdit d'approcher leurs fils, on leur interdit d'apporter à leurs propres enfants de la nourriture et des vêtements.

118. — Ces pères, que vous voyez ici, restaient couchés sur le seuil de la prison, les malheureuses mères passaient la nuit devant la porte, empêchées qu'elles étaient de voir une dernière fois leurs enfants. Elles ne demandaient rien d'autre que l'autorisation de recevoir leur dernier soupir. Il y avait là le portier de la prison, le bourreau du préteur, la mort et la terreur des alliés et des citoyens, le licteur Sextius pour qui chaque gémissement, chaque douleur avait un tarif qu'il avait fixé : « Pour la visite, tu donneras tant ; pour avoir la permission de lui apporter de la nourriture, tant ». Personne ne refusait. « Pour que je tranche la tête d'un seul coup à ton fils, combien me donneras-tu ? Pour qu'il ne soit pas torturé longtemps, pour qu'il ne reçoive pas trop de coups de verges, pour qu'il meure sans douleur ? » Même pour cela, on donnait de l'argent au licteur.

119. — Ô douleur affreuse, intolérable ! Ce n'était pas la vie de leurs enfants, mais la rapidité de leur mort que les parents étaient contraints d'acheter. Et voici que les jeunes gens eux-mêmes s'entretenaient avec Sextius de leur flagellation et de ce fameux dernier coup unique : des enfants faisaient à leurs parents cette dernière prière : qu'ils veuillent bien donner de l'argent au licteur pour qu'il allège leurs tortures. On invente une quantité de tourments affreux contre les parents et la famille : une quantité ! Mais, du moins, que la mort y apporte un terme ! Il n'en sera rien. Est-il un degré plus élevé où la cruauté puisse atteindre ? On le trouvera. En effet, lorsqu'ils auront la tête tranchée, qu'ils seront morts, on jettera leurs corps aux bêtes féroces. Si cette perspective est trop pénible aux parents, qu'ils achètent, à prix d'argent, la possibilité de les ensevelir !

120. — Vous avez entendu Onasus de Ségeste, personnage bien connu, vous dire que, pour ensevelir le navarque Heraclius, il avait donné de l'argent à Timarchide. Pour t'enlever la possibilité de dire : « ce sont des pères qui viennent déposer, animés par le ressentiment de la perte de leur fils », voilà un homme de premier rang, très connu, qui parle et il ne parle pas de son fils. Maintenant, est-il quelqu'un à Syracuse qui n'ait appris tout cela, qui ne soit au courant de ces tractations de Timarchide sur les sépultures de ces hommes encore vivants ? N'était-ce pas ouvertement qu'ils en parlaient avec lui ? que la famille de chacun était admise à ces marchés, qu'on débattait pour des hommes encore vivants du prix de leurs funérailles !

LES JEUNES CAPITAINES INNOCENTS
SONT EXÉCUTÉS

XLVI. – 121. — Tous ces points étant établis et décidés, on sort les condamnés de la prison, on les attache au poteau. Quel homme fut alors d'un naturel assez dur, assez inhumain, à part toi seul, pour n'être pas bouleversé par le jeune âge, la noble origine, le malheur, de ces victimes ? Fut-il quelqu'un qui ne versât des larmes, qui, bien loin de juger leur malheureux sort comme s'il lui était étranger, ne le regardât comme un péril qui les menaçait tous ? On leur tranche la tête. Toi, tu te réjouis au milieu des gémissements de tous et tu triomphes ; tu es heureux de voir supprimer les témoins de ta cupidité. Tu te trompais, Verrès, et tu te trompais grossièrement quand tu croyais laver les souillures de tes vols et de tes turpitudes dans le sang de nos alliés innocents. Ta folie te précipitait dans l'abîme quand tu pensais guérir les blessures causées par ta cupidité, par le remède de ta cruauté. Et, en effet, ils ont beau être morts les témoins de ton crime, cependant, leur famille ne leur fait pas défaut pas plus qu'à toi ; cependant, du nombre de ces navarques, il y a quelques survivants qui sont ici : c'est pour venger ces innocents, je pense, que la Fortune les a conservés, en vue de ce procès.

TU N'AS PAS TUÉ TOUS LES TÉMOINS

122. — Voici Phylarque d'Haluntium, qui, pour n'avoir pas fui avec Cléomène, fut attaqué par les pirates et fait prisonnier. Ce malheur fut la cause de son salut : s'il n'avait pas été capturé par les pirates, il serait tombé aux mains de ce bourreau des alliés. Il parle, sous la foi du serment, des congés des marins, de la famine des autres, de la fuite de Cléomène. Il est là, lui aussi, Phalacre de Centuripe, cet homme né dans une très grande cité d'une très grande famille, il tient les mêmes propos, sur aucun point, il n'est en désaccord.

123. — Par les dieux immortels ! Quelles sont vos impressions, vous donc qui siégez ici, messieurs les juges ? Comment avez-vous écouté ce récit ? Est-ce que je déraisonne ? Est-ce que je m'afflige plus qu'il ne convient sur un si grand malheur, sur ce traitement pitoyable de nos alliés ? Ou bien, vous aussi, devant l'affreux supplice infligé à des innocents, devant la douleur de leurs parents, éprouvez-vous le même sentiment de douleur ? Pour moi, en effet, quand je vous dis qu'un habitant d'Herbita, qu'un habitant d'Héraclée ont eu la tête tranchée, ce qui se présente à mes yeux, c'est le caractère infâme de ce malheur !

XLVII. — Des citoyens de ces peuples, des fils de ces campagnes, à qui une énorme quantité de froment, due au travail de leurs paysans, est demandée chaque année pour le peuple romain, des fils que leurs parents, pleins de confiance en notre autorité et en notre justice, ont mis au monde et élevés, étaient donc réservés à la férocité impie de Verrès et aux coups mortels de sa hache ?

124. — Quand je revois dans mon esprit ce navarque de Tyndaris, celui de Ségeste, je médite alors, en même temps, sur les droits et les devoirs des cités. Ces villes dont Scipion l'Africain a jugé qu'elles devaient être même ornées des dépouilles de l'ennemi, Verrès, lui, les a privées non seulement de ces parures, mais encore de leurs plus nobles fils, par son crime impie. Voici ce que répètent volontiers les habitants de Tyndaris : « On nous compte au nombre des dix-sept peuples de la Sicile[1] ; pendant toutes les guerres puniques et siciliennes, nous nous sommes toujours rangés au parti de l'amitié et de la fidélité au peuple romain ; tout ce qui pouvait l'aider dans la guerre, tout ce qui pouvait l'orner dans la paix, nous l'avons toujours fourni au peuple romain. » Ces droits leur ont été vraiment utiles pendant que Verrès, en fonctions, exerçait sur eux son pouvoir absolu !

125. — Vos marins, naguère, Scipion les a conduits contre Carthage, mais maintenant, c'est un navire presque vide que Cléomène conduit contre les pirates ; l'Africain a partagé avec vous les dépouilles de l'ennemi et les récompenses de la gloire ; mais aujourd'hui, dépouillés par ses soins, votre navire emmené par les pirates, vous êtes considérés et jugés comme des ennemis. Quoi donc ? Cette communauté d'origine qui n'est pas seulement une tradition écrite ni un objet de discours, mais qui s'est manifestée et prouvée par les nombreux services qu'ils nous ont rendus, quels fruits cette fameuse amitié a-t-elle portés, sous son autorité ? À coup sûr, il convenait bien à ce droit de nos alliés qu'un très noble adolescent fût arraché du sein de sa patrie pour être livré au bourreau Sextius — la cité à laquelle nos ancêtres ont accordé les terres les plus étendues et les plus fertiles, qu'ils ont voulu affranchir de toute charge avec sa communauté d'origine, sa loyauté de toujours, son prestige

1. Ceux qui étaient restés fidèles à Rome pendant les guerres puniques.

n'a même pas reçu de toi le droit d'obtenir, par ses prières, le salut du plus honorable et du plus innocent de ses concitoyens !

XLVIII. – 126. — Quel refuge restera donc à nos alliés ? À qui adresser leurs supplications ? Par quel espoir leur volonté de vivre sera-t-elle maintenue, si vous les abandonnez ? S'adresseront-ils au Sénat ? À quelle fin ? Pour envoyer Verrès au supplice ? Ce n'est pas l'usage, ce n'est pas la fonction du Sénat. Chercheront-ils appui près du peuple romain ? La réponse du peuple est facile ; il a créé une loi, dira-t-il, pour la protection des alliés et il a fait de vous les gardiens de cette loi et ses défenseurs. Ce lieu est donc le seul où ils puissent trouver refuge, c'est ici le port, la citadelle, l'autel des alliés. Ils y recourent aujourd'hui mais non pas comme ils le faisaient, dans leurs affaires de concussion. Ce n'est pas de l'argent, ce n'est pas de l'or, ce ne sont pas de précieuses étoffes, ce ne sont pas des esclaves qu'ils vous réclament ; ce ne sont pas les œuvres d'art qu'il a arrachées aux villes et aux temples ; dans leur ignorance, ils redoutent que le peuple romain ne leur redonne plus le droit de les réclamer et maintienne l'état de fait. Nous restons passifs, en effet, et depuis beaucoup d'années, nous gardons le silence quand nous voyons toutes les richesses de toutes les nations tomber aux mains d'une poignée d'hommes. Nous semblons supporter ces abus et les autoriser avec d'autant plus d'indifférence que nul de ces hommes malhonnêtes ne s'en cache, que nul d'entre eux ne prend la peine de voiler sa cupidité.

127. — Dans notre ville, la plus belle, la plus riche en œuvres d'art, est-il une statue, un tableau qui n'ait été pris à des ennemis vaincus et transporté ici ? Mais, ce sont les maisons de campagne de ces gouverneurs malhonnêtes qui sont ornées et remplies d'une quantité énorme de butin enlevé à nos alliés les plus fidèles ! Où croyez-vous que soient les richesses des nations

étrangères qui sont maintenant privées de tout trésor, quand vous voyez Athènes, Pergame, Cyzique[1], Milet, Chio, Samos[2], toute l'Asie enfin, l'Achaïe, la Grèce[3], la Sicile enfermées dans un si petit nombre de maisons de campagne ?

Mais, ces trésors, comme je vous le dis, maintenant vos alliés vous les laissent tous et ne vous les réclament plus, messieurs les juges. En effet, par les services rendus, par leur loyauté, ils ont pris l'attitude qu'il fallait pour n'être pas victimes d'une spoliation officielle de la part du peuple romain ; s'ils ne pouvaient s'opposer à la cupidité d'une poignée de gouverneurs malhonnêtes, ils pouvaient cependant y suffire en quelque sorte. Aujourd'hui, au contraire, ils se sont vu ôter non seulement la possibilité de résister à cette cupidité, mais même de la combler. C'est pourquoi, ils négligent leurs intérêts ; leurs richesses, dont la restitution donne son nom à ce tribunal[4], ils ne les réclament pas, ils les abandonnent ; voici en quel état ils cherchent maintenant refuge près de vous.

LES PARENTS DÉSESPÉRÉS DES VICTIMES AU PROCÈS DE VERRÈS

XLIX. – 128. — Jetez les yeux, messieurs les juges, jetez les yeux sur l'aspect triste et misérable de nos alliés.

Voici Sthenius de Thermes[5] avec ces cheveux et ces vêtements de deuil : sa maison tout entière a été pillée, cependant il ne fait pas mention de tes vols. C'est sa propre personne qu'il te redemande[6], rien de plus. Tu l'as arraché tout entier, par un

---

1. Pergame et Cyzique, villes de Mysie en Asie Mineure.
2. Villes ioniennes d'Asie Mineure ou de l'archipel.
3. L'Achaïe désigne le Péloponnèse ; la Grèce, la Grèce du nord et les îles.
4. Ce tribunal était chargé des poursuites pour concussion.
5. Ville située près d'Himère, au nord de la Sicile.
6. Parce qu'il avait été condamné à mort.

caprice criminel, à sa patrie, dans laquelle il occupait le premier rang par ses nombreux bienfaits et ses vertus.

Ce Dexon que voici, ce ne sont pas les œuvres d'art que tu as arrachées à sa ville de Tyndaris[1], ni les biens privés que tu lui as extorqués, c'est son fils unique qu'il te réclame, le malheureux, le meilleur des fils et le plus innocent qui se puisse trouver ; ce ne sont pas des indemnités qu'il veut rapporter chez lui, mais, par ta perte, apporter quelque consolation à la cendre et aux ossements de son fils bien-aimé.

Cet Eubulide si âgé a entrepris, bien qu'il soit à la fin de ses jours, ce si long et pénible voyage, non pour recouvrer une partie de ses biens, mais pour que les mêmes yeux qui ont vu la tête ensanglantée de son fils puissent te voir frappé de châtiment.

LE DÉSESPOIR DES MÈRES

129. — Si L. Metellus[2] les y avait autorisées, messieurs les juges, les mères et les sœurs de ces malheureux se seraient présentées. L'une d'elles, comme j'arrivais de nuit à Héraclée[3], est venue au-devant de moi, accompagnée de toutes les dames de la ville, portant quantité de flambeaux ; elle m'appelait, moi, son sauveur, te nommait, toi, son bourreau ; elle criait le nom de son fils, en pleurant ; elle se jeta à mes pieds, la malheureuse, comme si j'avais le pouvoir de le rappeler du fond des enfers. Il en était de même dans toutes les autres villes pour les vieilles mères et, avec elles, les jeunes enfants des malheureux condamnés ; leur âge requérait de moi, ma peine et mon activité, de vous, votre justice et votre pitié.

---

1. Cette ville souvent citée était située au nord de la Sicile, entre Haluntium et Messine.
2. Le successeur de Verrès en Sicile. Aristocrate, il tentait de protéger Verrès.
3. Sur la côte sud de la Sicile au N.O. d'Agrigente.

130. — Aussi, messieurs les juges, est-ce cette plainte, par-dessus toutes les autres, que la Sicile en larmes m'a chargé de vous apporter. C'est poussé par leurs larmes, non par un désir de gloire que je suis venu ici. Il ne faut plus que des condamnations injustes, la prison, les fers, les coups de verges, la hache, les tortures des alliés, le sang des innocents, enfin même les cadavres exsangues des suppliciés, la douleur de leurs parents et de leurs familles puissent être une occasion de profits pour nos magistrats. Si, grâce à votre justice et votre sévérité, je réussis à chasser cette crainte de la Sicile par la condamnation de ce misérable, je croirai, messieurs les juges, avoir fait suffisamment pour remplir mon devoir et accomplir la volonté de ceux qui m'ont demandé de me charger de cette cause.

IL N'Y A PAS D'ARGUMENT VALABLE POUR TA DÉFENSE

L. – 131. — C'est pourquoi, si tu trouves, par hasard, quelqu'un qui tente de te défendre de l'accusation d'avoir perdu la flotte, qu'il te justifie de façon à laisser de côté ces lieux communs, sans nul rapport avec la cause : par exemple, que je fais retomber sur toi un coup du destin ; que j'appelle crime ce qui est un malheur, que je te reproche la perte de la flotte, alors que beaucoup de gens courageux dans le péril général, les incertitudes de la guerre, sur terre et sur mer, ont souvent faibli. Je ne te reproche aucun coup du sort ; il ne sert à rien que tu nous rapportes les combats malheureux de tous les autres généraux, il est inutile de faire la récollection des naufrages du destin connus de beaucoup d'hommes. Pour moi, ce que j'affirme, c'est qu'il avait des vaisseaux vides, des rameurs et des marins en congé et que le reste des matelots a dû recourir, pour subsister, à des racines de palmiers ; je dis que tu as donné le commandement de la flotte à un Sicilien, qu'un Syracusain a commandé ceux qui furent toujours nos amis et nos alliés. J'affirme que, ces jours-là et les jours précédents, tu les as passés entièrement à boire, sur le rivage, avec de petites femmes. De tous ces faits, je produis ici les garants et les témoins.

132. — Est-ce que, par hasard, j'ai l'air de t'insulter dans le malheur, de t'empêcher d'invoquer les coups du sort ? de te reprocher les hasards de la guerre ? de te les jeter à la tête ? Cependant, d'ordinaire, ceux qui ne veulent pas qu'on leur reproche leur mauvaise fortune, se sont fiés à la Fortune et qui en ont couru les dangers dans leur diversité. Mais, au désastre que tu as subi, la Fortune n'a été pour rien. Les autres hommes, en effet, c'est dans les combats et non dans les banquets qu'ils ont coutume de s'exposer aux hasards de la guerre. Or, dans cette fameuse défaite, ce ne sont pas les dangers de Mars que tu partageais mais, pourrions-nous dire, les plaisirs de Vénus. S'il ne convient pas de te reprocher un coup du destin, pourquoi, à l'égard de ces innocents, n'as-tu pas fait la part de la fortune et du pardon ?

133. — Il y a encore un moyen de défense que tu peux retrancher : dire que le supplice infligé, selon la coutume de nos ancêtres, qui consiste à trancher la tête, j'en fais contre toi un motif d'accusation et de haine. Non, mon accusation n'a pas pour objet le supplice ; je ne dis pas qu'on ne doive trancher la tête à personne, je ne dis pas qu'il faille supprimer la crainte, de la discipline militaire, la sévérité dans l'exercice du pouvoir absolu, le châtiment qui convient au déshonneur ; je confesse que, non seulement nos alliés mais encore nos concitoyens et nos propres soldats, ont subi très souvent des châtiments sévères et violents.

LI. — C'est pourquoi, tu peux encore laisser de côté cet argument. Pour moi, j'établis qu'il n'y a pas eu faute des navarques mais seulement de ta part ; c'est pour de l'argent que tu as mis en congé rameurs et soldats, cela je le prouve. Cela, les navarques survivants l'affirment ; cela, la cité fédérée de Netum l'atteste officiellement ; même attestation officielle des habitants d'Amestra, d'Herbita, d'Henna, d'Agyrium, de Tyndaris ; enfin, c'est ton propre témoin, ton général en chef, ton disciple, ton hôte, Cléomène qui fait cette déclaration : il avait débarqué, à Pachynum, pour rassembler les effectifs de la garnison de terre et les placer dans les navires ; ce qu'il n'eût pas fait, à coup sûr, si les vaisseaux avaient eu leur contingent au complet ; en effet, l'effectif des vaisseaux armés et équipés est calculé de façon si juste qu'il est impossible d'y ajouter, je ne dis pas plusieurs marins, mais un seul.

134. — J'affirme, en outre, que les marins mêmes qui restaient étaient épuisés, à bout de forces, par la famine et les privations ; j'affirme qu'il n'y eut, de leur part, aucune faute ou que, s'il y en eut une, il faut l'attribuer, et elle est considérable, à l'homme qui possédait le meilleur navire et le plus grand nombre de marins, qui exerçait le commandement suprême ; s'ils avaient été tous coupables, il eût été indécent que Cléomène assistât, en spectateur, à leur mort et à leurs supplices ; j'affirme encore que, lors même du supplice, le fait d'avoir tarifé les larmes, d'avoir tarifé les blessures et les coups, d'avoir tarifé les funérailles et la sépulture est un abominable sacrilège.

135. — C'est pourquoi, si tu veux vraiment me répondre, dis-moi que la flotte était armée et équipée, qu'il ne lui manquait aucun défenseur, qu'il n'y avait pas une seule rame qui n'eût quelqu'un pour la manœuvrer, que l'équipage avait à sa disposition du ravitaillement ; que les navarques mentent, qu'elles mentent, tant de cités si dignes de foi ; qu'elle ment aussi la Sicile entière ; que Cléomène t'a trahi quand il a dit qu'il était allé à terre pour prendre des soldats à Pachynum ; que c'est le

courage qui leur a manqué et non les moyens ; que Cléomène, se battant avec acharnement, a été laissé et abandonné par eux ; qu'il n'a été donné d'argent à personne pour obtenir une sépulture aux victimes. Si tu soutiens ces propos, tu seras pris ; si tu en imagines d'autres tu ne réussiras pas à réfuter mes affirmations.

PROSOPOPÉE DE PÈRE DE VERRÈS

LII. – 136. — Ici, tu oseras dire encore : « Il y a parmi les juges mon ami intime[1], c'est un ami de mon père ». Plus quelqu'un a des relations avec toi, plus tu dois avoir honte de paraître devant lui dans un pareil procès. « C'est un ami de mon père ». Ton père, en personne, s'il était au nombre des juges, au nom des dieux immortels, que pourrait-il faire alors qu'il te dirait : « Tu étais préteur dans une province du peuple romain ; à un moment où il fallait mener une guerre maritime, tu as libéré pendant trois ans les habitants de Messine de la prestation d'un navire à laquelle ils étaient tenus par leur traité d'alliance ; chez les mêmes Mamertins, tu t'es fait construire un très grand vaisseau de transport particulier, aux frais de leur ville ; tu as exigé de l'argent des cités, au titre de la flotte ; pour de l'argent, tu as mis en congé les rameurs ; comme ton questeur et ton lieutenant avaient capturé un bateau pirate, tu as caché, à l'abri des regards de tous, le chef des corsaires ; c'est toi qui as été capable de faire trancher la tête à des hommes qui se disaient citoyens romains, qui étaient connus d'une foule de gens ; c'est toi qui as osé emmener des pirates chez toi, et pour ton procès, tirer de chez toi le chef des pirates.

137. — Toi, qui te trouvais dans une province illustre, chez des alliés si fidèles, dans une colonie de citoyens romains si

1. Marcus Metellus, frère du gouverneur de Sicile.

honorables, au moment où elle était dans la crainte et le péril, tu es resté, plusieurs jours de suite, sur le rivage de Syracuse, occupé à festoyer ; ces jours-là, personne n'a pu te rencontrer dans ta résidence, ni te voir sur la place publique ; tu as fait venir à tes orgies des mères de famille prises à nos alliés et à nos amis ; c'est toi qui, au milieu de femmes de cette espèce, as fait place, alors qu'il portait encore la robe prétexte, à ton fils, mon propre petit-fils, pour présenter à son âge si particulièrement facile à entraîner, si malléable, par le genre de vie de son père, des exemples de dépravation ; c'est toi, préteur en charge, que l'on a vu revêtu d'une tunique et d'un manteau de pourpre ; c'est toi qu'une passion honteuse a fait enlever au lieutenant du peuple romain le commandement de la flotte pour le livrer à un Syracusain ; tes propres soldats, dans la province de Sicile, ont manqué de céréales et de blé ; ta dépravation et ta cupidité ont amené la capture et l'incendie de la flotte par les pirates.

138. — Depuis la fondation de Syracuse, jamais un ennemi n'avait eu accès à son port ; c'est sous ta préture que, pour la première fois, des bateaux pirates y ont évolué et ces faits honteux, si nombreux et si graves, tu n'as pas cherché à les couvrir, en les dissimulant toi-même et en cherchant à les ensevelir dans l'oubli et le silence, mais il t'a fallu encore, sans motif, arracher les capitaines de navires à la tendresse de leurs parents, tes hôtes, pour les faire périr dans les supplices et, devant le chagrin, les larmes de ces pères, mon souvenir n'a pas réussi à adoucir ta cruauté ; le sang d'hommes innocents a été pour toi non seulement une source de plaisir, mais même de profit ».

LIII. — Si ton propre père te parlait ainsi, pourrais-tu lui demander ta grâce, pourrais-tu obtenir son pardon ?

ET MAINTENANT,
PARLONS DES SUPPLICES INFLIGÉS
AUX CITOYENS ROMAINS

139. — J'ai assez fait pour les Siciliens, assez pour remplir le devoir qui m'incombait, et mes obligations à leur égard, pour tenir ma promesse et mon engagement. Ce qui me reste à accomplir, messieurs les juges, ce n'est pas une mission reçue, mais naturelle ; qui ne m'a pas été confiée, mais qui me tient profondément à l'esprit et au cœur, qui ne concerne plus le salut des alliés, mais celui des citoyens romains, c'est-à-dire qu'elle regarde la vie et la sauvegarde de chacun d'entre nous. Dans cette affaire, n'allez pas, messieurs les juges, comme s'il s'agissait de faits douteux, attendre de ma part une argumentation ; tout ce que je dirai sera si clair que, pour en fournir la preuve, je pourrais prendre à témoin la Sicile entière. En effet, cette sorte de folie, qui accompagne le crime et l'audace, a aveuglé son caractère effréné et son naturel dangereux, d'un tel égarement qu'il n'hésitait jamais à faire appliquer ouvertement, en public, contre les citoyens romains, les supplices qui ont été créés pour punir les esclaves convaincus de crime.

140. — Le nombre de citoyens qu'il a fait flageller, pourquoi le rappeler ? Je le rappelle seulement, messieurs les juges, très brièvement. Dans ce genre de tortures, il n'a été fait absolument, sous ta préture, aucune distinction de citoyenneté. Aussi, était-ce désormais par habitude que, même sans un signe de Verrès, la main du licteur s'abattait sur la personne de citoyens romains.

LE SUPPLICE DE C. SERVILIUS

LIV. — Peux-tu nier, Verrès, que sur la place publique de Lilybée, devant une très grande assemblée, un citoyen romain,

C. Servilius, ancien négociant de la colonie de Palerme, a été jeté à tes pieds, à terre et frappé là de coups de verges ? Ose nier ce premier fait, si tu le peux ; il n'est personne à Lilybée qui ne l'ait vu, personne en Sicile qui ne l'ait appris. Un citoyen romain, je l'affirme, est tombé, accablé de coups par tes licteurs, cela sous tes yeux !

141. — Mais, pour quelle raison, dieux immortels ! Par cette question, je fais injure à notre cause commune et au droit de cité ; comme si, en effet, il pouvait y avoir un motif qui puisse entraîner juridiquement ce châtiment contre un citoyen romain ? Je pose cependant la question : quel motif y avait-il de traiter ainsi Servilius ? Pour ce seul cas, je vous demande, messieurs les juges, de me pardonner la question ; pour les autres, en effet, je ne demanderai guère les motifs. Servilius avait parlé trop librement de la malhonnêteté de Verrès et de sa dépravation. Aussitôt que le fait lui est rapporté, il fait assigner notre homme à Lilybée par un esclave du temple de Vénus. Celui-ci accepte de comparaître : il vient à Lilybée. Verrès commence par l'obliger, alors que personne n'intentait de poursuites, n'émettait de réclamation, à consigner entre les mains de son licteur une somme de deux mille sesterces qu'il perdrait s'il n'apportait pas la preuve que Verrès s'enrichissait par des vols. Il fournirait, lui, des arbitres, pris dans son escorte. Servilius, de les récuser ; il supplie que, devant des juges iniques, sans partie adverse, on n'aille pas lui intenter un procès capital.

142. — Au moment précis où il parlait ainsi, six licteurs l'entourent : il s'agissait d'hommes très robustes et très entraînés à frapper, à rouer les gens de coups ; ils le flagellent avec acharnement. Enfin le licteur le plus proche, dont j'ai déjà souvent parlé, Sextius, ayant tourné son bâton, se mit à battre les yeux du malheureux avec une affreuse violence. C'est pourquoi, les yeux et le visage inondés de sang, il s'écroula :

eux, ne continuaient pas moins de rouer de coups les flancs de l'homme à terre, pour qu'il consentît à promettre la somme demandée. C'est dans cet état qu'on l'emporte comme mort et qu'il mourut effectivement à bref délai. Verrès, le serviteur de Vénus, tout plein de grâce et de beauté, fit placer un Cupidon d'argent dans le temple de Vénus, aux frais de la victime. Ainsi, abusait-il des biens d'autrui pour s'acquitter des vœux, faits la nuit, dans ses débauches.

VERRÈS FAIT JETER DES CITOYENS ROMAINS DANS LES LATOMIES

LV. – 143. — Pourquoi parler en détail de tous les autres supplices infligés à des citoyens romains plutôt que par espèces et en bloc ? Cette fameuse prison, que le très cruel tyran Denys fit faire à Syracuse et qui porte le nom de Latomies fut, sous le gouvernement de Verrès, la résidence de citoyens romains. Tous ceux qui avaient blessé son esprit ou ses regards, il les faisait jeter immédiatement dans les Latomies. Le traitement vous semble odieux, je le vois, messieurs les juges, et déjà, dans la première partie du procès, au moment où des témoins vous affirmaient la chose, je l'ai compris. Vous êtes d'avis, en effet, que la liberté doit garder ses droits non seulement ici où il y a les tribuns de la plèbe et tous les autres magistrats, le forum rempli de tribunaux, l'autorité du Sénat, l'opinion du peuple romain, la foule des citoyens, mais en tout endroit de la terre et des nations où se trouve violé le droit de cité romaine ; vous jugez que le fait relève de la cause commune de la liberté et de l'honneur.

144. — Quand il t'incombait de garder des malfaiteurs et des scélérats étrangers, des pirates qui étaient nos ennemis, tu as osé enfermer seulement, en nombre égal au leur, des citoyens romains. Est-ce que l'idée de ton procès, de l'assemblée du

peuple, de cette foule si considérable qui te regarde maintenant avec des dispositions si hostiles, si malveillantes, ne t'est jamais venue à l'esprit ? L'honneur du peuple romain absent, l'aspect même de cette foule, ne se sont jamais présentés à tes yeux et à ta pensée ? Tu n'as jamais imaginé que tu reviendrais devant eux, que tu te rendrais sur le forum du peuple romain, que tu tomberais au pouvoir des lois et des tribunaux ?

LVI. — Mais, quelle était donc cette passion d'exercer ta cruauté ? Quel motif t'amenait à te charger de tant de crimes ? Aucun, messieurs les juges, sinon une méthode nouvelle et unique d'exercer ses pillages. En effet, nous avons appris des poètes l'histoire de ces monstres qui occupaient, dit-on, certains golfes maritimes ou quelques promontoires, quelques rochers à pic, pour pouvoir massacrer ceux que les naufrages y faisaient aborder : de même, ce misérable, menaçant, surveillait partout la mer, de tous les points de la Sicile. Tout navire venant d'Asie, de Syrie, de Tyr, d'Alexandrie, signalé par des indicateurs sûrs et par ses postes de garde, était capturé. Tout l'équipage était jeté dans les Latomies, la charge et les marchandises étaient transportées dans la maison du préteur. Celui qui se trouvait en Sicile, après un long intervalle de temps, ce n'était pas un autre Denys, ni le fameux Phalaris (cette île, en effet, a produit autrefois de nombreux et cruels tyrans), mais un nouveau type de monstre sorti de cette ancienne sauvagerie qui exista, dit-on, dans ces mêmes lieux.

AVEC VERRÈS, IL ÉTAIT DANGEREUX DE NAVIGUER DANS LES EAUX DE LA SICILE

146. — Je ne crois pas, en effet, que Charybde et Scylla[1] aient été, pour les navigateurs, dans ce même détroit, un péril

---

1. Charybde : tourbillon dangereux ; Scylla : écueil du détroit de Messine. D'après la légende, un monstre à six têtes, s'y tenait.

aussi redoutable que Verrès. Il était plus dangereux parce qu'il était entouré d'une meute de chiens beaucoup plus nombreux et plus cruels. C'était un second Cyclope, beaucoup plus funeste que le premier, car il était maître de la Sicile entière et l'autre, dit-on, n'occupait que l'Etna. Mais, quel prétexte donnait-il, messieurs les juges, de cette cruauté sacrilège — le même qu'on rappellera maintenant dans sa défense. — Tous ceux qui s'étaient approchés de la Sicile, avec une assez lourde cargaison, il déclarait que c'étaient des soldats de Sertorius et qu'ils s'enfuyaient de Dianium[1]. Ceux-ci, pour écarter le danger, présentaient, les uns, de la pourpre de Tyr, les autres, des parfums, des étoffes de lin, d'autres, des pierres précieuses et des perles, quelques-uns des vins grecs et des esclaves asiatiques à vendre, pour bien faire comprendre, d'après leurs marchandises, le lieu d'où ils revenaient par mer. Ils ne prévoyaient pas que ce qu'ils croyaient des arguments propres à les sauver serait, en réalité, le motif de leur perte. En effet, Verrès affirmant qu'ils avaient obtenu ces marchandises en s'associant avec des pirates, il les faisait mener dans les Latomies ; quant au navire et à sa cargaison, il prenait soin de les confisquer.

DES CITOYENS ROMAINS SONT EXÉCUTÉS

LVII. — Comme ces pratiques avaient déjà rempli de marchands la prison, alors voici les faits qui se produisaient : vous avez entendu L. Suettius, chevalier romain distingué, vous les exposer et vous entendrez également là-dessus les autres témoins. On étranglait, dans la prison, des citoyens romains, de façon odieuse ; ainsi, ce cri suppliant : « Je suis citoyen romain » qui fut si souvent le secours et le salut d'une multitude des nôtres, aux confins de la terre, au milieu des

1. Ville de la côte d'Espagne, siège des opérations sur mer de Dertorius.

barbares, leur apportait, à eux, une mort plus affreuse et un supplice plus rapide.

Voyons, Verrès, que médites-tu de répondre à cela ? Que je mens, que c'est une invention, que j'enfle à plaisir le dossier d'accusation ? Est-ce que, par hasard, tu oses tenir l'un de ces propos à tes défenseurs ? (au greffier) : Tire-moi de ta toge les registres des Syracusains, qui ont été fabriqués, croit-il, à sa fantaisie ; donne-moi celui de la prison où se trouvent soigneusement consignées la date d'incarcération de chaque prisonnier, la date de sa mort, la date de son exécution.

Lecture des registres de Syracuse.

148. — Vous constatez que des citoyens romains ont été jetés en masse dans les Latomies ; que, dans un lieu si infamant, on a entassé une multitude de vos concitoyens. Cherchez maintenant des traces de leur sortie de ce lieu. Il n'y en a pas l'ombre ! Sont-ils tous morts ? S'il pouvait le prétendre, personne ne le croirait. Mais, il reste un terme écrit, dans ces mêmes registres, que cet homme aussi inculte que débauché n'a jamais pu remarquer ni comprendre[1] : Justice a été faite, dit-il, c'est-à-dire, selon l'expression en usage chez les Siciliens : ils ont été suppliciés jusqu'à ce que mort s'ensuive.

LVIII. — Si quelque roi, quelque cité étrangère, quelque nation avait commis un acte de ce genre contre des citoyens romains, ne le châtierions-nous pas, au nom de l'État ? Ne lui ferions-nous pas une guerre de répression ? Pourrions-nous laisser cet outrage ignominieux au nom romain, sans vengeance et sans punition ? Combien de guerres et de quelle importance pensez-vous que nos ancêtres aient entreprises parce que, disait-on, des citoyens romains avaient subi quelque

---

1. Le terme figurait en grec : εδιϰαιωθησαν Verrès, dans son ignorance, l'a laissé passer.

dommage, des navigateurs avaient été retenus, des marchands
dépouillés ? Pour moi, je ne me plains pas que Verrès ait
retenu ces gens ; j'estime supportable qu'il les ait dépouillés ;
mais, qu'après avoir confisqué leurs navires, leurs esclaves,
leurs marchandises, on ait jeté des marchands en prison, que
l'on ait fait périr en prison des citoyens romains, voilà mon
accusation.

150. — Si je tenais ces propos chez les Scythes et non ici,
devant une foule si nombreuse de citoyens romains, devant
les Sénateurs les plus distingués de la ville, non pas sur le
forum du peuple romain, que j'évoquais tant et de si cruels
supplices infligés à des citoyens romains, je ne manquerais
pas cependant d'émouvoir les âmes mêmes des barbares.
Telle est la grandeur de notre empire ; tel est le prestige
du nom romain, dans toutes les nations, que cette cruauté à
l'égard de nos concitoyens ne paraît permise à aucun homme.
Et, aujourd'hui, je pourrais penser que tu as une chance de
salut, un recours quelconque, quand je te vois enlacé par la
sévérité des juges, pris, comme dans un filet, par le peuple
romain venu en foule ?

151. — Si, par Hercule, ce que je comprends impossible,
tu sors des mailles de ce filet et que tu t'en échappes par
un moyen, un plan quelconque, c'est sous des coups plus
nombreux que tu devras tomber, c'est moi aussi qui, d'une
tribune plus élevée, devrai fatalement t'abattre et t'achever. Si
je voulais même lui laisser l'argument qu'il utilise, cependant
cette défense mensongère devrait être aussi pernicieuse
pour lui que mon accusation vraie. Que dit-il, en effet, en sa
faveur ? Que ce sont des fugitifs d'Espagne qu'il a capturés
et suppliciés ? Qui t'en a donné l'autorisation ? En vertu de
quelle disposition légale ? de quel précédent ? Comment
t'a-t-il été permis de le faire ?

ROME GRACIE LES SURVIVANTS
DES GUERRES CIVILES.
TOI, TU LES MASSACRES

152. — Le Forum est plein de ce genre d'hommes, les basiliques aussi, nous le voyons et nous le voyons en toute tranquillité. En effet, la guerre civile, qui naît de la folie, du destin ou du malheur, finit de façon heureuse quand elle permet de sauver au moins les citoyens qui lui survivent. Lui, Verrès, traître hier à son consul, transfuge de la questure[1], voleur du trésor public, s'est adjugé, dans la République, assez d'autorité pour décider, contre tous ces hommes dont le Sénat, le peuple romain, tous les magistrats autorisaient la présence au Forum, dans les élections, dans cette Ville et dans la République, une mort affreuse et sanglante, au cas où le hasard les faisait aborder sur un point quelconque de la Sicile.

153. — L'illustre Pompée, cet homme de cœur, vit se réfugier près de lui, après la mort de Perpenna[2], un très grand nombre des soldats de Sertorius. Lequel d'entre eux, ce héros n'a-t-il pas gardé sain et sauf, avec le plus grand soin ? À quel citoyen suppliant, cette illustre main, jamais vaincue, n'a-t-elle pas offert sa protection et montré l'espoir du salut ? Est-ce bien ainsi ? Pour ces hommes qui avaient trouvé abri près de celui contre lequel ils avaient pris les armes, toi qui n'as jamais fait le moindre cas de l'intérêt public, tu as décidé les supplices et la mort.

LIX. — Vois combien est ingénieuse la défense que tu as imaginée ? Je préfère voir, par Hercule, ces juges qui sont ici

---

1. Verrès, en 82, avait abandonné son chef le consul Carbon, partisan de Marius, pour passer du côté de Sylla. Toutefois, il n'omit pas d'emporter l'argent de la caisse militaire.

2. Perpenna prit la place de Sertorius après l'avoir assassiné. Il fut mis à mort par Pompée.

et le peuple romain approuver ton projet de défense plutôt que mes accusations ; je préfère, dis-je, que l'on te croie l'ennemi acharné de ce genre d'hommes plutôt que celui de marchands et de navigateurs. Mon accusation, en effet, te convainc de cupidité excessive, la tienne, de folie, de sauvagerie, de cruauté inouïe, de proscription presque inconnue.

154. — Mais, il ne m'est pas permis, messieurs les juges, d'user de ce si grand avantage ; non, cela ne m'est pas permis. Tous les habitants de Pouzzoles, en effet, sont ici ; ils sont venus en foule, à ce procès, les commerçants, gens riches et honorables, qui déclarent qu'une partie de leurs associés, une partie de leurs affranchis, une partie des affranchis d'affranchis ont été dépouillés, jetés dans les fers ; que les uns ont été massacrés en prison, que les autres ont eu la tête tranchée. Vois ici combien tu vas me trouver juste pour toi. Quand j'aurai produit comme témoin P. Granius[1], pour déclarer que tu as fait décapiter ses affranchis, pour te réclamer son navire et sa cargaison, réfute-le, si tu peux ; j'abandonnerai mon témoin, je te favoriserai, je t'aiderai, te dis-je ; montre que ces gens-là étaient avec Sertorius, que c'est en fuyant de Dianium qu'ils ont abordé en Sicile. Il n'est rien que je préférerais te voir prouver ; il est impossible, en effet, de trouver et de citer un crime qui soit digne d'un plus grand châtiment.

HERENNIUS ÉTAIT UN BANQUIER

155. — Je ferai comparaître de nouveau le chevalier romain L. Flavius si tu veux, puisque, dans la première partie du procès, une sagesse nouvelle, comme le répètent les défenseurs ou, ce que tout le monde comprend, le sentiment de tes crimes et

---

1. Granius et Flavius, qui est cité ensuite, étaient des négociants de Pouzzoles.

l'autorité de mes témoins ont fait que tu n'as posé de questions à aucun d'eux. Tu pourras demander à Flavius, si tu veux, quel genre d'homme était T. Herennius, celui dont il déclare qu'il était banquier à Leptis[1]. Bien qu'il y eût dans la colonie romaine de Syracuse plus de cent citoyens romains non seulement à le connaître mais encore pour le défendre en larmes et t'implorer à son sujet, cependant, sous les yeux de tous les Syracusains, tu lui as fait trancher la tête. Je veux que tu réfutes également ce témoin, que tu établisses et que tu prouves que cet Herennius était un soldat de Sertorius.

POURQUOI VOILAIS-TU LA TÊTE DES CONDAMNÉS ?

LX. – 156. — Que dirons-nous de la foule de ces hommes que l'on amenait, la tête voilée, au nombre des pirates prisonniers, pour avoir la tête tranchée ? Quelle était cette précaution nouvelle ? Pour quelle raison l'avais-tu imaginée ? Était-ce le cri d'indignation poussé par L. Flavius et tous les autres à la vue du supplice d'Herennius ? Était-ce la grande autorité de M. Annius[2], cet homme si sérieux, si honorable, qui t'avait rendu plus timoré et plus craintif ? Celui-ci, récemment dans son témoignage, a déclaré que ce n'était pas un passant, ni un étranger quelconque mais un citoyen romain, connu de toute la colonie romaine, né à Syracuse, que tu avais fait décapiter.

157. — La clameur d'indignation de tous ces hommes, ce bruit et ces plaintes qui se répandaient partout, l'a rendu non pas plus doux en matière de supplice, mais plus prudent ; il a décidé de faire mener les citoyens romains à la mort, la tête voilée. Il les faisait cependant périr en public pour la raison précise que j'ai déjà signalée, que les membres de la colonie romaine calculaient

1. Ville du nord de l'Afrique.
2. Négociant de Syracuse.

trop exactement le nombre des pirates. Tel était donc, sous ta préture, le sort réservé au peuple romain ? Tel était l'espoir réservé aux négociants ? Tel était le danger que couraient leurs personnes et leur vie ? Les dangers du destin qu'ils doivent affronter nécessairement ne sont-ils pas assez nombreux sans qu'il s'y ajoute encore, suspendue sur leur tête, la crainte de nos magistrats, dans nos propres provinces ? Cette fidèle province, voisine de Rome, remplie d'excellents alliés et de citoyens très honorables, qui a toujours accueilli si volontiers, si spontanément, tous les citoyens romains, dans ses villes, était donc destinée à voir les navigateurs qui venaient des confins de la Syrie et de l'Égypte, à qui leur toge de citoyen avait valu quelque considération chez les Barbares, qui avaient échappé aux coups des corsaires et aux dangers de la mer, avoir la tête tranchée en Sicile, quand ils se croyaient déjà arrivés dans leur patrie ?

LA TRAGIQUE HISTOIRE DE L'INFORTUNÉ GAVIUS

LXI. – 158. — Que vous dirai-je de Gavius, du municipe de Compsa[1], messieurs les juges ? Quelle force de voix me sera nécessaire, quels mots terribles, quels accents de douleur ? Quelle que soit cette douleur, je dois, d'autant plus, m'efforcer de mettre mon discours au niveau de la réalité, au niveau du sentiment qui l'inspire. Cette accusation est d'une gravité telle que, lorsqu'on me l'a rapportée, je ne croyais pas devoir en faire état. En effet, tout en la sachant parfaitement fondée, je ne pensais pas pourtant qu'on y ajouterait foi. Contraint à changer d'attitude par les larmes de tous les citoyens romains qui font du commerce en Sicile, poussé par les témoignages des habitants de Valentium[2] et par ceux de tous les habitants de Rhegium

1. Ville d'Italie située aux confins du Samnium et de la Lucanie.
2. Ville du Bruttium.

et de nombreux chevaliers romains, qui se trouvaient alors à Messine, j'ai fourni, dans la première partie du procès, assez de témoins pour que personne ne pût conserver le moindre doute.

159. — Que faire maintenant ? Alors que je parle déjà depuis tant d'heures d'une seule catégorie de crimes et de la cruauté sacrilège de Verrès, alors que j'ai épuisé, pour ainsi dire, pour les autres affaires, toute la force des termes, capables d'exprimer sa scélératesse, sans avoir veillé à soutenir votre attention par la diversité des chefs d'accusation, comment vous parler d'un si grand forfait ? Il n'y a, je crois, qu'une seule manière, une seule méthode : mettre l'affaire sous vos yeux. Elle a, par elle-même, assez de poids pour qu'il ne soit besoin ni de mon éloquence, qui est nulle, ni de celle de quelqu'un d'autre, pour enflammer votre indignation.

160. — Ce Gavius de Compsa, dont je parle, s'était trouvé au nombre des citoyens romains que ce misérable avait jetés dans les fers et, je ne sais comment, il avait réussi à s'enfuir secrètement des Latomies. Arrivé à Messine, à la vue de l'Italie si proche et des murs des habitants de Rhegium, qui sont citoyens romains, lui qui sortait des ténèbres et de la crainte de la mort, se sentant revivre pour ainsi dire à la lumière de la liberté et à l'odeur des lois, il se mit à parler dans Messine et à se plaindre d'avoir été, lui, citoyen romain, jeté dans les fers ; il disait qu'il se rendait tout droit à Rome et que Verrès, à son arrivée, le verrait se dresser devant lui.

LXII. — Il ne comprenait pas, le malheureux, qu'il n'y avait aucune différence entre tenir ces propos à Messine ou le faire dans le palais de Verrès. En effet, comme je vous l'ai appris précédemment, le préteur s'était choisi cette ville pour en faire l'auxiliaire de ses crimes, la recéleuse de ses larcins, la complice de toutes ses turpitudes. Aussi, Gavius est-il amené immédiatement devant le magistrat de Messine. Le même jour, par hasard, Verrès arrive à Messine. On porte, devant lui, l'affaire : « il y a un citoyen romain qui se plaint d'avoir été, à Syracuse, dans les Latomies ; au moment où il embarquait déjà et proférait des menaces épouvantables contre Verrès, on l'avait tiré du bateau et gardé à vue pour que Verrès prît lui-même, à son égard, la décision qu'il jugerait convenable ».

161. — Verrès remercie les magistrats et les félicite de leurs bons sentiments à son égard et de leur zèle. Brûlant de fureur criminelle, il vient lui-même sur la place publique. Ses yeux étincelaient, la cruauté lui sortait de tout le visage. Toute l'assistance en attente se demandait jusqu'où il irait, ce qu'il allait faire, quand tout à coup, il donne l'ordre de lui amener l'homme et, en plein forum, de lui ôter ses vêtements, de l'attacher et de préparer les verges. Il criait, le malheureux, qu'il était citoyen romain, du municipe de Compsa, qu'il avait servi sous les ordres de L. Raecius, très brillant chevalier romain, négociant à Palerme, qui pouvait instruire Verrès de ces faits. Alors, le préteur de dire que, d'après ses informations, Gavius avait été envoyé en Sicile, par les chefs des esclaves fugitifs, pour faire de l'espionnage — d'un tel fait, il n'y avait ni dénonciation, ni trace, ni l'ombre de soupçon —. Ensuite, il fait flageller la victime, avec une terrible violence.

162. — On déchirait, à coups de verges, en pleine place publique de Messine, un citoyen romain, messieurs les juges, sans qu'on entendît aucune autre parole de ce malheureux au milieu des claquements douloureux des verges, que ce cri : « Je suis citoyen romain. » Par ce rappel de son droit de cité, il croyait pouvoir écarter tous les coups et repousser de lui la torture. Loin d'obtenir qu'on renonçât à le flageller, au moment même où il répétait ses supplications et rappelait son titre de

citoyen, une croix, dis-je, était préparée pour ce malheureux accablé de douleur, qui n'avait jamais vu un fléau tel que Verrès.

LXIII. – 163. — Ô doux nom de la liberté ! Ô privilège illustre de notre droit de cité ! Ô loi Porcia, ô lois de Sempronius ! ô puissance tribunicienne profondément regrettée et enfin rendue à la plèbe romaine ! Toutes ces garanties en sont retombées au point que l'on voie un citoyen romain, dans une province du peuple romain, dans une ville fédérée, par les ordres de l'homme qui possédait les faisceaux et les haches, attaché, sur une place publique et frappé de verges. Quoi ? Lorsqu'on approchait de lui les feux, les lames de fer rougies et tout le reste des instruments de torture, si son amère imploration, ses lamentables cris ne réussissaient pas à t'arrêter, les pleurs mêmes et les profonds gémissements des citoyens romains présents ne te causaient aucune émotion ? Tu as osé mettre en croix un homme, quand il se disait citoyen romain ?

Je n'ai pas voulu insister fortement sur ce point, dans la première partie du procès, messieurs les juges ; je ne l'ai pas voulu. Vous avez vu, en effet, comme la multitude était soulevée contre lui par la douleur, la haine et la crainte du péril commun. Je suspendis, alors, mon discours et fis taire C. Numitorius, chevalier romain, homme de premier rang qui était mon témoin ; je me félicitai de ce que fit très sagement Manius Glabrion en suspendant soudain la séance, au milieu de la déposition.

Et, en effet, il craignait que le peuple romain ne parût avoir exigé par la violence le châtiment de Verrès par peur de le voir échapper à la condamnation légale et à votre tribunal.

164. — Maintenant que tout le monde sait clairement où en est ton affaire et ce qu'il doit advenir de toi, voici comment je vais te traiter. Ce Gavius, dont tu déclares soudain que c'est un espion, je vais montrer que tu l'as jeté dans les Latomies à Syracuse et je ne le montrerai pas seulement par les registres

des Syracusains : je ne veux pas que tu puisses dire que je profite de ce qu'un certain Gavius figure dans ce registre pour inventer cette histoire et choisir le nom dont la similitude me permettra d'affirmer qu'il s'agit du même homme. Non, je te fournirai des témoins de ton choix pour affirmer que c'est bien ce même Gavius que tu as jeté dans les Latomies. Je citerai même des habitants de Compsa, ses concitoyens et ses amis pour t'apprendre, trop tard pour toi, mais non pas pour les juges, que ce Gavius que tu as mis en croix était citoyen romain, du municipe de Compsa, et non pas un espion des esclaves fugitifs.

LXIV. – 165. — Lorsque j'aurai prouvé surabondamment tout ce que j'avance, par les témoins produits, alors je m'en tiendrai à ce que tu fournis toi-même. Je déclarerai m'en contenter. Naguère, en effet, quand bouleversé par la clameur et le mouvement du peuple romain, tu t'es élancé de ton siège, qu'as-tu proféré ? Que c'était pour retarder son supplice que Gavius avait crié, à plusieurs reprises, qu'il était citoyen romain, mais que c'était un espion. Donc, mes témoins sont véridiques. Que dit C. Numitorius, que disent M. et P. Cottius, gens très connus du territoire de Tauromenium, que dit Q. Lucceius, très important banquier de Rhegium, que disent tous les autres témoins ? Jusqu'à présent, j'ai donné des témoins qui déclaraient non pas connaître Gavius, mais avoir vu un homme qui criait qu'il était citoyen romain, pendant qu'on le crucifiait. Tu dis la même chose, Verrès, tu avoues, toi aussi, qu'il a crié à plusieurs reprises qu'il était citoyen romain ; ce titre de citoyen n'a même pas eu assez de poids pour t'apporter quelque doute, pour différer au moins, d'un court moment, le plus terrible des supplices.

166. — Cet aveu, je le retiens, je m'y attache, je me contente de cette seule déclaration ; je laisse de côté et néglige tout le reste ; fatalement, son propre aveu l'enveloppe et l'étrangle. Tu ignorais qui était Gavius, tu le soupçonnais d'être un espion ; je

ne te demande pas ce qui motivait tes soupçons, c'est d'après tes propres paroles que je t'accuse ! « Il disait qu'il était citoyen romain. » Si l'on t'arrêtait chez les Perses ou aux extrémités de l'Inde, Verrès, et que l'on te menât au supplice, que crierais-tu d'autre, sinon que tu es citoyen romain ? Et quand, inconnu chez des inconnus, chez des Barbares, chez des hommes qui vivent aux extrémités des pays les plus reculés, ce titre de citoyen connu et célèbre dans le monde entier aurait pu te sauver, cet homme, quel qu'il fût, que tu traînais à la croix, que tu ne connaissais pas, dis-tu, quand il se disait citoyen romain devant toi, qui étais préteur de Rome, n'a pu obtenir, sinon d'échapper à la mort, mais même de la retarder en invoquant, en proclamant son droit de citoyen !

LXV. – 167. — Des hommes obscurs, de modeste origine, naviguent, abordent à des lieux qu'ils n'ont jamais vus auparavant, où ils ne peuvent être connus des habitants, ni avoir toujours avec eux des gens qui les connaissent. Cette seule garantie que leur assure le droit de cité, leur donne l'assurance de la sécurité, non seulement près de nos magistrats, que retient la crainte des lois et le péril d'y contrevenir, non seulement près des citoyens romains qui leur sont liés par la communauté de la langue, du droit et de beaucoup d'autres liens, mais en quelque endroit qu'ils arrivent, ils espèrent qu'il sera leur sauvegarde.

168. — Ôte cet espoir, ôte ce rempart aux citoyens romains, décrète qu'il n'y a nul secours à attendre de ce cri : « Je suis citoyen romain », que le préteur ou quelqu'un d'autre peut impunément décréter un supplice quelconque, à son gré, contre un homme qui se dit citoyen romain, sous prétexte qu'il ignore son identité ; bientôt toutes les provinces, bientôt tous les royaumes, bientôt toutes les cités libres, bientôt tout l'univers qui fut toujours ouvert à nos concitoyens, tu les auras fermés, par ton système de défense, aux citoyens romains.

Quoi donc ? Puisqu'il te donnait le nom du chevalier romain, L. Raecius, qui était alors en Sicile, était-il difficile d'envoyer une lettre à Palerme ? Tu aurais placé l'homme sous la garde de tes chers Mamertins ; tu l'aurais tenu enchaîné, enfermé, jusqu'à ce que Raecius arrivât de Palerme ; s'il reconnaissait l'homme, tu adoucissais quelque peu la rigueur du dernier supplice ; s'il ne le reconnaissait pas, alors tu établissais contre tous, si tu le jugeais bon, ce point de droit qu'un homme inconnu de toi, qui ne pouvait fournir un assez riche garant, tout citoyen romain qu'il fût, pouvait être crucifié.

LXVI. — Mais, pourquoi parler encore de Gavius comme si c'était du seul Gavius que tu avais été l'ennemi et non pas celui du nom, de la race et du droit des citoyens. Ce n'est pas de cet homme, je l'affirme, que tu as été l'adversaire personnel, mais de la cause commune de la liberté. Alors que les Mamertins, en vertu de leurs coutumes et de leurs règlements, avaient fait planter la croix, derrière la ville, sur la voie pompéienne, pourquoi ordonner de l'ériger au bord de la mer en ajoutant, ce que tu ne peux nier d'aucune façon, puisque tu as parlé en public devant tout le monde, que le motif de ton choix était précisément de permettre à cet homme, puisqu'il se disait citoyen romain, de voir, du haut de sa croix, l'Italie et d'apercevoir, de là, sa propre demeure. Aussi, est-ce la seule croix, messieurs les juges, qui, depuis la fondation de Messine, ait été dressée à cet endroit-là. Il a choisi, ce misérable, un lieu de supplice en vue de l'Italie pour que le malheureux, au milieu des tortures de sa crucifixion, apprît, au moment de sa mort, qu'un bras de mer très étroit divisait seul le domaine de la servitude de celui de la liberté et pour que l'Italie pût voir son fils attaché pour le dernier et le pire des supplices réservé aux esclaves.

170. — C'est un forfait d'enchaîner un citoyen romain, c'est un crime de le frapper, c'est presque un parricide de le mettre à

mort ; que dire de la mort en croix ? Il n'y a pas de mot capable
de nommer une action aussi sacrilège. Tous ces crimes n'ont
pas réussi à le contenter : « Qu'il regarde, dit-il, sa patrie ; qu'il
meure en vue de la légalité et de la liberté. » Non, ce n'est pas
Gavius, ce n'est pas un homme quelconque, un citoyen romain,
mais la cause commune de la liberté et du droit de cité que tu as
torturée et mise en croix. Ne croyez-vous pas qu'il a supporté
difficilement de ne pouvoir ériger cette croix, pour les citoyens
romains, en plein Forum, dans l'Assemblée du peuple, sur la
tribune ? En effet, le lieu qui leur ressemble le plus, dans sa
province, par sa fréquentation, le plus proche possible d'eux,
c'est celui-là qu'il a choisi ; il a voulu que le monument de son
audace criminelle fût, en vue de l'Italie, à l'entrée de la Sicile,
sur le passage de tous les navigateurs qui parcourent le détroit
dans les deux sens.

LXVII. – 171. — Si ce n'était pas devant des citoyens
romains, des amis de notre Ville, des gens qui connaissent
le nom du peuple romain, si enfin, au lieu d'hommes, c'était
devant des bêtes ou même, pour aller plus loin, si c'était dans
la plus déserte des solitudes, devant des pierres et à des rochers,
que je voulais faire entendre ces plaintes et ces gémissements,
cependant tous les êtres, quoique privés de la parole et inanimés,
seraient émus de la profonde, de l'indigne horreur de ces faits.
Mais, puisque, en réalité, je parle devant les Sénateurs du peuple
romain, garants des lois, de la justice et du droit, je ne dois pas
craindre votre jugement : le seul citoyen romain à être digne
de cette croix, c'est Verrès, mais tous les autres doivent être à
l'abri d'un pareil danger.

172. — Il y a un moment, messieurs les juges, nous ne
pouvions retenir nos larmes quand il s'agissait de la mort
misérable, indigne, des navarques, et c'était justement et à
bon droit que le malheur d'innocents alliés provoquait notre

émotion ; que devons-nous donc faire, maintenant qu'il s'agit de notre sang ? En effet, nous devons estimer qu'il s'agit du sang de tous les citoyens romains, puisque la pensée du salut commun et la vérité l'exigent. Tous les citoyens romains qui sont ici, les présents et les absents, comptent sur votre sévérité, implorent votre justice, requièrent votre protection : tous leurs droits, leurs intérêts, leurs appuis, toute leur liberté enfin, sont attachés à votre sentence.

173. — Bien que j'aie fait assez pour eux, cependant, si cette sentence trompe mon attente, ils obtiendront de moi plus peut-être qu'ils ne demandent. En effet, si quelque coup de force arrache Verrès à votre sévérité — ce que je ne crains pas, messieurs les juges, ce que je ne vois pas possible — cependant si je me trompe dans mes prévisions, les Siciliens se plaindront de ce que leur cause ait été perdue et le supporteront, comme moi, malaisément : quant au peuple romain, qui m'a donné la faculté de plaider devant lui, il recouvrera bientôt son droit, par mes soins et par ses suffrages, avant les Kalendes de février[1]. Et si vous vous préoccupez de ma gloire et de ma grandeur, messieurs les juges, il n'est pas contraire à mes intérêts que vous enleviez l'accusé à ce tribunal pour le réserver au jugement du peuple romain. C'est pour moi une cause brillante, facile par l'abondance des preuves ; elle est, pour le peuple romain, agréable et heureuse ; enfin, si je parais (ce que je n'ai pas cherché) avoir voulu grandir aux dépens de ce seul homme, s'il est acquitté, ce qui ne peut se produire sans le concours de nombreux scélérats, c'est aux dépens de beaucoup de gens qu'il me sera permis de grandir.

---

1. Cicéron, édile désigné, entrait en fonctions le 1er janvier 69, ce qui lui donnait le droit de poursuivre l'affaire devant le peuple.

AVERTISSEMENT AU DÉFENSEUR DE VERRÈS

LXVIII. — Mais, par Hercule, dans votre intérêt et celui de la République, messieurs les juges, je ne veux pas qu'un si grand scandale se produise dans une assemblée que j'ai choisie, je ne veux pas que les juges, dont j'ai approuvé le choix, circulent dans cette ville avec la marque infamante de son acquittement de manière à paraître enduits non de cire mais de boue[1].

174. — C'est pourquoi, je te donne, à toi aussi, Hortensius, cet avertissement — si de cette place que j'occupe il y a lieu de le faire — Regarde bien et considère encore une fois ce que tu fais, où tu t'avances, l'homme que tu défends et ta manière de le défendre. Je ne t'impose, à son propos, aucune borne dans notre compétition de talent et d'éloquence, mais si tu crois pouvoir traiter en secret, hors du tribunal, de ce qui regarde le tribunal, si tu médites, par tes manœuvres, tes insinuations, ton pouvoir, ton influence, les richesses de Verrès, de monter quelque machination, je te conseille fortement d'y renoncer ; ce qu'il a déjà tenté et entrepris, je l'ai suivi à la trace, je le sais parfaitement : je t'engage à y mettre fin et à ne pas le laisser poursuivre dans ce sens. Tu courras toi-même un grand risque, si une faute est commise dans ce procès, et ce risque est plus grand que tu ne l'imagines.

175. — Si tu penses être maintenant à l'abri de l'opinion publique, pour avoir exercé de hautes charges, pour être consul désigné, crois-moi, ces honneurs et ces marques de bienveillance du peuple romain, il faut, pour les conserver, autant de soin que pour les acquérir. Cette cité a supporté aussi longtemps

1. Hortensius, dans un procès récent, avait remis aux juges, soudoyés par lui, des tablettes enduites d'une cire de couleur spéciale, pour être sûr qu'ils tiendraient leurs engagements.

qu'elle l'a pu et qu'elle lui était imposée votre domination de rois dans les tribunaux et dans toute l'administration de l'État ; elle l'a supportée, mais le jour où les tribuns de la plèbe ont été rendus au peuple romain, tous vos procédés illégaux, au cas où par hasard vous ne le comprendriez pas encore, vous ont été retirés et arrachés[1]. Maintenant, en ce moment même, les regards de tous sont tournés vers chacun d'entre nous pour apprécier la justice de mon accusation, le scrupule des juges, ton système de défense. Si l'un de nous dévie, tant soit peu, de la ligne droite, ce n'est pas cette opinion silencieuse que vous aviez l'habitude auparavant de mépriser, mais le verdict fort et libre du peuple romain qui nous atteindra.

176. — Pas de parenté, Quintus[2], pas d'amitié qui te lie à Verrès. Ces prétextes, dont tu faisais habituellement usage auparavant, dans un procès quelconque, pour excuser ton zèle, tu n'en peux invoquer aucun quand il s'agit de cet homme. Les propos que Verrès répétait ouvertement dans sa province, quand il disait agir, comme il le faisait, parce qu'il se fiait à ton appui, tu dois veiller, avec le plus grand soin, à les démentir.

LXIX. — Pour moi, la charge que j'avais acceptée, j'ai maintenant la conviction partagée par mes adversaires les plus acharnés, de m'en être complètement acquitté. En effet, dans le petit nombre d'heures qu'a duré la première partie du procès, j'ai fait condamner Verrès à l'unanimité par l'opinion. Le verdict qui reste à prononcer maintenant ne porte pas sur ma loyauté, que l'on connaît parfaitement, ni sur la vie de ce misérable, qui est condamnée, mais sur les juges et, pour dire la vérité, sur toi-même, Hortensius.

---

1. La puissance tribunicienne très réduite par Sylla venait d'être rétablie par Pompée. Cf. LXIII, 163 et Introduction.
2. Prénom d'Hortensius.

Mais, à quel moment aura-t-il lieu ? — c'est, en effet, ce qu'il faut surtout prévoir ; en toutes choses, mais surtout en matière politique, ce qui a la plus grande importance, ce sont les idées et les tendances du moment — À coup sûr, c'est au moment où le peuple romain exige une autre classe d'hommes et une autre catégorie sociale pour administrer la justice, c'est à coup sûr, celui où une loi a été affichée, relative à des tribunaux et à des juges nouveaux[1]. Celui qui l'a fait afficher n'est pas l'homme dont vous voyez figurer le nom en tête, mais cet accusé, lui-même, vous dis-je, par l'espoir qu'il fonde sur vous, l'opinion qu'il en a, a réussi à faire formuler et afficher cette loi.

178. — Aussi, au début de ce procès, la loi n'avait-elle pas été affichée ; lorsque, bouleversé par votre sévérité, Verrès manifestait par de nombreux signes son désir apparent de ne pas répondre, personne ne faisait mention de la loi. Dès qu'il parut se ranimer et reprendre des forces, la loi fut aussitôt affichée. Si votre honneur oppose une violente hostilité à cette loi, les faux espoirs de Verrès, son insigne impudence lui apportent le plus grand appui. Alors, si l'un de vous se rend coupable de quelque forfaiture, ou bien le peuple romain jugera le juge qu'il aura estimé déjà auparavant indigne de sa fonction ou bien, les nouveaux juges nommés, en raison du discrédit de la justice, en vertu de la nouvelle loi, jugeront les juges précédents.

LXX. – 179. — Pour moi, en vérité, quel est l'homme qui ne comprend, sans que je le dise, combien il est nécessaire d'aller plus loin ? Pourrai-je me taire, Hortensius, pourrai-je dissimuler, quand la République aura reçu une si grande blessure, au point de laisser paraître impunis le pillage de la province, la persécution des alliés, la spoliation des dieux

---

1. Pendant la première partie du procès, le préteur L. Aurelius Cotta avait déposé un texte de loi ordonnant que des chevaliers siègent désormais dans les tribunaux aux côtés des sénateurs et de tribuns du trésor. Cf. Introduction.

immortels, les tortures et la mort des citoyens romains en dépit de mon accusation ? Pourrai-je abandonner, dans ce procès, cette si lourde charge ou la porter plus longtemps en silence ? Ne faudra-t-il pas poursuivre l'affaire, l'exposer en public, implorer la justice du peuple romain ? Et tous ceux qui ont usé de prévarication, au point de laisser corrompre leur justice, messieurs les juges, ne faudra-t-il pas les incriminer et les appeler devant les tribunaux ?

180. — Quelqu'un demandera peut-être : « As-tu donc l'intention d'assumer pareille tâche et de si lourdes inimitiés de la part de tant d'individus » ? Ce n'est pas, par Hercule, que j'y trouve quelque plaisir ou que je le souhaite, mais je n'ai pas la même liberté que ceux qui sont nés patriciens, à qui toutes les marques de bienveillance du peuple romain sont apportées, pendant leur sommeil. C'est sous une autre règle et une autre condition que je dois vivre, dans cette République. Je pense à Caton, cet homme si sage, si vigilant, lui qui jugeait que c'était sa vertu, non sa naissance qui le recommandait au peuple romain, qui voulait que le début de sa race et de son nom naisse de lui, dure à partir de lui ; il s'attira des haines nombreuses d'hommes puissants et, au milieu des plus lourdes tâches, vécut très glorieusement jusqu'à un âge avancé.

181. — Ensuite, Q. Pompée, d'une origine humble et obscure, n'a-t-il pas obtenu, au prix de haines fort nombreuses, de dangers très grands, les honneurs les plus considérables ? Récemment, nous avons vu C. Fimbria[1], C. Marius, C. Caelius[2], aux prises avec des haines et des travaux considérables, s'efforcer de parvenir à ces honneurs auxquels vous êtes arrivés, vous, en vous jouant et négligemment. Telle est la direction et le but de

---

1. Fimbria, consul avec Marius en 104.
2. C. Caelius Caldus, consul en 94.

mon activité : tels sont les hommes dont nous suivons jusqu'au bout la conduite et les principes.

LES « HOMMES NOUVEAUX »

LXXI. — Nous voyons quelle est l'impopularité et la haine que rencontrent chez certains patriciens, la vertu et le zèle des « hommes nouveaux ». Si nous détournons légèrement les yeux, on nous prépare des guet-apens ; si nous leur donnons quelque motif de nous soupçonner ou de nous accuser, il nous faut immédiatement recevoir un coup ; nous devons sans cesse être en éveil, sans cesse peiner, cela nous le voyons.

182. — Les haines existent, subissons-les ; il y a du travail, acceptons-le ; et, en effet, les haines silencieuses et secrètes sont plus redoutables que celles qui sont déclarées et ouvertes. Parmi la noblesse, il n'y a pour ainsi dire pas un homme qui soit favorable à notre zèle ; aucune des charges que nous assumons ne peut nous attirer leur bienveillance ; comme si nous étions de nature et d'origine différentes, ils sont en désaccord avec nous par le cœur et les intentions. Aussi, quel danger à s'attirer l'inimitié de ceux dont on sait qu'ils vous haïssent et vous jalousent déjà avant même qu'on ait encouru leur inimitié !

183. — Aussi, messieurs les juges, ce que je souhaite, c'est, après ce procès, de ne plus remplir la charge d'accusateur, lorsque j'aurai satisfait à mes obligations envers le peuple romain et que je me serai acquitté de la mission reçue des Siciliens, mes clients. Mais, je suis bien décidé, au cas où votre sentence ne serait pas conforme à l'opinion que j'ai de vous, à poursuivre non seulement ceux qui seront les plus responsables de la corruption de la justice, mais encore leurs complices.

Donc, s'il y a parmi vous quelques hommes qui se proposent, en faveur de cet accusé, d'user de leur influence, de leur audace, de leurs intrigues pour corrompre la justice, qu'ils se préparent, avec l'arbitrage du peuple romain, à avoir affaire à moi et, puisqu'ils ont pu apprécier, à propos de cet accusé, que les Siciliens m'ont donné comme adversaire, ma force, ma ténacité, ma vigilance, ils doivent également penser qu'à l'égard des hommes dont j'aurai assumé la haine, pour le salut du peuple romain, je me montrerai beaucoup plus énergique et rigoureux.

INVOCATION AUX DIEUX

LXXII. – 184. — Et toi, maintenant, Jupiter très bon et très grand, toi que ce misérable a spolié d'un présent royal, digne du Capitole et de cette citadelle de toutes les nations, présent d'une munificence royale qui t'était offert par des rois et qu'il a arraché, bien qu'il te fût dédié et promis, par un forfait sacrilège, des mains de ces rois ; toi, dont il a volé, à Syracuse, la statue très belle et très sainte…

Et toi, Junon, dont il a dépouillé deux sanctuaires très saints et d'une haute antiquité, situés dans deux îles, Malte et Samos, de tous leurs dons et ornements…

Et toi, Minerve[1], qu'il a pillée, dans deux temples illustres et très vénérés, celui d'Athènes, où il a enlevé une grande quantité d'or, celui de Syracuse, dont il a tout emporté, sauf les toits et les murs…

185. — Et vous, Latone, Apollon et Diane, dont ce bandit a pillé, non pas le temple de Délos, mais celui qui, d'après l'opinion générale et le culte qui l'entoure, est votre siège le plus ancien et votre divine résidence, par un assaut et un vol perpétrés la nuit ; toi, encore, Apollon, qu'il a enlevé de Chio ;

---

1. Jupiter, Junon et Minerve étaient les trois grandes divinités du Capitole.

toi, encore, Diane, qu'il a dépouillée à Perga[1], dont il a fait enlever et emporter la statue très vénérée de Ségeste, deux fois consacrée chez les Ségestains, une fois par leur culte personnel, une autre fois par la victoire de Scipion l'Africain.

Et toi, Mercure, que Verrès a placé dans une demeure privée et dans une palestre quelconque, quand l'Africain avait voulu qu'elle le fût dans la ville alliée et dans le gymnase de Tyndaris, comme le protecteur et le chef de leur jeunesse...

186. — Et toi, Hercule, que Verrès, à Agrigente, en pleine nuit, avec une troupe d'esclaves armés, a tenté d'arracher de ton socle et d'emporter de ton temple...

... et toi, très sainte déesse de l'Ida, qu'il a laissée chez les habitants d'Engyum, dans ton temple si auguste, si vénéré, dépouillée à tel point qu'il y reste seulement le nom de l'Africain et les traces de sa profanation au lieu des souvenirs de sa victoire et des ornements de ce sanctuaire...

... Et vous, arbitres et témoins de toutes les affaires du Forum, des conseils les plus importants, de nos lois et de nos affaires judiciaires, qui êtes placés dans le lieu le plus fréquenté par le peuple romain, Castor et Pollux, du temple desquels il a tiré profit et un butin très malhonnête[2].

Et vous tous, ô dieux, que des chars ornés de tentures emmènent chaque année aux assemblées des jeux, vous dont il a entrepris de faire et de terminer la route pour son profit et non pour la dignité de vos religions.

187. — Et vous, Cérès et Libera, dont le culte, comme le montrent l'opinion et la vénération universelles, est l'objet des

---

1. Ville de Pamphylie, en Asie Mineure.
2. Pendant sa préture urbaine, Verrès avait réalisé des escroqueries, à propos des réparations du temple de Castor et Pollux.

cérémonies de beaucoup les plus importantes et les plus secrètes,
vous par qui, dit-on, les germes de la vie et de la nourriture,
des mœurs et des lois, de la douceur et de la civilisation ont été
donnés et répartis entre les hommes et les cités, vous dont le
peuple romain a reçu et adopté le culte de la Grèce, culte observé
avec tant de piété publique et privée qu'il ne semble pas avoir
été importé là, mais transmis de là aux autres peuples, culte qui
a été souillé et violé par le seul Verrès au point qu'une statue
de Cérès, qu'il était sacrilège pour un homme non seulement de
toucher mais de regarder, il l'a fait arracher de son sanctuaire
de Catane et emporter ; au point d'avoir enlevé une autre statue
d'Henna de son emplacement et de sa résidence, statue si belle
qu'à la voir on croyait voir Cérès elle-même ou une image de
Cérès qui n'aurait pas été faite de main d'homme, mais serait
descendue du ciel.

188. — C'est vous encore et toujours que j'implore, que
j'invoque, ô très saintes déesses, qui habitez ces lacs et ces
bois d'Henna et qui protégez toute la Sicile, dont la défense
m'a été confiée, vous qui avez découvert les céréales, qui les
avez distribuées à l'univers et qui maintenez tous les peuples
et toutes les nations dans le culte de votre divinité[1].

Je vous implore aussi, vous tous, dieux et déesses, vous
dont Verrès, poussé par sa folie et son audace impie, a attaqué
et profané, de façon sacrilège, les temples et les objets sacrés.
Si, pour cet accusé et ce procès, tous mes desseins ont visé le
salut des alliés, l'honneur du peuple romain et la fidélité à mes
engagements, si tous mes soins, mes veilles, mes méditations
n'ont eu d'autre but que le devoir et la vertu, puissent les dieux,
messieurs les juges, vous faire apporter, à juger cette affaire, le

---

1. Cicéron, dans cette péroraison très religieuse, récapitule les vols de Verrès qu'il
a racontés dans le De Signis, en se bornant ici à ceux qui ont eu un caractère sacrilège.

même esprit qui m'a fait m'en charger, la même loyauté que j'ai apportée à la plaider.

189. — Puisse Verrès, dont tous les forfaits sont inouïs, uniques, par la scélératesse, l'audace, la perfidie, la cupidité, la cruauté, obtenir, par votre sentence, une fin digne d'une telle vie et de tels crimes.

Puisse aussi cette seule accusation avoir satisfait la République et accompli mes engagements envers les Siciliens ! Puisse-t-il m'être possible désormais de défendre les gens de bien plutôt que d'être contraint d'accuser les méchants !

TABLE DES MATIÈRES

Introduction   7

Prologue à l'affaire Verrès.
Discours contre Caecilius dit La Divination   21

Première Action contre Verrès   51

Les Œuvres d'art   77

Les Supplices 173

Ce volume,
le quarante-huitième
de la collection « le goût des idées »,
publié aux Éditions Les Belles Lettres,
a été achevé d'imprimer
en février 2015
sur les presses
de la Nouvelle Imprimerie Laballery
58500 Clamecy

Dépôt légal : mars 2015
N° d'édition : 8063 - N° d'impression : 502207
Imprimé en France

CICÉRON